高职高专公共基础课规划教材

职业生涯规划

郭鹏 郭文凯 主编
连莲 李奇 副主编

清华大学出版社
北京

内 容 简 介

本书严格按照教育部关于"加强国民素质教育"的要求，配合国家实施的大学生就业创业工程，帮助大学生提高职业发展能力。本书主要内容包括职业生涯概述、自我认知的方法、职业认知、职业生涯规划、职业生涯决策、大学生就业能力的培养与就业准备、职业适应与发展、大学生创业，并通过实战演练提升自身素质，提高职业生涯规划执行能力。

本书具有知识系统、案例丰富、贴近实际、强化素质培养等特点，注重创新、注重与时俱进。本书既可作为普通高等院校、高职高专院校大学生素质教育和毕业教育的教材，也可以作为大学生职业生涯规划和社会求职者自我训练指导手册。

图书在版编目（CIP）数据

职业生涯规划/郭鹏，郭文凯主编. --北京：清华大学出版社，2016（2022.2重印）
高职高专公共基础课规划教材
ISBN 978-7-302-42992-0

Ⅰ.①职… Ⅱ.①郭… ②郭… Ⅲ.①职业选择—高等职业教育—教材 Ⅳ.①G717.38

中国版本图书馆CIP数据核字(2016)第030982号

责任编辑：田 梅
封面设计：傅瑞学
责任校对：刘 静
责任印制：宋 林

出版发行：清华大学出版社
网 址：http://www.tup.com.cn，http://www.wqbook.com
地 址：北京清华大学学研大厦A座 **邮 编**：100084
社 总 机：010-83470000 **邮 购**：010-62786544
投稿与读者服务：010-62776969，c-service@tup.tsinghua.edu.cn
质量反馈：010-62772015，zhiliang@tup.tsinghua.edu.cn
课件下载：http://www.tup.com.cn，010-62770175-4278
印 装 者：三河市龙大印装有限公司
经 销：全国新华书店
开 本：185mm×260mm **印 张**：13.5 **字 数**：305千字
版 次：2016年6月第1版 **印 次**：2022年2月第4次印刷
定 价：39.00元

产品编号：068021-02

前　言

大学毕业生如何顺利就业？如何在自己的职业生涯中寻求职业发展？人生的出路又在哪里？这些问题已经成为学生困惑、家长着急、学校重视、全社会广泛关注的焦点问题。对于就业大军中庞大的大学毕业生群体而言，提前进行有效的职业生涯规划不仅能够帮助他们找到理想的工作岗位，而且还有助于未来的职业发展。

大学毕业生就业问题是关系到社会经济发展、国家政治稳定、社会和谐发展，以及实现人民群众根本利益的重大全局性问题，越来越受到党和政府的高度重视。在就业压力逐渐增大的趋势下，人们开始而且越来越重视职业生涯规划问题。

越来越多的人们深刻地意识到职业生涯规划对大学生人生发展的重要作用。全国各类高等院校、高职高专院校及民办院校均普遍开设了职业生涯规划相关课程，注重加强大学生综合素质教育，为培养大学生职业意识、提高大学生职业素养、规划职业发展路径奠定了良好的基础。

2011年政府工作报告指出：把就业放在经济社会发展的优先位置，继续把高校毕业生就业放在首位。面对我国大学生就业的严峻形势和激烈竞争，加强大学生职业素质教育、强化大学生创新、创业素质培养、提高大学生就业与履职竞争力，尽快走上并适应工作岗位，更好地为我国经济建设服务，这不仅是应届大学毕业生的内心渴求，也是本书出版的真正目的和意义。

本书作为大学生素质教育的特色教材，坚持科学发展观，以学习者素质培养为主线，严格按照教育部关于“加强国民素质教育”的要求，为配合国家实施的大学生就业创业工程、为帮助大学生提高职业发展能力，掌握有效的职业生涯规划方法而编写。

本书由李大军筹划并具体组织，郭鹏和郭文凯主编、郭鹏统改稿，连莲、李奇为副主编；由大学生职业教育专家、张武超教授主审。作者编写分工：陈新达（第一章），郭文凯（第二章、附录），连莲（第三章），郭鹏（第四章、第六章），李奇（第五章），梁茵（第七章），孟祥越（第八章）；华燕萍（文字修改、版式调整），李晓新（制作教学课件）。

在本书编写过程中，参阅了大量有关大学生职业生涯规划与发展的最新书刊和网站资料，引用了国家和教育部历年颁布实施的国民素质教育与大学生就业创业相关法律及管理规定，并得到有关专家教授的具体指导，在此一并致谢。为配合本书的发行使用，特提供配套电子课件，读者可以从清华大学出版社网站（www.tup.com.cn）免费下载。因作者水平有限，书中难免存在疏漏和不足之处，恳请同行和读者批评指正。

编　者

2016年5月

目 录

第一章 职业生涯概述

【引言】

每朵花都有盛开的理由。

——李嘉诚

【教学目标】

1. 掌握职业、职业生涯的概念；
2. 理解和掌握职业生涯的发展规律；
3. 了解职业生涯发展的影响因素。

【核心概念】

职业、职业生涯、外职业生涯、内职业生涯。

你在为谁打工

齐瓦勃出生在美国乡村，只受过很少的学校教育。15岁那年，家中一贫如洗的他就到一个山村做了马夫，然而雄心勃勃的齐瓦勃无时无刻不在寻找发展的机遇。3年后，齐瓦勃终于来到钢铁大王卡内基所属的一个建筑工地打工。一踏进建筑工地，齐瓦勃就抱定了要做同事中最优秀的人的决心。当其他人在抱怨工作辛苦、薪水低而怠工的时候，齐瓦勃却默默地积累着工作经验，并自学建筑知识。

一天晚上，同伴们在闲聊，唯独齐瓦勃躲在角落里看书。那天恰巧公司经理到工地检查工作，经理看了看齐瓦勃手中的书，又翻开了他的笔记本，什么也没说就走了。第二天，公司经理把齐瓦勃叫到办公室，问："你学那些东西干什么？"齐瓦勃说："我想我们公司并不缺少打工者，缺少的是既有工作经验，又有专业知识的技术人员或管理者，对吗？"经理点了点头。

不久，齐瓦勃就被升任为技师。打工者中，有些人讽刺挖苦齐瓦勃，他回答说："我不光是在为老板打工，更不单纯为了赚钱，我是在为自己的梦想打工，为自己的远大前途打工。我们只能在业绩中提升自己。我要使自己工作所产生的价值，远远超过所得的薪水，只有这样我才能得到重用，才能获得机遇！"抱着这样的信念，齐瓦勃一步步升到了总工程师的职位。25岁那年，齐瓦勃做了这家建筑公司的总经理。

卡内基的钢铁公司有一个工程师兼合伙人琼斯，在筹建公司最大的布拉德钢铁厂时，发现了齐瓦勃超人的工作热情和管理才能。当时身为总经理的齐瓦勃，每天都是最早来到建筑工地。琼斯问齐瓦勃为什么总来这么早，他回答说："只有这样，当有什么急事的时候，才不至于被耽搁。"

工厂建好后，琼斯推荐齐瓦勃做了自己的副手，主管全厂事务。两年后，琼斯在一次事故中丧生，齐瓦勃便接任了厂长一职。因为齐瓦勃的天才管理艺术及工作态度，布拉德钢铁厂成了卡内基钢铁公司的灵魂。因为有了这个工厂，卡内基才敢说："什么时候我想占领市场，市场就是我的。因为我能造出又便宜又好的钢材。"几年后，齐瓦勃被卡内基任命为钢铁公司的董事长。

齐瓦勃担任董事长的第7年，当时控制着美国铁路命脉的大财阀摩根提出与卡内基联合经营钢铁。开始时，卡内基没理会。于是摩根放出风声，说如果卡内基拒绝，他就找当时居美国钢铁业第二位的贝斯列赫姆钢铁公司联合。这下卡内基慌了，他知道贝斯列赫姆与摩根联合，就会对自己的发展构成威胁。

一天，卡内基递给齐瓦勃一份清单说："按上面的条件，你去与摩根谈联合的事宜。"齐瓦勃接过来看了看，对摩根和贝斯列赫姆公司的情况了如指掌的他微笑着对卡内基说："你有最后的决定权，但我想告诉你，按这些条件去谈，摩根肯定乐于接受，但你将损失一大笔钱。看来你对这件事没有我调查得详细。"

经过分析，卡内基承认自己过高地估计了摩根。卡内基全权委托齐瓦勃与摩根谈判，取得了对卡内基有绝对优势的联合条件。摩根感到自己吃了亏，就对齐瓦勃说："既然这样，那就请卡内基明天到我办公室来签字吧。"

齐瓦勃第二天一早就来到摩根的办公室，向他转达了卡内基的话："从第51号街到华尔街的距离，与从华尔街到51号街的距离是一样的。"摩根沉吟了半天说："那我过去好了！"摩根从未屈就到过别人的办公室，但这次他遇到的是全身心投入的齐瓦勃，所以只好低下自己高傲的头颅。

后来，齐瓦勃终于自己建立了大型的伯利恒钢铁公司，并创下了非凡业绩，真正完成了从一个打工者到创业者的飞跃。

(http://www.xiexingcun.com/Story/07/chengbaiwenzhang0285.htm)

【案例点评】

案例说明了内职业生涯规划对人的发展的重要性。

《礼记·中庸》："凡事预则立，不预则废。"就是说，做任何事情，事先谋虑准备就会成功，否则就要失败。毛泽东在其《论持久战》中也强调："'凡事预则立，不预则废'，没有事先的计划和准备，就不能获得战争的胜利。"因此，无论做什么事情，确立目标是第一步，有了目标才会有成功的可能。

只有确立了目标，才清楚自己发展的方向和动力，才知道自己是为了什么而奋斗；只有确立了目标，在做每件事、过每一天时才会有动力和热情，才能取得最终的成功。

在人的一生中有很多需求，根据美国著名社会心理学家、人格心理学家马斯洛著名的需要层次理论，人的需求可划分为五个层次，依次是生理的需求、安全的需求、情感的需求、尊重的需求和自我实现的需求。

那么，一个人的需求怎样才能得到满足呢？毫无疑问，人们的这些需求只有靠自己的劳动去满足，也就是工作。每个人都只有在不断的工作中去实现自己的价值，从而满足自己各种各样的需求。然而，每个社会成员只能在某以一领域从事某种具体工作，这就是所谓的职业。

第一节 职业概述

一、职业的含义

在现实生活中，每个人都与职业有着紧密的联系，职业活动几乎贯穿人的一生。那么，什么是职业？它具有哪些特征和内容呢？

（一）职业的概念

从词义学的角度看，"职业"一词是由"职"和"业"构成的，所谓"职"，包含着职位、职责的意思；所谓"业"，包含着从事业务、事业、事情、独特性工作的意思。"职业"在这里反映着个人与社会两个方面的内容，是个人与社会互动的范畴。

职业，英文为 career，可译为生涯、经历、事业等。美国教育家、哲学家杜威认为，职业不是别的，是可以从中得到利益的一种活动。我国有学者认为，职业是指人们在社会生活中所从事的，以获得物质报酬作为自己主要生活来源，并能满足自己精神需求的，在社会分工中具有专门技能的工作，是对特征相同或相似的一类工作的统称。

对于职业的学术定义，学者们基于不同的研究角度、研究立场和研究目的，会有不同的阐释和观点，比较具有代表性的是社会学家和经济学家的观点。

从社会学方面，美国社会学家塞尔兹认为，职业是一个人为了不断取得个人收入而连续从事的具有市场价值的特殊活动，这种活动决定着从业者的社会地位。从经济学角度看，日本劳动问题专家保谷六郎认为，职业是有劳动能力的人为了生活所得而发挥个人能力，向社会做贡献的连续活动。

综上所述，我们可以这样定义职业，即职业是指人们在社会生活中所从事的，以获得物质报酬作为自己主要生活来源，并能够满足自己精神需求的，在社会分工中具有专门技能的工作。

职业是人类文明进步、经济发展及社会劳动分工的结果，是一个人社会地位的一般性表征，体现了一个人的权利和义务，综合反映了一个人的生活方式、经济状况、文化水平、行为模式和思想情操。

（二）职业的特征

通过对"职业"含义的理解，可以认为职业包括如下三层含义。

首先，从事职业的目的是为了生存和发展，所以，在择业时不仅要考虑薪酬的多少，还要考虑将来的发展。

其次，选择职业时要考虑自己的专业特长，必须有一定的专业知识和技术能力，只有这样在竞争日益激烈的人才市场上才有竞争力。

最后，职业是相对稳定的而不是绝对稳定的，在择业时一定要考虑与自己能力、兴趣和价值观相匹配的行业，尽早找准自己的职业定位。

对于职业特征的认识，虽然国内外社会学家和经济学家对职业概念和特征的理解各有侧重，但实际上他们都涉及了职业的三个最重要的特征，即经济性、技术性和社会性。

1. 经济性

经济性主要是指人们可以从职业中获得物质报酬和经济收入。职业本身就是社会分工和经济发展到一定程度的结果，职业劳动创造的社会财富和价值为人类社会的发展奠定了雄厚的经济基础，人类社会的各种文明都建立在职业分工、分化、分类，以及职业范畴进步的基础上，职业解决了人们的经济来源问题。

与此同时，职业也是个人获得经济收入的主要来源，是维持家庭生活和个人发展的主要经济手段，以满足自身和家庭生存和发展的需要。经济特征是职业最基本的特征。

2. 技术性

技术性主要是指人们在职业中可以发挥个人的专长和技能。任何一种职业，任何一个工作岗位都需要有相应的职业和技能要求，尤其是分工日益细化和信息科学技术飞速发展的今天，绝大多数职业岗位都对任职者的学历证书、职业资格证书、专业技术水平、职业工作年限等都有具体的规定，只有达到岗位要求才能上岗。可见，社会分工越细，信息科学和技术发展越迅速，社会职业的技术和技能要求就越高。

3. 社会性

社会性主要是指人们在职业中要履行一定的社会职责和义务。职业是从业人员在特定社会生活环境中所从事的一种与其他社会成员相互关联、相互服务的社会活动。如前所述，职业本身就是社会分工发展到一定程度的结果，每一种职业都体现了社会分工的细化和社会发展的需求。人们在工作岗位上为社会做贡献，社会也以人们的劳动成果为积累作为社会可持续发展和不断进步的物质基础。

二、职业的产生与发展

（一）职业的产生

职业不是从来就有的，它是人类社会发展到一定历史阶段的产物。在原始社会初期，由于生产力水平极端低下，虽然在氏族成员中有自然分工，但还没有形成专门的职业。

随着社会生产力的缓慢发展，社会分工开始逐渐形成。在氏族公社里，产生了按性别和年龄进行的不稳定的分工，这可以说是职业的萌芽。

随着生产力的继续发展，人类征服自然的能力不断提高，出现了一定的剩余产品，使得一部分人可以专门从事畜牧业生产，出现了人类社会的第一次大分工，即畜牧业从农业中分离出来。随着生产力的进一步发展，手工业和商业又从农业分离出来，使得生产效率大大提高，社会上出现了更多的剩余产品。

随着剩余产品的出现，私有制和阶级产生了，与此同时又有了体力劳动和脑力劳动的分工与对立。这样，伴随着生产力的一步步发展，人类社会产生了各种各样的职业。

（二）职业的发展

自从职业产生以后，随着社会生产力的不断发展和社会分工的不断细化，职业无论在数量还是种类上都在迅速地发展着。从职业开始产生到今天，职业在发展的过程中呈现出下列几个突出的特征。

1. 分工逐步细化

在社会发展的过程中，农业是最古老的产业。农业最早是指种植业，即农民所从事的劳动，包括各种作物从播种到收获的一系列活动。随着生产力的不断发展，出现了粮食作物种植与经济作物种植的区分。经济作物种植又分为果树种植、桑种植、棉花种植和茶种植，等等，相应地就出现了棉农、桑农、果农、茶农等。

手工业从农业中分离出来之后，随着生产力的发展而不断发展，生产部门不断增加，劳动分工越来越细。在科学技术日益发展的今天，无论是农业、工业还是第三产业都产生了日臻完善的社会化服务体系，体现了社会分工的细化和职业的进一步分化。

2. 内容不断更新

同一职业在不同时代会随着社会的发展和科学技术的进步而具有截然不同的内容。现代农业不同于刀耕火种时代，农业劳动已不是仅仅依靠体力的劳动，它还要求农民掌握现代农业科学知识，包括：气象知识、土壤知识、育种知识、栽培知识和技术、农业机械知识和技能等现代化农业科学技术知识。

例如，邮政业已远远不同于过去靠“骑马传送邮件”，现代邮政业除了使用飞机、火车、汽车传送邮件外，还广泛使用电报、电话、传真、电子邮件、卫星通信等手段传递信息。可见，随着社会的发展，职业内容也在不断发展进步。

3. 新职业不断产生

科学技术的不断发展和应用是新型职业不断产生的动力，每次新技术的革新和应用，都必然导致大量新型职业的出现和部分传统职业的消失。

例如，蒸汽机的使用使整个机械制造业、运输业、纺织业发生了巨大变化；石油和电力应用导致了城市电气、汽车、飞机、电报、电话、无线电、化学工业、塑料工业等一大批新型行业与相应新型职业的产生；以计算机、原子能、空间技术和现代生物科学为标志的新技术革命，正在催生着一大批新兴的职业。

据统计，现在每年平均有 600 多种新职业产生，同时也有 500 多种传统职业被淘汰。

4. 结构不断优化

在工业革命之前，无论东方还是西方，从事农业生产的劳动力在世界各国内都居于多数，然而从 19 世纪七八十年代第二次工业革命开始，在一些工业发展比较快的国家，从事制造业、运输业、采矿业等工业活动的劳动力逐渐超过了从事农业生产的劳动力。

到了 20 世纪，西方一些发达国家又进入了服务业取代制造业的时代，交通运输、邮电通信、餐饮业、行政管理、社会福利、文化教育、卫生、体育、信息等在职业中占了很大比重。也就是说，从事农业生产和工业生产的人数在逐渐减少，从事服务行业的人数在不断增加。如 1982 年美国从事服务行业的人数占就业人口的 70%，从事工业生产的占 24.3%，从事农业生产的占 5.6%。

目前，我国虽然还处在社会主义初级阶段，从事农业、工业生产的人数仍然占就业人口的大多数，但随着社会经济的进一步发展和产业结构的不断调整，我国的服务行业也必将得到较大的发展。

小贴士

我国职业分类

你知道我国共有多少个职业吗？2013 年 10 月正式颁布的《中华人民共和国职业分类大典》将我国职业归为 8 个大类，共 1838 个职业。

这部大典是我国第一部具有国家标准性质的职业分类大全，是由人力资源和社会保障部、国家质量技术监督局、国家统计局联合颁布的。大典参照国际标准职业，从我国实际出发，按照工作性质同一性的基本原则，对我国社会职业进行了科学划分和归类，全面客观地反映了现阶段我国社会职业结构状况，填补了我国职业分类的一项空白。

这部大典将我国职业归为 8 个大类，66 个中类，413 个小类。8 个大类分别是，第一大类：国家机关、党群组织、企业、事业单位负责人；第二大类：专业技术人员；第三大类：办事人员和有关人员；第四大类：商业、服务业人员；第五大类：农、林、牧、渔、水利业生产人员；第六大类：生产、运输设备操作人员及有关人员；第七大类：军人；第八大类：不便分类的其他从业人员。

（http://zhidao.baidu.com/share/e0fae7d1fabc6f1c1de854b114e82230.html）

三、职业的功能和意义

作为人的一种生活方式和社会活动，职业无论对于个人和社会都具有重要的功能和意义。

1. 职业是人生存的手段

人们要生存，必须从自然界获取物质生活资料以满足个人和家庭吃穿住行的需要。人们的职业生活首先表现在必须通过参加社会劳动来获取生存必需的生活资料。人们通过参加一定职业岗位的职业劳动来换取职业报酬，满足谋生的需要，同时也积累了个人的财富。

职业是人们获取利益的手段，职业作为个人获得经济收入的主要手段，成为人们赖以生存和维持家庭生活的物质基础。此外，职业还可以获得包括名誉、地位、权力等多种非经济利益，从而使个人获得心理满足和精神需要，达到乐业的境地。职业类别和职业等级是人的社会地位的象征，构成了人们在社会领域生存的手段。

2. 职业是满足人精神需要的途径

职业是个人获得名誉、地位、权力、成就、尊重及自我实现等精神需要的重要来源。每种职业都有其独特的活动特点和要求，对从业者的生理和心理必然产生重大的影响。当这种工作能够使个人的才干得到发挥、个性得到不断发展和完善时，它就成为促进个体健康发展的途径。

3. 职业是体现人生价值的载体

每个人都想活得有价值,什么是价值呢?价值是客体对主体的有用性。一个人的人生价值是在为社会做出贡献和对自我价值的不断满足过程中实现的,即人生的价值包括社会价值和自我价值。实现人生价值就是实现自我价值和社会价值的统一,二者缺一不可。人的社会价值是个人对社会需求的满足。

人类社会的存在与发展是基于劳动创造实现的,没有社会上每个人的劳动创造,也就没有人类社会今日的进步与发展。对于年轻的大学生来说,十几年的寒窗苦读耗费了巨大的人力、物力,承载着党和政府、社会、父母的殷切期望。大学毕业之后,只有在自己的职业岗位上努力工作,创造出劳动价值,才得以回报父母,回报社会。

一个人对社会的贡献越大,他的人生社会价值就越高。自我价值是个人对自身需求的满足,个人通过努力,满足自身的物质和精神方面的需求,即自我贡献和自我尊重。在社会主义市场经济发展的社会中,个人只有通过自己的职业才能为社会创造物质财富或精神财富,为社会做出贡献;也只有通过职业才能满足自己和家庭的物质生活、精神生活需要。因此,职业过程就是实现人生价值的过程。

4. 职业是社会发展的主要动力

职业和职业活动是社会存在和发展的基础。作为一种社会存在,职业推动社会各项事业向前发展。职业分工及其结构是社会经济制度与社会经济结构的重要部分,是社会经济发展水平的反映。美国经济学家奥肯长期致力于研究失业率与 GDP 的关系,提出了著名的奥肯定理:失业率每上升 1 个百分点,实际 GDP 的增长率就下降 2 个百分点。

奥肯定理表明,失业意味着社会资源没有得到充分的利用,必然会阻碍社会的发展。随着社会分工的加快和职业种类的大幅度增多,现代社会中所有重要事业的发展都是一种或多种职业与其相对应,并由这些职业推动其发展。

例如,没有专门从事航天事业的航天职业人员,就不可能有今天航天事业的迅猛发展。没有专门的 IT 人员,就没有今天兴旺繁荣的 IT 行业。由此看来,社会的发展需要职业来推动,已成为一条社会发展的客观规律。

第二节 职业生涯

一、职业生涯的含义

(一) 职业生涯的概念

何谓生涯?从词的构成看,“生”,即“活着”,与一个人的生命相联系;“涯”,即“边界”,指人的一生。从字源看;生涯的英文来自罗马文字及拉丁文字,指古代的战车,后来又引申为道路,即人生的发展道路,也指个人一生中所扮演的系列角色与职位。

国外学者对生涯所下的定义众多,主要有:沙特尔认为,生涯是指一个人在工作生活中所历经的职业或职位的总称。霍德和班那兹认为,生涯包括个人对工作职业的选择与发展,韦伯斯特认为,生涯指个人一生职业、社会与人际关系的总称,即个人终身发展的历程。

从上述学者关于生涯的定义可以看出，虽然生涯的概念因定义者的研究角度和时代的不同而发生着变化，但是从整体看来，生涯是指与个人终生从事工作或者职业等有关的活动过程。生涯不仅仅局限于工作或职业，还包含个人的生活风格，涵盖了人一生所从事的各种活动的集合。

什么是职业生涯呢？与职业不同，职业生涯是一个发展的概念，是一个动态的过程。它不仅包括一个人的过去、现在和未来那些可以实际观察到的连续从事的职业发展过程，还包括个人对职业生涯发展的见解和期望。实际上，职业生涯是一个人的职业经历，是一个人一生中职业、职位的变迁及工作、理想的实现过程。

一般来说，职业生涯有狭义和广义之分。狭义的职业生涯，起始于最初工作之前的专门的职业学习和训练，终止于完全结束或退出职业工作，限定于直接从事职业工作的这段生命时光；广义的职业生涯，则从个体的出生时开始到完全结束职业工作为止，包括个体的全部生命历程。也可以说是从职业能力的获得、职业兴趣的培养、选择职业、就职，直到最后完全退出职业劳动这样一个完整的职业发展过程。

职业生涯是一个漫长的过程，既可以遵循传统观念，一生只从事一种职业，持续而稳定地在该岗位上晋升、增值；也可以根据个人的兴趣、能力、价值观及工作环境的变化而经历不同的岗位、职业甚至行业。当然，大多数人还是希望从事一种相对稳定、适合自己的职业。

在一个人有限的生命中，职业生涯往往占有绝对重要的位置，大部分人职业生涯时间占可利用社会时间的70%～90%。因此，不论职位高低，不论成功与否，每个工作着的人都有自己的职业生涯。在一定意义上说，人的生命价值就在于职业生涯方面得到的成就和成功。职业生涯伴随我们的大半生，甚至更长远，只有拥有成功的职业生涯才能实现完美的人生。

（二）职业生涯的分类

人的职业生涯可以分为内职业生涯和外职业生涯两种。

1. 内职业生涯

内职业生涯是从个人角度而言的，主要是指从事某种职业时所具有的知识、观念、能力、经验、心理素质、内心感受等多种因素的组合及其变化过程。内职业生涯中的这些因素是通过从事职业时的表现、工作结果、言谈举止表现出来的。

内职业生涯的发展主要靠自己的不断努力和探索获得，它是别人无法替代和窃取的人生财富，它不随外职业生涯的发展而自动具备，也不由于外职业生涯的失去而自动丧失。在职业生涯中起重要作用的是内职业生涯，修炼内职业生涯是职业发展的基石。

2. 外职业生涯

外职业生涯是从组织角度而言的，主要是指个人从事职业时的工作单位、工作环境、工作时间、工作地点、工作内容、工作职务和工资待遇等多种因素的组合及其变化过程。

外职业生涯通常可以通过名片、工资单体现出来。名片上表明工作的地点、企业的类型、担任的职务、职称等内容;工资单中写明基本工资、岗位津贴、福利待遇、奖金等,这些因素构成外职业生涯。外职业生涯通常是由别人给予,别人认可,别人决定的。既然是由别人决定和认可,也就容易被别人所否定和收回,甚至是剥夺。当然,外职业生涯是依赖于内职业生涯的发展而增长的。

3. 内职业生涯和外职业生涯的关系

内职业生涯的发展是外职业生涯发展的前提,内职业生涯的发展会带动外职业生涯的发展。外职业生涯的发展也可以促进内职业生涯的发展。

一方面,内职业生涯的发展是以外职业生涯的发展或成果来展示的,如果内职业生涯发展得很多,外职业生涯没有任何变化,就不正常。另一方面,内职业生涯的匮乏一定会影响外职业生涯,它是以外职业生涯的停滞或失败呈现的。

内职业生涯没有得到提高,即使给一个人很重要的职务,他的职位也不能保住。这是因为,内职业生涯匮乏是以外职业生涯的停滞或失败呈现的。内、外职业生涯的关系是同时进行而且是相互影响的。

最适合的状况是,有时让自己外职业生涯超前一点,有时让自己的内职业生涯超前一点。如果总是外职业生涯超前,那么工作起来会比较紧张、辛苦,劳累。如果有的时候内职业生涯超前一点,那么在精神上会得到一种缓冲,一次休息。

在职业生涯的初期,要注重内职业生涯发展。因此,初期选择职业的时候,不要只看重薪水、福利等外在的东西,要选择对自己的能力锻炼最大的,对自己今后的职业方向影响最大的工作。为了使自己的职业生涯之树常青,一定先要把职业生涯之根扎深、扎牢,因为只有根深蒂固,职业生涯之树才能枝繁叶茂,硕果累累。

案例分享

有位留美计算机博士,拿着很多证件到计算机公司求职,但由于种种原因没有被录取。他在三思后决定采取新的应聘策略:以一名普通打工者的面貌出现。很快,他被一家公司录用。

作为一名程序员。由于成绩突出被老板升为部门经理,这时他亮出了学士证书。经过一段时间,由于研发能力突出,频频有新的突破,老板又指定他为系统软件开发的负责人。这时他亮出了硕士证书,老板吸纳他进入公司的决策层。后来,老板又根据他的潜力,再次提拔他为公司副总经理并割让部分股权让他技术参股,他成为这里的老板之一,这时他亮出了博士证书。

(http://wenku.baidu.com)

【案例点评】

这位留美计算机博士的经历,充分体现了内职业生涯对外职业生涯发展的贡献。

二、影响职业生涯发展的因素

在个人职业生涯的过程中,影响职业生涯发展的因素是多方面的,归纳起来,可分为自身因素和环境因素两大类。

（一）自身因素

自身因素在人的职业生涯发展中起着基础作用，决定着一个人职业发展的方向和前景。影响职业发展的自身因素又可以分为三个方面，即价值体系、知识体系和能力体系。

1. 价值体系

价值体系是指个人在成长过程中形成的对客观现实的态度、信念、信仰、理想等，并由其组成的一定的层级和结构。从其内容来讲，价值体系反映了主体的根本地位、需要、利益及主体实现自己利益和需要的能力、活动方式等方面的主观特性；从其功能来看，它对职业生涯发展起着评价与导向作用，有什么样的价值体系就有什么样的职业方向与标准。

不同的价值体系对于个人的生存与发展具有不同作用，有益的价值体系应与整个社会发展的潮流相适应、相协调。

2. 知识体系

知识体系是个人从事职业活动的基础，是整个职业历程的起点，也是能力体系的支撑，它与能力体系的内涵有一定的重合，有些知识就是能力，有些能力就是知识。在某一问题上知识贫乏或知识结构不合理的人必然缺乏解决这一问题的能力。

当然，并不是知识越多就越好，知识体系的结构必须是合理的，而且要不断升级与更新。没有合理的知识结构，很难在职业岗位上取得成就。此外，不同的职业或同一职业的不同层次，对人的知识结构的要求也不相同。但无论其相互间差异有多大，都有着普遍性的要求即基础知识要宽厚，专业知识要精深。

3. 能力体系

能力体系对职业生涯的发展有着直接作用，是完成职业活动的必要条件。能力的发展要借助于知识。一般来说，一个人的专业知识越丰富，相应的职业能力水平也越高。

但能力与知识既有联系，也有区别，不同个体之间能力发展与知识的掌握并不总是同步的，有的人能力的发展先于知识的掌握，有的人知识的掌握先于能力的发展。不同的职业对能力的要求不一样，具有不同能力体系的人应选择不同的职业。

（二）环境因素

环境是指围绕人群的空间及其中可以直接或间接影响人类生活和发展的各种自然因素和社会因素的总称。自然环境是社会环境的基础，而社会环境又是自然环境的延伸。

人的职业发展同环境的关系极为密切，离开了环境，人就无法生存，更谈不上职业的发展。个人职业的发展同社会文化环境、经济环境、组织环境和家庭环境等都有着一定的关系。

1. 文化环境

文化环境主要包括教育水平、教育条件和社会文化设施等，反映着个人的基本信念、价值观。文化对人的职业意向有较大的影响。如商业社会地位的变化，使在市场经济发展中人的职业意向也随之变化，财经类专业人士深受欢迎，商场成为人心向往的地方。

2. 经济环境

经济环境对人的职业发展有一定的影响。当经济振兴时，百业待兴，新的行业、职业不断出现，新的组织不断产生，为就业和晋升创造了条件。当经济处于萧条时期，企业的效益降低，对人力资源需求减少，人的就业和晋升都会受到严重阻碍。另外，经济政策的调整在一定程度上也会影响人们的职业发展。

3. 组织环境

组织环境在很大程度上影响着个人职业生涯的发展。个人职业发展会受到我们所处的行业、具体单位的情况影响，也会受到人们对其职业的认同程度和产生的经济效益影响。

无论是行业环境，还是企业内部环境，都对个人的职业生涯有直接或间接的影响，因为所有人都既处于社会大环境又处于组织的小环境之中，个体的发展与组织的发展息息相关。对组织环境进行分析，可以使个人及时地了解企业的实际发展状况前景，把个体的发展与组织的发展联系在一起，这有利于个人做出合适的职业生涯规划。

4. 家庭环境

家庭环境对于个人职业的发展也产生一定的影响。在初入职场时，个人的职业发展往往受父母的影响较大，父母的价值取向、教育方式等都会或多或少地影响人的职业发展。父母的影响可能会越来越少，但配偶的思想认识、价值观念等又会左右其职业发展。

职业生涯在人的一生中极为重要，职业生涯的成功与否直接决定着个人的前途和命运，关系着人生价值能否得到充分的体现，也在某种意义上决定着个人生命的精彩或平淡，因此，每个人都应该对自己的职业生涯做一些思考和规划。

三、职业生涯发展的阶段和规律

每个人在实现其职业生涯目标的过程中，都会经历不同的发展阶段，有着不同的职业需求和人生追求。正确认识职业生涯发展的不同阶段及其规律，对制订有效的职业生涯规划是非常重要的。一般认为，职业生涯可以分为以下六个阶段，在每个阶段都表现出不同的特点和规律。

1. 职业准备阶段

一般从14～15岁开始，延续到18～22岁。这是一个人在就业之前系统学习知识和技能，为将来所从事的职业奠定基础的时期，当然也是一个人职业素质形成的主要时期。

虽然每个人在择业时都有着选择一份理想职业的愿望和要求，都想经过充分的准备，能够很快地找到自己理想的职业，顺利地进入职业角色。但实际上在这个职业生涯的准备阶段，许多人是盲目的。

2. 职业选择阶段

这个阶段从17、18岁到30岁左右。这是一个人从学校走上工作岗位，在职业准备的基础上实际选择职业的时期。这个阶段是由潜在的劳动者变为现实的劳动者的关键时期，在这一时期，个人要根据社会的需要和自身的素质及愿望，做出职业选择，这是人生职业生涯的关键一步。

职业选择不仅仅是择业者个人挑选职业的过程，同时也是社会挑选劳动者的过程，只有个人的择业目标与社会的需要相吻合，才能够成功择业。一旦顺利地进入职业角色，职业选择才算结束。

3. 职业适应阶段

职业适应阶段一般是在就业后的1至2年。这个时期是对一个人走上工作岗位的职业能力的实际检验。择业者刚刚踏上职业岗位,必然要有一个适应的过程。

要完成从一个择业者到一个职业工作者的角色转变,就要尽快适应新的角色,适应新的工作环境、工作方式,树立良好的第一印象。只有具备了工作岗位所要求的个人素质,才能够顺利适应某一职业。那些在自身的职业能力、人格特点等素质与工作岗位要求差距较大者,难以与职业要求相适应,很可能要重新对职业进行选择。

4. 职业稳定阶段

职业稳定阶段一般从20～30岁开始,延续到45～50岁。这一时期是人的职业生涯的主要阶段,是一个人成就事业和获得社会地位的关键时期,在时间上也是最长的时期。对于大部分人来说,这一阶段应该致力于某一领域的深入稳定发展。

如果从业者的素质能够得到发展和提高,就可能抓住机会逐步取得成果,成为某一领域的出色人才,得到晋升,获得职业生涯的成功,取得事业上的成就。这一时期人正是风华正茂之时,是充分展现自己才能、获得晋升、事业获得迅速发展的时期。其主要任务有:调整职业、修订目标;努力展现自己的才能,扩大自己的影响力。同时,处理好家庭与事业的关系,既干事业又顾家庭,这才是人生的正常发展。

5. 职业衰退阶段

职业衰退阶段一般从45～50岁开始,延续到55～60岁。这一时期,人开始步入老年。由于生理条件的变化,能力缓慢减退,心理需求逐步降低而求稳妥维持现状。一般来说,这一阶段上升的空间已经很小,已经在为自己的退休及退休后的目标设计方案。

在这一阶段,许多人都不得不面临这样一种前景:接受权力和责任减少的现实,学会调整心态,接受一种新角色,学会成为年轻人的良师益友。当然也不排除有一些人,智力并没有减退,而知识、经验还呈现越来越高的现象,这些人往往是所从事专业领域里的专家权威或学术带头人。

6. 职业结束阶段

职业结束阶段一般在60岁左右。这一时期是由于个体生理及心理机能日渐衰退,逐渐丧失职业能力和职业兴趣,不得不面对现实从积极参与到隐退,从而结束职业生涯历程的时期。该阶段属于退休阶段,职业生涯接近尾声或退出工作领域,而在家庭上投入相当多的时间,休闲者和家长的角色很突出。

第三节　职业生涯的基本理论

一、职业选择理论

(一) 帕森斯的特质因素理论

特质因素理论是由美国波士顿大学教授帕森斯创立的,这一理论是职业生涯管理理论中最为悠久的理论,也是最早的职业辅导理论,源于19世纪官能心理学的研究。

1. 帕森斯特质因素理论的含义

帕森斯的特质因素理论又称帕森斯的人职匹配理论，是指人们依据人格特性及能力特点等主观条件，寻找具有与之对应因素的社会职业的理论，其核心是人与职业之间的匹配。

1909年，美国波士顿大学教授弗兰克·帕森斯在其《选择一个职业》一书中提出了人与职业相匹配是职业选择的焦点的著名观点。他认为，每个人都有自己一系列独特的人格模式和特质，并且可以对其进行客观有效的衡量；同时，每种人格模式的个人都有其相适应的职业类型。

所谓"特质"，主要是指个人的人格特征，包括能力倾向、兴趣、价值观和人格等，这些都可以通过心理测量工具加以评量；所谓"因素"，主要是指在工作上要取得成功所必须具备的条件或资格，这可以通过对工作的分析而了解。

2. 职业选择的三大步骤

帕森斯认为，职业选择有三大步骤。

第一步是通过心理测量工具和其他测评方法评价求职者的生理和心理特点，获得有关个人的态度、能力倾向、兴趣爱好、气质与性格等方面的资料，并通过会谈、调查等方法获得有关求职者的家庭背景、学业成绩、工作经历等情况，并对其进行评价。

第二步是分析各行各业达到成功所需要的条件、优缺点、酬劳等，具体包括如下几点。

① 职业的性质、工资待遇、工作条件及晋升的可能性。

② 求职的最低条件，诸如学历要求、所需的专业训练、身体要求、年龄、各种能力，以及其他心理特点的要……

③ 为准备就业而设置的教育课程计划，以及提供这种训练的教育机构、学习年限、入学资格和费用等。

④ 就业机会。

第三步是人与职的匹配，选择一种适合其个人特点并能在职业上取得成功的职业。可见，特质因素理论的一个突出特点是侧重于个人性向、成就、兴趣、价值观、人格与职业的匹配上，而没有关注到个人的性向、成就、兴趣、价值观、人格的变化。

3. 人职匹配的类型

按照帕森斯的特质因素理论，人职匹配分为如下两种类型。

一是因素匹配，即条件匹配，是指需要有专门技术和专业知识的职业与掌握该种技能和专业知识的择业者相匹配；或脏、累、苦劳动条件很差的职业，需要有吃苦耐劳、体格健壮的劳动者与之匹配。

二是特性匹配，即特长匹配，主要指具有敏感、易动感情、不守常规、个性强、理想主义等人格特性的人，宜于从事审美性、自我情感表达的艺术创作类型的职业。

因此，特质因素理论主要强调个人所具有的特性与职业所需要的素质与技能之间的匹配，它是以通过测量工具和方法对人特性的测评为基本前提的。这一理论奠定了人才测评理论的理论基础，推动了人才测评在职业选拔与指导中的运用和发展。因此，帕森斯被誉为"职业辅导之父"。

当然，该理论也有局限性，就是只强调个人特性要与工作要求相匹配，忽略了社会因素对职业选择的影响和制约作用，忽视了个人和职业都是不断变化发展的现实。

（二）施恩的职业锚理论

职业锚是由美国著名职业心理学家施恩教授提出的，它是指在个人工作过程中依循个人的需要、动机和价值观经过不断搜索，所确定的长期职业贡献区或职业定位。施恩认为，当一个人不得不做出选择的时候，无论如何都不会放弃的职业中的那种至关重要的东西或价值观，这就是职业锚。

职业锚是“自省的才干、动机和价值观的模式”，包含了如下三方面内容。

第一，自身的才干和能力，以各种作业环境中的实际成功为基础。

第二，自身的动机和需要，以实际情境中的自我测试和自我诊断的机会，以及他人的反馈为基础。

第三，自身的态度和价值观，以自我与雇佣组织和工作环境的准则和价值观之间的实际遭遇为基础。

可见，职业锚产生于早期职业生涯阶段，不是固定不变的，它强调的是个人能力、动机和价值观三方面的相互作用与整合，是不可能根据各种测试提前进行预测的。施恩根据自己对麻省理工学院毕业生的研究，提出了以下五种职业锚。

1. 技术型

这种类型的职业锚主要特征如下。

① 强调实际技术和职能等业务工作。

② 拒绝一般管理工作，但愿意在其技术和功能领域管理他人。

③ 追求在技术和功能能力区的成长与技能不断提高。其成长和获得成功看重的主要是其专业地位的提高和技术领域的扩大。

2. 管理型

这种类型的职业锚主要特征如下。

① 管理型职业锚的雇员追求承担一般管理性工作，且责任越大越好。

② 管理型职业锚的雇员具有很强的升迁动机和价值观，以提升、等级和收入作为衡量成功的标准。

③ 管理型职业锚的雇员具有分析能力、人际沟通能力和情感能力的强强组合。

④ 管理型职业锚的雇员对组织有很大的依赖性。

3. 创造型

这种类型的职业锚主要特征如下。

①有强烈的创造需求和欲望。

② 意志坚定，勇于冒险。

③ 创造型锚同其他类型职业锚存在一定程度的重叠。

4. 安全稳定型

这种类型的职业锚特征如下。

① 追求安全、稳定的职业前途，是这类职业锚雇员的驱动力和价值观。

② 对组织具有较强的依赖性。

③ 个人职业生涯的开发与发展往往会受到限制。

5. 自主独立型

这种类型的职业锚主要特征如下：

① 追求自主、独立的人希望随心所欲安排自己的工作方式、工作习惯、时间进度和生活方式，追求能够施展个人职业能力的工作环境，最大限度地摆脱组织的限制和约束。

② 自主、独立型职业锚的人追求在工作中享有自身的自由，有较强的职业认同感，认为工作成果与自己的努力紧密相连。

③ 自主独立型职业锚与其他类型的职业锚有明显的交叉。

施恩的职业锚理论，有助于识别个人的职业抱负模式和职业成功标准，有利于个人与组织稳固地相互接纳，增强个人职业技能和工作经验，提高工作效率和劳动生产率。

个人对自己的职业锚进行测试与检查，可以基本上判断一个人达到职业成功的可能性。而且，通过开展职业锚自我校对和评价，可以有针对性地为自我职途或企业的员工开展职业生涯规划，并结合绩效考核和面谈共识达到最大程度激励员工的效果。

二、职业发展理论

（一）舒伯职业发展理论

舒伯职业发展理论是职业生涯理论中最重要的内容。它的主要代表人物除了美国学者金兹伯格，还有美国学者舒伯。舒伯的职业发展理论主要包括职业生涯整体发展论和职业生涯阶段论。他把职业发展理论扩大到整个人生，比金兹伯格职业理论更详细。

舒伯关于职业生涯整体发展理论的主要内容，包括以下几个方面的论点。

1. 人是有差异的

首先，人的才能、兴趣和人格各不相同。

其次，人们因自己的上述特性而各自适应于若干种职业。

再次，各种职业均具有对于人的才能、兴趣和人格要求的一套特定模式，但是职业与人均有一定的改变余地。

最后，职业生涯模式的不同性质，是由人们不同的家庭地位与经济状况、个人智力水平与人格特征，以及个人的机遇所决定的。

2. 职业选择与调适是一个连续过程

第一，人们对于职业的偏爱和所具资格、生活与工作情境，以及人们的自我概念，都会随时间和经验而改变，这使得职业的选择与调适成为一种连续的过程。

第二，职业选择与调适过程可以概括为探索阶段和固定阶段两大阶段。

第三，探索阶段中，又分为空想、尝试和现实三个时期。

第四，固定阶段中，又分为尝试、固定两个时期。

第五，从更大的范围看，人的职业生活的成长、探索、固定、维持、衰退各个阶段的总和，即构成一连串的人生阶段。

3. 职业发展过程具有可塑性

首先，职业性发展的过程，从根本上说，是一种完成自我概念的过程。

其次，个人与社会、自我概念与现实之间的折中、调和，是人们把自身放入社会的职业角色的过程。这种角色扮演，也是一个人从青年的空想，到职业选择咨询商谈，再到工作初任等的系列性演进过程。

再次，一个人工作的满意(进而是生活的满意)程度，视个人的才能、兴趣、人格特征和价值观能否找到对应的归宿，或者视上述各方面宣泄的适应程度而定。

最后，职业性发展的各个阶段可以通过指导而加以改善。

关于舒伯的职业生涯发展阶段理论，前面实际上已经有所论述，就是职业生涯“成长—探索—建立—维持—衰退”发展理论。1976—1979 年，舒伯在英国进行了为期四年的跨文化研究。1981 年他提出了一个新观念——生活广度、生活空间的生涯发展观。

这个生涯发展观，除了原有的发展阶段理论之外，较为特殊的是加入了角色理论，并将生涯发展阶段与角色彼此间交互影响的状况，描绘出一个多重角色生涯发展的综合图形。这个生活广度、生活空间的生涯发展图形，舒伯称之为“一生生涯的彩虹图”，如图 1-1 所示。

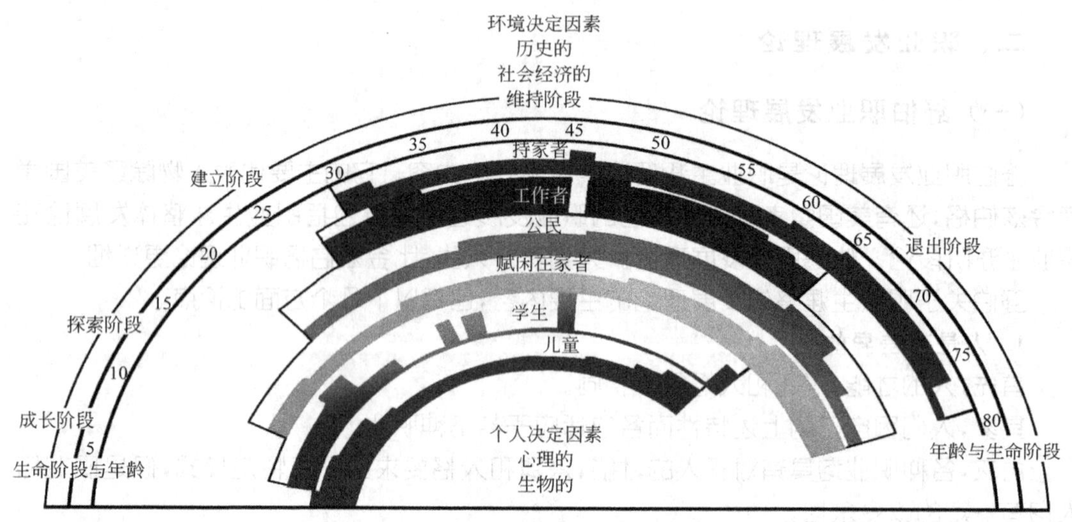

图 1-1　舒伯“一生生涯的彩虹图”

舒伯的“一生生涯的彩虹图”揭示了职业生涯包括的时间、领域和投入程度三个层面的理论，换言之，人生的整体发展是由时间、领域和投入程度决定的。

在时间层面，按人生的年龄和整个生命历程可划分为“成长—探索—建立—维持—退出”五大阶段；在领域层面，是指一个人终其一生所扮演的六种不同的角色，如儿童、学生、赋闲在家者、公民、工作者或持家者等；在深度层面，即职业生涯的投入程度方面，主要是指一个人在扮演每一个角色时所投入的程度。舒伯的这一理论也叫“彩虹理论”。

(二) 施恩的职业生涯发展理论

美国麻省理工学院斯隆管理学院教授、著名的职业生涯管理学家施恩根据人生不同年龄段面临的问题和职业工作主要任务，将职业生涯分别分为九个阶段：成长、幻想、探索阶段；进入工作世界；基础培训；早期职业的正式成员资格；职业中期；职业中期危险阶段;职业后期;衰退和离职阶段;离开组织或职业——退休。

1. 成长、幻想、探索阶段(0～21 岁)

处于这一职业发展阶段的主要任务如下。

① 发展和发现自己的需要和兴趣,发展和发现自己的能力和才干,为进行实际的职业选择打好基础。

② 学习职业方面的知识、寻找现实的角色模式,获取丰富信息,发展和发现自己的价值观、动机和抱负,做出合理的受教育决策,将幼年的职业幻想变为可操作的现实。

③ 接受教育和培训,开发工作世界中所需要的基本习惯和技能。在这一阶段所充当的角色是学生,职业工作的候选人、申请者。

2. 进入工作世界(16～25 岁)

步入该阶段的人,首先要进入劳动力市场,谋取可能成为一种职业基础的第一项工作;其次,个人和雇主之间达成正式可行的契约,个人成为一个组织或一种职业的成员,充当的角色是应聘者、新学员。

3. 基础培训(17～25 岁)

与正在进入职业工作或组织阶段不同,基础培训要担当实习生、新手的角色。也就是说,已经迈进职业或组织的大门。此时的主要任务一是了解、熟悉组织,接受组织文化,融入工作群体,尽快取得组织成员资格,成为一名有效的成员;二是适应日常的操作程序,应付工作。

4. 早期职业的正式成员资格(17～30 岁)

获取早期职业的正式成员资格,面临的主要任务如下。

① 承担责任,成功地履行与第一次工作分配有关的任务。

② 发展和展示自己的技能和专长,为提升或进入其他领域横向职业成长打基础。

③ 根据自身才干和价值观以及组织中的机会和约束,重估当初追求的职业,决定是否留在这个组织或职业中,或者在自己的需要、组织约束和机会之间寻找一种更好的配合,还要体会第一次工作中的成功感和失败感。

5. 职业中期

处于职业中期的正式成员,年龄一般在 25 岁以上。主要任务如下。

① 选定一项专业或进入管理部门。

② 保持技术竞争力,在自己选择的专业或管理领域内继续学习,力争成为一名专家或职业能手。

③ 承担较大的责任,确立自己的地位。

④ 制订个人的长期职业计划。

6. 职业中期危险阶段(35～45 岁)

处于职业中期危险阶段的人,面临的主要任务如下。

① 现实地评估自己的进步、职业抱负及个人前途。

② 就接受现状或者争取看得见的前途做出具体选择。

③ 建立与他人的良师关系。

7. 职业后期

从40岁以后直到退休，是处于职业后期阶段，此时的职业状况或任务如下。

① 成为一名良师，学会发挥影响，指导、指挥别人，对他人承担责任。

② 扩大、发展、深化技能，或者提高才干，以担负更大范围、更重大的责任。

③ 如果求安稳，就此停滞，则要接受和正视自己的影响力和挑战能力的下降。

8. 衰退和离职阶段

一般在40岁之后到退休期间，不同的人在不同的年龄会衰退或离职。此时主要的职业任务一是学会接受权力、责任、地位的下降；二是基于竞争力和进取心下降，要学会接受和发展新的角色；三是评估自己的职业生涯，着手退休。

9. 离开组织或职业——退休

在失去工作或组织角色之后，面临如下两大问题或任务。

① 保持一种认同感，适应角色、生活方式和生活标准的急剧变化。

② 保持一种自我价值观，运用自己积累的经验和智慧，以各种资源角色，对他人进行传帮带。

需要注意的是，施恩虽然基本依照年龄增大顺序划分职业发展阶段，但并未局限于此，其阶段划分更多是基于职业状态、任务、职业行为的重要性。正如施恩教授划分职业周期阶段是依据职业状态和职业行为和发展过程的重要性，又因为每人经历某一职业阶段的年龄有别，因此，他只给出了大致的年龄跨度。

思 考 题

1. 什么是职业？职业具有哪些特征？
2. 影响职业生涯发展的因素和规律分别是什么？
3. 施恩的职业锚理论有哪些类型？
4. 舒伯“彩虹理论”的主要内容是什么？

拓展案例分享

历练和薪酬　你选哪一个

当暑期的第一缕阳光洒向软绵绵的蚕丝被，不少同学在想：“终于可以睡上两个月的懒觉了。”当然，也有更多学子勤苦上进，在调整几日之后，便义无反顾地踏上了实习之路。

智联招聘最近发布了一份调研报告，称2014届毕业生期望月薪平均值为4357元，实际签约月薪为3945元。酒店管理学硕士研究生朱朱告诉记者：“我当时看了这个报告就想，连正式员工的薪水都这么少，我们要去实习肯定拿得更少了。”但令她万万没想到的是，星级酒店为她开出的实习工资竟少到1000元，其中有一个月扣掉她摔碎盘子的罚款后，朱朱只拿到了600元。

记者通过采访发现，不少学生将实习看成学校生活与正式工作间的桥梁，一边抱怨着实习工资低得可怜，又十分清楚“这是一个单位培养新人的阶段，不让咱交学费已经够意思了。”还有更多学生看重实习带来的珍贵体验和无价收获，“那可不是一小沓钞票能代替的”。

人物：朱朱

专业/从事行业：酒店管理学专业/酒店行业

实习月薪：1000元

吐槽：比微薄收入更让人难以接受的是周围人对行业的偏见。

中国香港理工大学的酒店管理专业世界排名第二，当初申请这个硕士学位时，这位自称“朱朱”的女孩儿经历了炼狱般的漫长准备和拉锯战般的残酷竞争。听说中国内地的酒店管理专业老师中许多都缺乏实践经验，抱着教师梦的朱朱应聘上了一家北京民营高星级连锁酒店的实习工作。

接电话、各类物品的摆放及收回、餐具的及时补充、不间断巡台、应对各类客人的方式方法……“不管是本科生还是研究生，从基层做起在我意料之中。”说起工作环境与待遇让朱朱看上去有些苦不堪言：五点起床上早班，八天调休一次，一个月只有1000块钱的补助，摔了两个盘子要扣掉400块钱。酒店提供住宿，但那也被朱朱吐槽到“你肯定无法将我狭窄阴森的居住环境与富丽堂皇的工作环境联系在一起”。

“期望与现实形成了很大的反差，不仅仅表现在这些方面。我最受不了的是亲戚朋友一听我是学酒店管理专业的，就问我是不是比较擅长端茶倒水、怎么这个专业还能有研究生。”据朱朱了解，她所修专业的不少学长已经成为国际酒店的中高层管理者，然而周围人对行业的偏见与寡闻使朱朱觉得比艰苦的生活更加让她忧虑。说起最大的收获，朱朱只说：“我学会了吃苦和承担。”

人物：张维

专业/从事行业：金融学/证券行业

实习月薪：1000元

吐槽：实习让你了解金融行业在做什么，如果只算计实习工资就很可能因小失大。

“我拍着我爸肩膀说，哪天缺钱了找你儿子来要。那真是一种很难忘记的骄傲感。”张维如今已是一家位于燕莎附近某著名证券公司的正式员工。前不久他单凭一笔做成的单子就得到了公司10万元的奖励。回想起三年前的实习经历，他说：“那时每月只有1000块钱的补助，但是就拼了命干活，我知道前途一定光明。”

张维是在大三暑期时申请到了一份证券公司的助理实习工作，当时主要做的工作还比较边缘化，如辅导客户填写资料、向客户介绍精锐产品、参与营销活动的策划与执行等。那时他只乘公共交通工具，吃盒饭，在学校宿舍与单位两点一线间往返。

由于表现优秀，他被留在了这家公司，并像模像样地带起了实习生。如今跟着他学习的实习生也是每月1000元的薪酬，但他说：“通过这个机会才会了解这个行业在做什么，才会明白同事关系怎么处理，如果算计实习工资是多少，那就很可能因小失大。”

人物：王伟

专业/从事行业：信息与通信工程专业/通信行业

实习月薪：150元/天×实习天数

吐槽：估计只有我们从实习阶段就开始加班了，拿钱再多我也觉得这个行业无前景。

许多应届毕业生都有这样的共鸣：当自己到处托关系都找不到称心的工作时，身边那位手上已经有无数个Offer的同学一定是学IT专业的。王伟是北京邮电大学的一名学生，别说找带薪实习了，找工作对她来说也是小菜一碟。

王伟在位于中关村软件园的一家著名互联网公司做实习生已将近一年，工资每天150元，除去双休日，一个月算下来有3300元；加班费另算。王伟知道这个专业的实习工资普遍高一些，但毫不沾沾自喜："出多少力，拿多少钱。你问问谁会从实习就开始加班，写代码、补漏洞、写每项工作的总结……我每个星期都要加两次班儿，晚上10点多回到学校时饿得想哭。"

王伟说，她认识一个学长，在互联网公司工作，每天只睡四个小时，钱赚得不少，头发也快掉没了。"别人觉得我们拿得多，我却觉得这个行业真的不看好。"王伟没有认为实习为她增长了太多知识，她说："写论文期间课修完了，坚持实习能让我保持进取之心。"

人物：Annie

专业/从事行业：新闻/国际组织新闻办公室

实习月薪：5000元

吐槽：自卑的我收获了今后工作和与人相处时的底气。

有一类看似神秘的实习岗位一般会从暑期前一个月就开始招实习生了，这就是国际组织。这类组织的实习生涵盖专业很广泛，新闻、会计、历史等专业学生都有机会找到适合自己的岗位，且其招聘简章一般只会发布在官方网站与微博上。国际组织的工资不等，如果能同时申请上合作机构的赞助，会有不小的惊喜。

新闻专业硕士毕业的Annie也算是过五关、斩六将才申请上了位于联合国驻华系统的新闻实习生。因为申请上了和平发展基金会的赞助，Annie的月实习收入有5000元，足够她成为一名不愁吃喝、不靠父母的"月光族"。比实习工资更让她珍惜的是实习单位为她提供的广阔视野。

人物：Florrie

专业/从事行业：文理学院/大型人才战略公司市场部

实习月薪：3000元人民币＋绩效

吐槽：公司尊重每个实习生的要求，会尽量为我们提供宝贵的锻炼机会。

实习待遇在国内频遭吐槽，工作内容又普遍边缘化；那么国外莘莘学子的实习境遇会有所不同吗？

在新加坡某大学读书的Florrie刚刚念完大一，就申请上了一份底薪约合3000元人民币的实习工作，还能根据工作情况赢得额外奖金。暑期之前，Florrie一边准备期末考试，一边申请了几家位于新加坡境内的大型咨询公司，并最终被一家称为优兴咨询的公司录取。

"我从没觉得自己在实习，反而觉得已经开始踏进职场了。""我申请实习时就强调自己想要参与到大型项目的运作中，公司很尊重每个实习生的要求，会尽量为我们提供宝贵的锻炼机会。"

(北京晚报，2014-07-15)

【拓展案例点评】

对大学生而言，为什么参加实习是一个很重要的问题。有些学生仅仅把实习当作是赚钱的手段，对实习的工资斤斤计较，这种观点显然是片面的。实习最重要的作用是帮助大学生了解社会环境和工作状况，积累在实际情境下工作的经验。这既需要大学生树立良好的实习心态，又能够发挥专业优势，在实习中收获更多的财富。

第二章 自我认知的方法

【引言】

在古希腊德尔斐的一座古神庙前，巍然矗立着一块石碑，在上面镌刻着一句象征着最高智慧的阿波罗神谕："认识你自己。"简单的几个字却表达了非常丰富、深邃的内涵。力学之父牛顿，当初小有成就时，有人赞誉他为"力学泰斗"。牛顿却说："我不知道别人怎么看待我，但我自己以为我不过是一个在海边玩耍的孩子，常常为发现一块美丽的贝壳沾沾自喜，对面前浩瀚的真理的海洋，却全然无知。"

由此可看出，牛顿之所以能取得如此大的成就，很大一部分原因在于他对自己有一个清醒的认识。大学校园里常见一些学生盲目地参加社团活动却不清楚这些活动对自己有何益处，有些学生忙着获取这个证或者那个证，毕业时又充满了迷惑和后悔，其中最主要的原因是对自己的认识和定位并不十分清楚。

若一个人能对自我有一个全面、正确的认识和评价，就能取长补短，从而控制自己，改变自己，完善自己，并能根据实际情况对自己的职业生涯做出合理规划。

【教学目标】

通过这一章的学习，从性格、能力、气质、价值观、兴趣等方面对自己进行剖析、了解，形成对自我的一个全面、正确的认识和评价。

【核心概念】

性格、职业能力、气质、价值观、兴趣。

第一节 性格认知

引导案例

刘琴，女，22岁，北京某财经类大学国际会计系毕业。她收到美国某大学的录取通知，学行政管理专业；同时收到四大会计师事务所之一的普华永道的录用通知，做审计师。刘琴原本希望出国进修工商管理类课程，但国外大学对申请工商管理类专业的学生都有工作经验要求，所以最后只收到了行政管理专业的录用通知。

刘琴学了会计，喜欢商务，对行政组织兴趣不大，若为能一时出国而放弃原有兴趣可能并不明智，刘琴必须做出选择，先留学还是先就业？

【案例点评】

应届毕业生,表面上看是就业的问题,而实际上是择业的问题。择业就是要做选择,选择适合自己的职业发展方向。要知道什么样的职业适合自己,首先要了解自己。

一、了解自己的性格——我适合做什么

(一)性格的含义

“性格”这个词是由著名的古希腊学者提奥夫拉斯塔(Theophrastus)首先提出来的,其意思是人的特征、标志、属性、特性等。现代心理学家比较一致的看法是:性格(Character)是一个人表现在对现实的态度和行为方式上的比较稳定的心理特征,是一个人独特的心理特征的总和。性格在人的个性中起着核心作用,如善良与恶毒、勤劳与懒惰、果断与优柔寡断、谦虚与骄傲等。

一个人的性格是在社会实践中逐渐形成的,会经常并习惯地表现在自己的言行、工作等方面。性格一经形成就比较稳固,偶尔一次的一反常态并不算性格,但若生活中发生某些重大变故会使人的性格发生改变,甚至是变得判若两人。

(二)性格特征与就业

人的性格包括多方面的特征,凡涉及认识、情感、意志等方面的一切本质特征,能影响一个人对客观事物的举止态度的,都属于性格特征的范围。按照不同的标准分类不同。按照心理活动的倾向性、对现实的态度、自觉调节行为方式及克服困难的能力,可以分为性格的态度特征、性格的意志特征、性格的情绪特征、性格的理智特征四个方面,而最直接反映一个人的性格品质的是性格的态度特征。

1. 性格的态度特征

人的性格的态度特征往往表现为对待现实态度的特征。人们对客观事物或现象的态度是多种多样的,主要有以下几个方面。

① 对社会、集体、他人态度方面的性格特征,如爱国、爱人民、爱集体、关心社会、忠诚、公正、热情,为人诚实、正直、热情、守信用、有礼貌、有同情心和正义感,不趋炎附势、恃强凌弱、仗势欺人等。

② 对学习、劳动、工作态度方面的性格特征,如勤奋、积极、负责、刻苦、认真、敬业、独立思考、勇于创新、治学严谨、一丝不苟、工作负责、不怕困难、有始有终、不屈不挠等。

性格特征中对劳动、对工作的态度,不仅影响职业选择,还影响到职业成就。

在对劳动和工作的认识上,有的人以劳动为荣,把劳动、工作当作自己的需要,在没有工作干、没有事情做的时候会觉得无聊,精神反而没有寄托;有的人则以劳动为耻,把劳动和工作看成自己的负担,工作能不做的绝对不做。

对劳动与工作行动上,有的人主动、积极、肯干,勇挑重担,准时上班,对工作认真负责,一丝不苟;有的人被动、消极、懒散,工作上拈轻怕重,专挑简单的活干,对工作马虎大意,随随便便,上班迟到早退,甚至旷工。

在劳动和工作的创造精神上,有的人刻苦钻研,勇于革新,敢于创造;而有的人因循守

旧，墨守成规，满足于一般化的完成任务。

③ 对待自己态度的性格特征，如谦虚谨慎、自尊、自信、自律、自立、自强，或者骄傲、自负、任性、自卑、自暴自弃等。

性格特征对他人、对自己、对社会的态度，也影响着职业的选择和职业的成就。如有过于自信、自私、自恃，对人傲慢、暴躁、孤僻、好挑衅，对公益事业漠不关心，轻视社会行为准则等性格特征的人，在选择职业时，优先从个人的角度考虑，就不适宜做同人打交道的一些职业工作，如教师、营业员、服务员、公关人员等。

2. 性格的意志特征

性格的意志特征表现在人的行为是否具有明确的目的，并能按照目的自觉地调节自己行为的方式和水平的性格特征。具体分为以下几类：

① 自觉性与顺从性。指人不论做什么，都有明确目的的性格特征。而且人对自己行动的目的和意义认识得越清楚，行动的自觉性就越高；反之顺其自然。

② 自制力。指人能有意识地约束自己行动的性格特征，能克服自己的不良情绪，能控制住不理性的冲动，都是具有自制力的表现。

③ 果断性与动摇性。指人在复杂或困难的情况下，经过思考能迅速而准确地做出决断的性格特征。遇事犹豫不决、优柔寡断是缺乏果断性的表现。

④ 坚韧性与软弱性。指人不论在任何困难和危急的情况下或外界诱因下，不动摇、不退缩，都能坚定不移地实现既定目标，不动摇、不妥协、不投降，坚持达到目的的性格特征。

3. 性格的情绪特征

人的情绪活动形成了稳定的特征以后，就成为人的性格特征。情绪的性格特征表现在强度、稳定性、持久性、主导心境等方面。如有强烈的情绪的人，意志对情绪的控制很薄弱；而有的人情绪体验不强，情绪为意志所控制，不会被情绪左右；情绪不稳定的人，一件小事、一句话、一种不友好的眼神或表情也会引起心境的变化；情绪状态持续时间长的人，受情绪影响时间长；平日的主导心境不同，会表现出不同的性格特征，有的人终日乐观开朗，有的人则经常愁容满面。

4. 性格的理智特征

性格的理智特征表现在人的感知觉、记忆、想象、思维等认识过程中的态度和活动方式上的差异。在感知觉方面，有人感知觉敏锐，观察全面；而有的人则相反。在记忆方面，有人记忆超群；而有的人过目即忘。在想象方面，有人倾向于脱离实际的幻想，而有的人则善于实际的思考。在思维方面，有的人习惯定式思维；而有的人则能进行创新的思维活动。

人的各种性格特征是相互联系和相互制约的，而不是可以互相分离、独立存在的，例如，一个以自我为中心的人，不可能有无私奉献的性格特征。而且人的性格特征总是处于不断发展和完善的过程中。对性格的特征分类只是为了便于对人的性格进行全面了解，不同特征的差异要求人们必须根据自己的特征选择不同的职业。

（三）性格的分类

根据现在世界上广泛应用的、由瑞士著名心理学家容格提出的性格倾向说，将性格分成外向型和内向型两大类。

性格外向型的人，经常对外部事物表示关心，开朗、活泼、感情外露，自由奔放，做事当机立断，不拘小节，具有独立性、活动性、协调性、现实性、开放性、灵活性强的特点；在学习和工作上，反应较快，但往往从兴趣、情感出发，缺乏计划性和坚持性。

性格内向的人，重视主观世界，内心世界丰富，常沉浸在自我欣赏和幻想之中，沉着，安静，处事谨慎，深思熟虑，计划性、规律性、安定性、逻辑性、周密性强；但应变能力较差，不善交际；在工作学习上善于思考，但视野狭窄，容易产生自卑感。

我国著名心理学教授林崇德将性格对内向型和外向型进行分类研究，并将其分别细分为五种不同的类型。内向型分为孤独型、思考型、丧失自信型、不安型、冷静型。外向型分为社交型、行动型、过于自信型、乐天型、感情型。内向型与外向型性格特点如表 2-1 所示。

表 2-1　内向型与外向型性格特点

内向型		外向型	
类　型	特　　点	类　型	特　　点
孤独型	沉默寡言，谨慎，消极，孤独	社交型	爽朗，积极，能言善辩，顺应
思考型	善于思考，深入钻研，提纲挈领	行动型	现实的，说干就干，易变化，好动
丧失自信型	自卑感。自责，有强的罪责感	过于自信型	瞧不起别人，过高估计自己
不安型	规矩，清高，小心	乐天型	肚量大，大方，不拘小节
冷静型	小心谨慎，沉着，稳重	感情型	敏感，喜怒哀乐变化无常

判断人性格的方法很多，现在较流行、较科学、操作较方便的是性格自我测验。下面介绍由心理学家们在大量案例和广泛调查研究的基础上总结设计出来的性格自测试卷，以便帮助你正确合理地评估自己的性格。

补充阅读

性格评定

性格测定答题方法：在 1～50 题每个题后的括号里，凡是符合情况的写 A，不符合的写 B，模棱两可的写 C。

测试题：

1. 遇到高兴的事，我总是很爱笑。（　）
2. 能立即适应新环境。（　）
3. 喜欢兴奋而紧张地劳动。（　）
4. 能与观点不同的人和睦相处。（　）
5. 经常与朋友借出、借入东西。（　）
6. 喜欢别出心裁地做一些别人未做或不愿做的事。（　）
7. 我认为人的幸福应自然流露出来，不应拘小节。（　）
8. 我在大庭广众之下工作，显得更富生气。（　）
9. 我愿意把问题挑明，而不愿一个人受闷气。（　）

10. 我不经常分析自己的思想和动机。(　　)
11. 我盼望生活有变动,不要死水一潭。(　　)
12. 与其事先考虑是否能成功,倒不如先干干试试。(　　)
13. 马上可以领会新工作的要领。(　　)
14. 发生事故不惊慌,能想办法摆脱困境。(　　)
15. 对社会上发生的事情很关心。(　　)
16. 对实际生活无用的知识,不感兴趣。(　　)
17. 一旦知道行不通,立刻改变主意。(　　)
18. 看到别人做错事,马上提醒他。(　　)
19. 认为处事要先发制人。(　　)
20. 有许多要做的事情,不知从何处下手。(　　)
21. 任何说话的场所都愿参加。(　　)
22. 喜欢研究别人而不是自己。(　　)
23. 做事粗糙。(　　)
24. 不愿别人提示,而愿独出心裁。(　　)
25. 不愿回想自己的过去。(　　)
26. 对别人十分信任。(　　)
27. 走路、穿衣、说话不喜欢磨磨蹭蹭的。(　　)
28. 交朋友很广泛,各种各样的。(　　)
29. 我尽量注意不伤别人的感情。(　　)
30. 今日事情今日做,能做的事情马上做,用不着左思右想。(　　)
31. 别人说三道四,我并不介意。(　　)
32. 人生应当充满冒险,这是很有意思的。(　　)
33. 不论理由如何,我认为自杀的人都是很傻的。(　　)
34. 我喜欢体育活动,也爱看电视中的体育节目。(　　)
35. 写信不打草稿。(　　)
36. 愿意帮助别人。(　　)
37. 心里有事藏不住。(　　)
38. 过十字路口时,虽红灯亮着但没车时就穿过去。(　　)
39. 听别人说话,脑子里会不断涌出新主意。(　　)
40. 与朋友聊天时,不顾忌别人在场。(　　)
41. 常常与别人商量。(　　)
42. 不管谁和我讲话,我都坦荡自如。(　　)
43. 只要是我信服的人,我愿意听从调遣。(　　)
44. 我好读书,但不求甚解。(　　)
45. 不怕失败。(　　)
46. 很受孩子们的欢迎。(　　)
47. 空闲时不知如何打发时间。(　　)

48. 有什么想法，常愿意告诉别人。（　　）

49. 对什么问题都好发表议论。（　　）

50. 听到别人的意见就很快改变自己的看法。（　　）

计分方法：在括号里写 A 计 2 分，B 计 0 分，C 计 1 分，最后相加即得出总分。

性格评定：总分在 70 分以上属外向型，41～69 分属平衡型（性格的倾向不明显），40 分以下的属非外向型。

二、职业性格

（一）职业性格的含义

职业心理学的研究表明，不同的职业需要不同性格特征的人来从事，不同的性格特征，也只有在特定的职业场景中才能发挥出其积极的作用，所以，要适应某一职业就必须具备这一职业要求的职业性格特征。

职业性格是一个人在长期特定的职业生活中所形成的与职业相联系的态度和在职业活动中习惯了的行为方式上等稳定的心理特征。例如，有的人对待工作总是一丝不苟，踏实认真；在待人处事中总是表现出高度的原则性、果断、活泼、负责；在对待自己的态度上总是表现为谦虚、自信，严于律己等。

同时，不同的职业也有着不同的职业性格要求，比如，作为一名医生，应该有认真负责、一丝不苟的职业态度，高度的责任感和必备的同情心等职业性格特征；对驾驶员要求具备注意力稳定、动作敏捷的职业性格特征。

性格类型与职业性格的匹配程度，对事业的成败有着重要影响，它在很大程度上决定着个人是否适合某一职业。选择与自己性格相符的职业，将使职业工作更加得心应手，职业发展也更加顺畅有效，若没有良好的与职业要求相适应的职业性格，就不能很好地适应工作。

（二）职业性格测试及评定

有关职业性格的心理测验，往往和人格测验相关联。常用自陈量表法来测试职业性格，其中最有影响的是卡特尔人格量表。

卡特尔 16 种人格因素量表简称 16PF，是由美国伊利诺州立大学教授雷蒙德 · B. 卡特尔经过几十年的系统观察、科学实验，以及因素分析统计后逐渐形成的。

卡特尔通过因素分析获得 16 种性格的根源特质，从乐群性、智慧性、稳定性、影响性、活泼性、有恒性、交际性、情感性、怀疑性、想象性、世故性、忧虑性、变革性、独立性、自律性、紧张性 16 个相对独立的性格维度对人进行评价，能够较全面地反映人的性格特点。根据卡特尔 16 种人格因素量表，可以大体把握个体的基本人格特征，当测验出性格特点后，可以根据个人性格选择适合本人发展的职业。

外向型的人情绪丰富，工作能力较强、容易适应新的环境，但注意力不稳定，兴趣容易转移；适合外向型性格的人的职业主要有：管理者、律师、监督者、教师、售货员、新闻记者、警察、政治家、公关工作者、社团工作者、广告宣传员、调度员、干部、商品批发员、人事工作者、医生、导游工作者、咨询人员、保险工作人员、民事纠纷调解员、技术转让人员、推广人员、应用人员、经纪人、代理人等。

内向型的人细致、稳重，但应变能力相对较弱。适合内向型性格的人的职业主要有：自然科学研究人员、技术人员、艺术家、会计师、书记员、打字员、计算机软件人员、税务人员、统计员、商店收款员、银行出纳员、办公室办事员、图书馆管理员、电话员、美容师、发型设计师、铁路职员、公共卫生服务官员、秘书、工艺美术工作者等。

近年来，一些教育学和心理学科研人员根据我国的实际情况，将职业性格分为 9 种基本类型，各自对应不同的职业岗位，具体如表 2-2 所示。

表 2-2 职业性格分类表

类型	特 点	适合职业
变化型	这些人在新的和意外的活动或工作环境中感到愉快，喜欢经常变化职务的工作。他们追求多样化的活动，善于转移注意力和适应新的工作环境	记者、推销员、演员等
重复型	这些人喜欢连续不停地从事同样的工作，喜欢按照机械的或别人安排好的计划或进度办事，喜欢重复的、有规则的、有标准的职业	印刷工、纺织工、机床工、电影放映员等
服从型	这些人喜欢按别人的指示办事，不愿自己独立做出决策，而喜欢让他人对自己的工作负责	办公室职员、秘书、翻译等
独立型	这些人喜欢计划自己的活动和指导别人的活动。在独立的和负有职责的工作环境中感到愉快，喜欢对将要发生的事情做决定	管理人员、律师、警察、侦察员等
协作型	这些人在与人协同工作时感到愉快，得到同事们的喜欢	社会工作者、咨询人员等
劝服型	这些人喜欢设法使别人同意他们的观点，一般通过谈话或写作达到目的。对于别人的反应有较强的判断力，且善于影响他人的态度、观点和判断	辅导人员、行政人员、宣传工作者、作家等
机智型	这些人在紧张和危险的情境下能很好地执行任务，在危险的状况下能自我控制和镇定自如，能出色地完成任务	驾驶员、飞行员、公共安全员、消防员、救生员等
好表现型	这些人喜欢能够表现自己的爱好和个性的工作环境	演员、诗人、音乐家、画家等
严谨型	这些人喜欢注重细节，按一套规则和步骤将工作尽可能做得完美。倾向于严格、努力地工作，以便能看到自己付出努力后完成的工作效果	会计、出纳员、统计员、校对员、图书档案管理员、打字员等

（张再生. 职业生涯规划[M]. 天津：天津大学出版社，2014）

对于性格来说，它作为人的一种心理特性具有一定的稳定性，但又不是一成不变的，客观环境的变化和个人的主观调节都会使性格发生改变，所以，性格与职业性格的匹配也并非绝对，而是具有一定弹性的。

不同的性格体现不同人的个性特征，关键是要找出个人性格的典型特点，发挥自己性格中的优势。同时，一些人身上综合了几种不同类型的性格，这就需要找出在自己身上具有主导性的那种类型，并在选择职业时，综合考虑自己的性格因素。

案例分享

亨利·福特和他的福特

汽车公司兴衰及成功的故事总是被很多人传扬，而失败的教训则往往受到双重的冷落。提起亨利·福特，几乎人人都知道他所创造的汽车流水线生产方式，以及随之而来的大工业生产和小汽车普及所带来的一系列重大社会变革。但是，亨利·福特和他创建的福特汽车公司为什么会从汽车行业中占绝对优势的龙头老大宝座上跌落下来，福特家族和福特汽车公司内部代表新的经营策略的革新派又怎样被亨利·福特无情地压制下去，其失败教训却鲜为人知。

亨利·福特出生于美国密歇根州农场主家庭，他天生具有农民的吃苦、勤劳、朴素、顽强、富有同情心等优秀性格，但农民的因循守旧、固执、僵化等不良性格在他身上也是根深蒂固的。由于他的家庭背景和农民天性，亨利·福特创业时虽然几经失败，但他铁了心要制造大众化汽车，他所设计的T型车，非常简单、朴素。

从机械性能上说，没有任何一件不必要的零件，没有任何一点为舒适而设计的附加装置，但却非常结实、容易维修。有记者评论说，福特的T型车是彻头彻尾的农夫车，浑身像农民一样，只有骨头和肌肉，没有一点脂肪赘肉。

早期的汽车制造业完全是手工作坊方式，在手工生产时代，每装配制造一辆汽车要728工时，而亨利·福特凭自己的指挥和顽强进取精神，简化了T型车的设计，仅需12.5工时就能制造出一辆标准部件的T型汽车。

亨利·福特在进入汽车行业的第十二年，终于实现了自己的梦想，他所创造的生产流水线已达到了每分钟生产出一辆车的高水平。低廉的价格为亨利·福特赢得了大批的平民用户，小轿车第一次成为大众的交通工具。亨利·福特说："汽车的价格每下降一美元，就为我们争取来一千名顾客。"1914年福特公司的1.3万名工人生产了26.7万辆车；而美国其余的299家汽车公司的66万名工人仅生产了28.6万辆。福特公司的市场占有率从1908年的9.4%上升到1911年的20.3%，1913年的39.6%，到1914年达到48%，月盈利600万美元，在美国汽车行业中占据了绝对优势。

那时，为了达到最高程度的专业化，以最大批量的流水线生产来实现最低成本，亨利·福特不允许汽车设计上有任何多余的部件和装置。为了减少因为模具更换而损失的生产时间，也为了避免品种繁多所必然带来的设备费用和库存费，他下令只生产单一型号、单一色彩的T型车。这种策略在汽车市场的初期是高明的，那时他的销售人员多次提出要增加汽车的外观喷漆色彩。

亨利·福特说："顾客要什么颜色是他们的自由，而我只有黑色。"1912年，亨利·福特访问欧洲时，他手下的几个工程师就谋划改进T型车，等亨利·福特访问回来后，工程师们试图给他一个惊喜。可是亨利·福特看着新车样品模型一言不发，围着新车模型转了好几圈，他一下揪掉了左车门，又一脚踹坏了右车门，然后把后坐椅顺手扔出车外，最后拿起锤子绕到车头前一锤子把挡风玻璃砸了个粉碎，在整个过程中，他自始至终没说一句话。他的行为举动明显暴露出其性格的粗暴、顽固、独断专行。通常除了他之外，谁也不能改进他的T型车。

随着社会需求与市场的变化，1920年后，人们对汽车的需求转向多样化和舒适性，代步的经济汽车、低价车市场已近饱和。市场竞争尤为激烈，针对福特汽车价格上的优势，由29个厂家联合组成的通用汽车公司在阿夫尔雷德·斯隆的领导下，在内部推行科学管理的同时，采用了多品牌、多品种的产品策略，一方面巩固众多相对独立的如雪弗莱、凯迪拉克、别克等著名品牌的市场占有率，另一方面在汽车的舒适性、多样化、个性化上下功夫。1924年通用汽车公司推出液压刹车、四门上下、自动排挡的车，1929年又推出了六缸发动机的汽车，这些车深受消费者的喜爱。而福特的T型车仍是四缸、双门、手动挡。

面对竞争对手通用汽车公司的攻势，亨利·福特根本不以为然，无动于衷，原先积极创新的他逐渐变成了阻碍革新的顽固者。他不相信还有比单一品种、大批量、精密分工、流水线生产更经济更有效的生产方式，对销售人员反馈的市场信息与建议，福特认为他们无非都是出于营销部门局部利益的危言耸听。

即使后来问题的发展已经到了很明显的地步，福特也不愿革新自己的汽车设计去适应市场需求，而只是寄希望于在现成的框架下解决问题，每次通用汽车公司推出一个新型号，亨利·福特的策略仍是坚持既定方针，以降价来应付。

但是，长期沿用降价策略的前提是市场的无限扩张，当某产品的市场已饱和或样式陈旧时，运用低价刺激人们消费的策略就行不通了。同时，长期的降价经营使得福特公司的利润率极低，继续降价的余地很小。农夫式的T型车靠降价促销的道路已经走到了尽头，眼看着通用汽车公司一点一点地蚕食福特公司的汽车市场，福特公司里许多人都非常着急，希望亨利·福特听取并接受合理化建议，按市场需求重新改进产品。

据说亨利·福特的孙子曾经和他争论，告诉他时代已经不同了，要他跟上新时代。亨利·福特却立即打断他的话说："你懂什么？是我创造了新时代！"

从1912年福特汽车公司工程师改进车型受挫后，30年来，任何对福特提合理化建议的人在其顽固性格面前都碰了壁，连其儿子、孙子也不例外。由于生存的压力，福特后来终于批准了六缸汽车上马，可是已比通用汽车公司晚了7年；福特也批准了液压刹车上马，但比通用汽车晚了14年。

福特汽车公司凭其原先的垄断优势战胜通用汽车公司的时机已错过了，导致福特汽车公司从龙头老大的宝座上跌落下来，汽车销量不断下降，公司连年亏损，使得福特变得越来越孤僻、越来越故步自封，正直的人们纷纷离去，身边的圈子越来越小，不同意见越来越难以传入福特的耳中。

到1946年，福特公司的亏损已达到每月1000万美元，老亨利·福特不得不让位给自己的孙子亨利·福特二世，只是因为福特公司的巨大规模和第二次世界大战时的政府订货，才使得福特公司幸免倒闭破产的厄运。

【案例点评】

亨利·福特的成功与失败、喜悦和心酸，都与其性格息息相关。创业时所处的社会环境使他得以发挥出性格的长处，随着社会、技术、经济的发展，企业生存环境发生了断裂性、突破性的变化，面对新的环境，亨利·福特处理问题时日渐暴露出性格上的短处，因循守旧、固执等性格因素严重阻碍了他的事业发展，差点葬送自己的公司。

（青岛大学学工处，就业指导办. 大学生就业指导[M]. 青岛：青岛大学出版社，2014）

第二节　职业能力与气质认知

认清自己的职业能力

小李，毕业于北京某大学，他先后在几家公司做技术工作。看到一些同学办公司赚了不少钱，他也心动了。积累了几年的资金，再筹了些钱，觉得差不多了，他自己开了一家公司。这样一来事情特别多，他总有一种力不从心的感觉，仅一年时间，公司亏损近15万元。沮丧之际，他对自己的能力产生了怀疑。在朋友的推荐下，他来到人才中心做了一个能力测验，结果显示，他是技术型人才，缺乏管理的素质。

他静静地想了想，是因为对自己的能力缺乏了解，才导致了他后来的惨败。小李懊恼不已，他收拾了公司的残局，重新找了一份工作。

【案例点评】

人各有所长，要了解自己的能力去发展。看他人经营贸易赚钱，便思考自立门户，而自己在个性、专业上并不适合，失败往往接踵而来。大学毕业生在择业时，必须认清自己的能力特性，并根据自己的职业能力和专业优势来考虑选择职业。

能力是一个人能否进入职业的先决条件，任何一个职业岗位都有相应的岗位职责要求，一定的职业能力则是胜任某种职业岗位的必要条件。无论从事什么职业，总要有一定的能力作保证，对个人来讲没有任何能力，根本无法进入职业工作，也就无所谓职业生涯。因此，求职者在进行择业时，首先要明确自己能力优势，以及胜任某种工作的可能性。

一、职业能力认知

（一）能力和职业能力的含义

能力是指顺利完成某一活动所必需的主观条件，是直接影响活动效率，并使活动顺利完成的个性心理特征。能力实际上是由多种因素组成的复杂心理结构，而且能力总是和人完成一定的活动联系在一起的。

能力是那些完成活动所必需的、直接影响活动效率的，并能使活动顺利进行的心理特征，而人的体力、知识及脾气等，虽然对活动有一定影响，但不是顺利完成某种活动最直接、最基本的心理特征。因此，不能称之为能力。

职业能力是在职业活动中发展起来的，直接影响职业活动效率，使职业活动得以顺利完成的心理特征。广义上讲，职业能力指的是个人的综合职业素养，从狭义上讲，指的是个人从事某种职业所应具备的能力，包括学习能力、言语能力、数学能力、空间推理能力、知觉能力、抽象推理能力、逻辑推理能力、人际沟通能力及资料处理能力等。

职业能力一方面要在职业活动中形成和发展，并在职业活动中表现出来，另一方面，从事某种职业又必须以一定的能力为前提。

能力是求职者开启职业大门的钥匙，同时能力又因人而异，求职者要从实际出发，如果盲目选择职业而不考虑自己的能力状况，势必无法发挥出自己的潜力，甚至阻碍自己的职业发展。

（二）职业能力分类与合适的职业

一般来说，顺利完成任何职业活动都必须具备两种能力：一般能力与特殊能力。职业既有共性，也有特殊性。职业能力既与一般能力有关，又与特殊能力密不可分。

1. 一般能力

一般能力是指人们顺利完成各项任务必须具备的一些基本能力，如观察、记忆、思维、想象等能力，通常也叫智力。它是能力中最主要又最一般的部分，而思维能力是智力的核心。从职业需要的角度看，一般能力可分为九种，每种能力的特点及与之相应的职业如表2-3所示。

表 2-3 能力特点与职业匹配表

能　力	特　点	适合的职业
语言能力	是指对词语及其含义的理解和使用能力，对词、句子、段落、篇章的理解能力，以及能够清楚且正确地表达自己的观点和向别人介绍各种信息的能力	语言能力强的人，适合选择教师、律师、营业员、咨询员、播音员、秘书、翻译、推销员等职业
数理能力	是指能够迅速而准确地运算，并且在快速准确地进行计算的同时，还能够进行推理、解决应用问题的能力	数理能力强的人，适合选择会计、统计、自然科学研究人员、银行信贷工作人员、审计人员、保险公司工作人员、工程设计技术人员等职业
空间判断能力	是指对立体图形，以及平面图形与立体图形之间关系的理解能力，包括能够看懂几何图形，对立体图形的三个面的理解力，识别物体在空间位置中的各种联系，能够解决几何问题	空间判断能力强的人，适合选择技术人员、汽车驾驶员、设计人员、电器维修人员、房屋施工及维修服务人员、勘测绘图人员等职业
察觉细节能力	是指对物体或图形的有关细节能够正确的知觉。对于图形的明暗、线的粗细和长度做出视觉的区别和比较，看出其细微的差异	察觉细节能力强的人，适合选择自然科学研究人员、播音员、编辑、摄影师、统计人员、银行信贷工作人员、会计人员、审计人员等职业
书写能力	是指对词、印刷物、账目、表格等材料的细微部位具有正确的书写能力，善于发现错别字，能够正确地校对数字的能力	书写能力强的人，适合选择秘书、业务类公务员、图书管理员、中小学教师、编辑、会计、统计、审计人员、保险公司工作人员、咨询工作者等职业
运动协调能力	是指眼、手、脚、身体迅速准确和协调地做出精确的动作和运动反应，如手能跟随着眼所看到的东西迅速运动，进行正确控制的能力	运动协调能力强的人，适合选择运动员、演员、导游、教练员、理发美容员、各类工人等职业
动手能力	是指手、手指、手腕能迅速而准确地活动和操作小物体，在拿取、放置、调换、翻转物体时手能做出精巧运动，并且手腕能够自由运动的能力	动手能力强的人，适合选择体育运动员、教练员、药剂师、舞蹈家、画家、兽医、护士、制造工人等职业

续表

能力	特点	适合的职业
社会交往能力	是指善于进行人与人之间的相互交往、相互联系、相互帮助、相互作用和影响，从而协调工作或建立良好的人际关系的能力	社会交往能力强的人，适合选择教师、律师、编辑、秘书、警察、审判员、采购员、供销员等职业
组织管理能力	是指擅长组织安排各种活动，以及协调参加活动中的人际关系的能力	组织管理能力强的人，适合选择调度员、外贸工作人员、教练员、供销员、售货员、导演、编辑、教师、秘书等职业

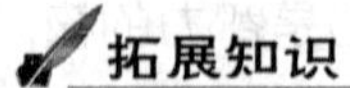

情　商

情商——感情商数，是说一个人在人群活动中感情支出的能力和感情支出所产生的效能。情商能力是指一个自然人对自身之外的环境因素及社会表现出的对客观压力的感受所能接受的指数、理解层次和理解角度、控制内在感情的自制力、营造和控制环境气氛的水平、运用感情素材的视角和有分寸地表达自己情感的尺度。

美国心理学家D.戈尔曼在他的《情商能力》一书中说："一个人成功的关键，真正起决定作用的是情商能力而不是智商能力。"

（作者根据互联网资料整理）

2. 特殊能力

特殊能力是指人们从事特殊职业或专业需要的能力。特殊能力同职业活动紧密相连，也可称特长，如计算能力、音乐能力、动作协调能力、语言表达能力、空间判断能力等。心理学家认为，每种特殊能力都是由制约职业活动质量的几种心理品质组成的。

例如，飞行能力包括注意力分配、手足动作协调、生物反馈、空间定向、知觉广度和图形辨认等心理品质。

特殊能力是顺利地完成某种职业必备的能力，根据职业所需的特殊能力类型，可以把特殊能力与职业对应划分为如下几点：

① 擅长与物打交道。如机械制造、制图、勘测、建筑、会计、出纳等。

② 擅长与人打交道。如记者、推销员、教师、外交联络员服务员、行政管理人员等。

③ 擅长做有规律的工作。如图书档案管理员、操作工等。

④ 喜欢从事社会福利和帮助别人的工作。如护士、律师、医生、咨询等。

⑤ 具有领导和组织能力。如行政人员、企业经理等。

⑥ 擅长研究人的行为。如政治学家、心理学家、人事管理、思想政治教育家等。

⑦ 擅长科学技术研究。如科学家、实验员等。

⑧ 擅长抽象、创造性工作。如经济分析员、科研员、化验员、社会调查员等。

⑨ 擅长操作机器的技术性工作。如机械制造师、驾驶员、飞行员等。

⑩ 喜欢具体的工作，愿从事看得见、摸得着，能很快看到自己劳动成果的工作。如手工制造者、装潢员、维修员等。

人们从事任何一项专业性活动既需要一般能力，也需要特殊能力，二者是相互促进的。特殊能力在职业活动中体现为职业能力。职业能力是人们从事某种职业的多种能力的综合。用人单位在招聘时，往往通过考察各种与职业活动有关的心理品质来预测求职者是否适合从事该职业。如果一个人的择业方向取决于职业兴趣，那么这个人在既定的职业方面是否能够胜任，以及取得成功的可能性取决于职业能力。

（三）影响职业能力发展的客观因素

影响一个人能力的形成有多方面的因素，根据教育学、心理学研究发现，首先，客观的自然环境和社会环境对能力的形成和发展具有重要影响，特别是早期的环境：胎儿的产前环境（即在母体内的环境）对胎儿的生长发育和出生后的智力发展有着重要的影响，父母在儿童1～3岁时期采用的教育方式会决定孩子一生的主要性格特征，从而影响孩子能力的发展；其次，个人与生俱来的某些生理特征，如天赋是能力发展的硬件设施和自然前提；最后，形成能力差异的关键因素是个人个性品质兴趣和性格，它决定求职者的能力倾向，个人可以通过社会实践活动形成和发展各种能力，也会对各种特殊能力的发展起着促进、检验和制约的作用。

（四）职业能力的测量

职业能力测量在人们的职业决策过程中必不可少，它有助于人们发现自己的人生目标，平衡家庭与朋友、工作与个人爱好之间的需求，而且能使人们做出更好的职业选择。

在我国，人们对能力的评价，对择业者个体来说，主要是自我体验；由他人做评价，主要是"听其言，观其行"。用这样的方法所使用的能力因素指标，主要是更为直接的诸如理论思维能力、逻辑推理能力、动手操作能力、创造能力、语言文字表达能力、社会交往能力、组织管理能力等。

最近几年，通过引进或介绍逐渐使用测量的方法，开发出了适应我国使用的测量工具，如：BEC职业能力测验（Ⅰ）型和BEC职业能力测验（Ⅱ）型等。

1. 一般能力测量

世界上影响最大、使用最广泛的能力测验之一是美国劳工部职业安全局组织编制的普通能力倾向成套测验。普通能力倾向具体包含下列九种能力倾向。

① 一般学习能力倾向，通常用G表示，指一般的学习能力，对说明、指导语和各种原理的理解能力，推理判断能力，迅速适应新环境的能力。

② 言语能力倾向，通常用V表示，指对言语之间的相互关系及文章和句子意义的理解能力，表达信息和自己想法的能力。

③ 算术能力倾向，通常用N表示，指准确、快速地进行数学运算和数字推理的能力。

④ 空间判断能力倾向，用S表示，是指对立体图形，以及平面图形与立体图形之间关系的理解能力。

⑤ 形态知觉能力倾向，通常用P表示，指对实物或图形的细微部分正确知觉的能力，即对图形的形状和阴影的细微差异、长度的细小差异，进行辨别的能力。

⑥ 书写知觉能力倾向，通常用Q表示，指直观地比较辨别词和数字，对字词、印刷符号、票据之细微部分正确知觉的能力，发现错误或校正的能力。

⑦ 眼手运动协调能力倾向，通常用K表示，指正确而迅速地使眼和手或手指协调，并迅速完成作业的能力，正确而迅速地做出反应动作的能力，使手能跟随着眼所看到的东西迅速运动，进行正确控制的能力。

⑧ 手指灵巧度，通常用F表示，指快速而正确地活动手指，用手指能很好地操作细小东西的能力。

⑨ 手腕灵巧度，通常用M表示，随心所欲地、灵活地活动手和腕的能力。即拿取、放置、调换、翻转物体时手的精巧运动和腕的自由运动能力。

我国戴忠恒等人最早对美国的《一般能力倾向成套测验》进行了修订，并初步建立了中国常模。2003年我国专家又就一般能力倾向测验中国城市版的建构及常模的建立进行了探索，建立了一套适合中国的文化特点，且易于操作的测验。

修订后的《一般能力倾向成套测验》包括15个分测验，其中1个纸笔测验分别为打点速度测验、画记号测验、形状匹配测验、名称比较测验、工具匹配测验、平面图判断测验、计算测验、语义测验、立体图判断测验、句子填充测验、算术推理测验，4个操作测验分别为插入测验、翻转测验、组合测验、分解测验。

评定的9种职业能力因素分别是智力、言语能力、数理能力、书写知觉、空间判断能力、形状知觉、运动协调、手指灵巧度、手腕灵巧度。每种能力都要通过一种测验获得。

J——智力，指一般的学习能力，如对测验说明、指导语和诸原理的理解能力，推理判断的能力，迅速适应新环境的能力。

V——言语能力，指理解言语的意义及其关联的概念，并有效地掌握它的能力，如对言语相互关系及文章和句子意义的理解能力，也包括表达信息和自己想法的能力。

N——数理能力，指在正确快速进行计算的同时，能进行推理，解决应用问题的能力。

Q——书写知觉，指对词、印刷物、各种票类之细微部分正确知觉的能力，如能直观地比较辨别词和数字，发现错误或校正的能力。

S——空间判断能力。指对立体图形，以及平面图形与立体图形之间关系的理解、判断能力。

P——形状知觉，指对实物或图解之细微部分正确知觉的能力，如根据视觉能够对图形的形状和阴影部分的细微差异进行比较辨别的能力。

K——运动协调，指正确而迅速地使眼和手相协调，并迅速完成操作的能力，如要求手能跟随着眼能看到的东西正确而迅速地做出反应动作，并进行准确控制的能力。

F——手指灵巧度，指快速而正确地活动手指，用手指很准确地操作细小东西的能力。

M——手腕灵巧度，指随心所欲地、灵巧地活动手及手腕的能力，如拿着、放置、调换、翻转物体时手的精巧运动和腕的自由运动能力。

这种能力倾向测验，是从个人在完成各种职业所必要的能力中提炼出各种职业对个人所要求的最有特征的2～3种，做相应的职业匹配。测验记分采用标准分数，各能力因素的原始分数转换为标准分数后便可绘制个人能力倾向剖析图，并与职业能力倾向类型相对照，被试者就可以从测验结果中知道能够充分发挥个人能力特性的职业活动领域。这对于大学生进行自我检测以确认自我职业能力倾向十分有意义。

一般来说，大学生的智力水平差异不大，他们的职业选择范围也很相近。作为一名大学生，要想在职业生涯中做出成绩，体现自身的价值，需要依靠自身的特殊能力。了解自己具备什么样的能力，适合什么样的职业，已经成为大学生普遍关注的一个重要问题。

拓展知识

"人缘"好者的个性心理特征

① 尊重、关心他人，对人一视同仁，富有同情心。

② 对工作认真负责，工作热情高，工作效率高，热衷于集体活动。

③ 为人忠诚、老实，办事稳重。

④ 热情、开朗，喜欢交往，待人真诚。

⑤ 聪明，善于独立思考，学习成绩优良。

⑥ 有谦逊、谨慎的品质。

⑦ 有多方面的兴趣和爱好。

⑧ 有幽默感，有较高的审美能力。

⑨ 温文尔雅，仪表美。

⑩ 能容人。

（作者根据互联网资料改编）

2. 特殊职业能力倾向测验

特殊职业能力倾向测验是专为测验某一特殊能力倾向而设计的。常用的特殊职业能力倾向测验主要有以下几种。

（1）文书能力倾向测验

文书能力倾向测验主要用来测量受测者是否具有处理办公室日常事务的基本能力。该测验主要包括八个方面：阅读理解、词汇和文法、密码翻译、物品名分类、文书校对、字母排列、简单计算、常识知识。

（2）机械能力倾向测验

机械能力倾向测验主要用来测量受测者是否具有从事各种机械职业或学习机械技能的基本素质。该测验主要包括四个分测验：以测验手足活动及辨别知觉能力为主的机械能力测验、手部运动正确性测验、形式知觉能力测验和机械理解测验。

（3）美术能力倾向测验

美术能力倾向测验主要用来测量受测者是否具有从事美术工作的基本素质。该测验包含六个方面：手艺技巧、意志、美学的技能、知觉、创作中的想象力和美的判断能力。

（4）音乐能力倾向测验

音乐能力倾向测验主要用来测量受测者是否具有从事音乐工作的基本素质。该测验包含三个方面：音乐欣赏能力、音乐技能、音乐节奏感。

（5）法律能力倾向测验

法律能力倾向测验主要用来测量受测者是否具有从事法律工作的基本能力。该测验主要有六部分：速读理解能力测试、精确速记能力测试、类比推理能力测试、归纳与演绎推理能力测试、了解与运用词汇能力测试、分析能力测试。

(6) 医学能力倾向测验

医学能力倾向测验主要用来测量学生的一般能力和医药知识。主要包括视觉记忆、内容记忆、科学词汇、资料检索、科学名词解析、逻辑推理、现代社会的了解等几方面。

(7) 科学与工程能力倾向测验

科学与工程能力倾向测验主要用来预测科学研究与工程成就的可能性。主要有六个分测验：用代数公式表示科学上的关系测验、物理学知识测验、算术推理测验、代数测验、科学术语测验、机械关系测验。

二、气质认知

(一) 气质定义

气质是个人心理活动和行为方面的稳定的动力特征，是一个心理学名词。心理活动的动力是指心理过程的速度、稳定性、强度，以及心理活动的指向性特点等。不同的人在进行各种心理活动时的速度、强度、稳定性、灵活性等方面往往存在很大的差异。

一个人气质的特点是不以活动的内容为转移的，它表现出一个人生来就具有的自然特征，同我们平时所说的"禀性""脾气"近似。但在后天的生活环境和教育的影响下，会使人的气质特点在某种程度上产生一些改变，但这种改变是极为缓慢、极为艰难的。

某些气质特征为一个人从事某种职业活动提供有利条件，在某些特殊领域的职业选择中，也应当注意求职人的气质特点，不要忽视气质类型的巨大差异。俗话说：物以类聚，人以群分。具有一定共同气质特征的一些人，会选择一些共同的职业，在职业活动中，会表现出个体相应的气质特征。在从事此职业时所表现出来的共同气质，称为职业气质。

(二) 传统的气质类型与职业

根据感受性、耐受性、反应的敏捷性、可塑性、情绪兴奋性和指向性等特性的不同组合，一般把气质分为四种类型，即多血质、胆汁质、黏液质和抑郁质。这四种气质类型的划分是目前人们普遍能够接受的观点。

各种气质都有自己的优缺点，而且它和人的个性紧密联系在一起。在选择职业时，如能全面了解自己的个性类型，对于选择适合自己的职业是非常重要的。各种气质的特点及适应的工作类型如表 2-4 所示。

表 2-4 各种气质特点及适应的工作类型

气质类型	优 点	缺 点	匹配职业
多血质	情感和情绪发生迅速，表露于外，极易变化，灵活而敏捷，活泼好动，工作适应力强，讨人喜欢，交际广泛，容易接受新事物，具有高度可塑性	注意力不稳定，兴趣易转移，容易见异思迁而显得轻浮	适合从事政治家、外交家、商人、管理者、营销业务、广告宣传、商务活动中介、贸易谈判、导游等社交性强的工作，不适宜从事要求细致、平凡而持久的工作

续表

气质类型	优点	缺点	匹配职业
胆汁质	情感和情绪发生迅速，爆发力强，情绪趋于外向，智力活动灵敏有力，意志力强，工作热情高	容易激动暴躁，不稳重，好挑衅	营销员、节目主持人、外事接待人员、推销员、新闻记者、监督员、演员、消防员、采购员等。不适宜从事稳重、细致的工作
黏液质	情绪比较稳定，兴奋性低，内向、喜欢沉思，思维和言行稳定，冷静而踏实，对工作考虑细致周到	有些固执冷淡，不够灵活，显得因循守旧，不易合作	外科医生、法官、管理人员、会计、出纳员、播音员、秘书、办公室职员、财务人员、策划及一般事务类等。不适宜从事激烈多变的工作
抑郁质	情绪体验深刻，不易外露，对事物有较高的敏感性，观察事物细致，具有较强的责任心和完成任务的坚韧精神	行动缓慢，多愁善感，工作中常缺乏果断性，交往面较窄	技术人员、化验员、机要秘书、保管员等。不适合做要求反应灵敏、处事果断的工作

气质没有好坏之分，也没有善恶之分。每种气质都有其积极的一面，也有其消极的一面。以上四种气质类型虽有明显差别，但现实生活中，并不是每个人都能归入某一气质类型，多数人往往混合具有几种气质类型的特点，因此，适合的职业面都比较广，在选择职业时要注意扬长避短。

气质类型本身并不能决定一个人社会成就的高低，气质特征对于学业进步和完成任务的可能性不起决定作用，只有依靠个人的主观努力，充分发挥气质的积极因素，才能达到预期目的，取得好的成绩。

（三）职业气质分类

根据国外职业分类规范和国内心理学界的研究成果，可以把职业气质分为 12 种类型。具体分类及职业匹配如表 2-5 所示。

表 2-5　职业气质分类及职业匹配表

类型	特点	匹配职业
变化型	追求多样化、善于转移注意力，喜欢新环境，喜欢有变化的工作内容	记者、推销员、演员、采购员、公安消防员等
重复型	喜欢按照一个机械的或别人安排好的计划或进度办事，爱好重复的、有规划的、有标准的工作	纺织工、印刷工、装配工、电影放映员、机床工等
服从型	喜欢按别人的指示办事，连续不断地从事同样的工作	秘书、办公室职员、翻译人员等
独立型	喜欢独立地计划自己的活动和指导别人的活动，在独立的和负有职责的工作中会感到愉快，喜欢对将来发生的事情做出决定	管理人员、律师、警察、侦察人员等
协作型	在与人协同工作时感到愉快，他们善于让别人按他们的意愿办事，想得到同事们的喜欢	社会工作者、咨询人员等
孤独型	喜欢单独工作办事，不愿与人交往	校对、排版、雕刻等

续表

类型	特　点	匹配职业
劝服型	喜欢设法使别人同意他们的观点，一般通过谈话或写作的方式表达。对于别人的反应有较强的判断力，且善于影响他人的态度、观点和判断	政治辅导员、行政人员、宣传工作者、作家等
机智型	在紧张的和危险的情境下能很好地执行任务。在危险的状况下能自我控制和镇定自如，不容易慌张	驾驶员、飞行员、公安员、消防员、救生员、潜水员等
经验决策型	喜欢根据自己的经验做出判断。当别人犹豫不定时，能当机立断地做出决定	采购、供应、批发、推销、个体摊贩等人员和农民等
事实决策型	喜欢根据事实做出决策，要求根据充分的证据下结论，喜欢使用调查、测验、统计数据说明问题，引出结论	化验员、检验员、自然科学研究者等
自我表现型	喜欢能表现自己的爱好和个性的工作情境。根据自己的感情做出选择。喜欢通过自己的工作表达自己的理想	演员、诗人、音乐家、画家等
严谨型	喜欢注重细节的精确。他们按一套规则和步骤将工作尽可能做得完美	会计、出纳、档案管理者等

（四）气质测量

量表测定法是广为应用的评定气质的一种有效方法。它要求被试者对量表中一系列经过标准化的问题做出回答，然后通过统计方法，分析出被试者的气质特征。

国外较著名的测定量表有瑟斯顿气质量表、斯特里劳气质量表、凯尔西（MBTI）气质问卷等。近年来，我国心理工作者也进行了一些尝试。下面引用的是山西省教科所张拓基、陈会昌编制的气质量表。

补充阅读

气质类型测量

下面60题大致可确定人的气质类型。在回答时，若自己的情况“很符合”记2分，“较符合”记1分，“一般”记0分，“较不符合”记−1分，“很不符合”记−2分。

1. 做事力求稳妥，一般不做无把握的事。
2. 遇到可气的事就怒不可遏，把心里话全部都说出来才痛快。
3. 宁可一个人做事，不愿很多人在一起。
4. 厌恶那些强烈的刺激，如尖叫、噪声、危险镜头等。
5. 和人争吵时总是先发制人，喜欢挑衅别人。
6. 喜欢安静的环境。
7. 善于和人交往。
8. 到一个新环境很快就适应。
9. 生活有规律，很少违反作息制度。
10. 羡慕那些善于克制感情的人。
11. 在多数情况下情绪是乐观的。
12. 碰到陌生人觉得很拘束。

13. 遇到令人气愤的事，能很好地自我克制。
14. 做事总是有旺盛的精力。
15. 遇到问题总是举棋不定、优柔寡断。
16. 在人群中从不觉得过分拘束。
17. 情绪高昂时，觉得干什么都有趣；情绪低落时，觉得什么都没有意思。
18. 当注意力集中于一事物时，别的事很难使自己分心。
19. 理解问题总比别人快。
20. 碰到危险情景，常有一种极度恐惧感。
21. 对学习、工作怀有很高的热情。
22. 能够长时间做枯燥、单调的工作。
23. 感兴趣的事情，干起来劲头十足，否则就不想干。
24. 一点小事就能引起情绪波动。
25. 讨厌做那些需要耐心、细致的工作。
26. 与人交往不卑不亢。
27. 喜欢参加热闹的活动。
28. 爱看感情细腻、描写人物内心活动的文艺作品。
29. 工作学习时间长了，常感到厌倦。
30. 不喜欢长时间讨论一个问题，愿意实际动手干。
31. 宁愿侃侃而谈，不愿窃窃私语。
32. 别人总是说我闷闷不乐。
33. 理解问题常比别人慢。
34. 疲倦时只需要短暂的时间休息，就能够精神抖擞，重新投入工作。
35. 心里有话不愿意说出来。
36. 认准一个目标就希望尽快实现，不达目的誓不罢休。
37. 学习、工作同样的一段时间后，常比别人更疲倦。
38. 做事有些鲁莽，常常不考虑后果。
39. 老师或他人讲授新知识、新技术时，总希望讲得慢一些，多重复几遍。
40. 能够很快忘记那些不愉快的事情。
41. 做作业或完成一件工作总比别人花的时间多。
42. 喜欢运动量大的剧烈体育活动，或者参加各种文艺活动。
43. 不能很快地把注意力从一件事转移到另一件事上。
44. 接受一个任务后，就希望迅速解决它。
45. 认为墨守成规比冒风险强些。
46. 能够同时注意几件事物。
47. 当烦闷的时候，别人很难使自己高兴起来。
48. 爱看情节起伏跌宕、激动人心的小说。
49. 对工作有认真严谨、始终一贯的态度。
50. 希望做变化大、花样多的工作。

51. 和周围人的关系总是相处不好。
52. 喜欢复习学过的知识，重复做熟练的工作。
53. 小时候会背的诗歌，似乎比别人记得清楚。
54. 别人说自己"出语伤人"，可自己并不觉得这样。
55. 在体育活动中，常因反应慢而落后。
56. 反应敏捷，头脑机智。
57. 喜欢有条理而不甚麻烦的工作。
58. 兴奋的事常使自己失眠。
59. 老师讲新概念，常常听不懂，但是弄懂了以后很难忘记。
60. 假如工作或学习枯燥无味，马上就会情绪低落。

请依次阅读题目，把每题得分填入表 2-6 的题号中并相加，计算各栏的总分。最后计算出自己在每种气质类型上的总分。

表 2-6　气质类型得分汇总表

胆汁质 A	2	6	9	14	17	21	27	31	36	38	42	48	50	54	58	合计
多血质 B	4	8	11	16	19	23	25	29	34	40	44	46	52	56	60	
黏液质 C	1	7	10	13	18	22	26	30	33	39	43	45	49	55	57	
抑郁质 D	3	5	12	15	20	24	28	32	35	37	41	47	51	53	59	
汇总	A(　　)　　B(　　)　　C(　　)　　D(　　)															

评分与解释：

① 如果某种气质类型的得分明显高出其他三种，均高出 4 分以上，则可定为该种气质类型。

② 该种气质类型的得分超过 20 分，则为典型型；如果该种气质类型的得分为 10～20 分，其他各项得分较低，则为一般型。

③ 两种或多种气质类型得分接近，其差异低于 3 分，而且又明显高于其他类型，则可定为这几种气质类型的混合型。

案例分享

有人养了一头驴和一只哈巴狗。驴子被关在棚子里，虽然不愁温饱，却每天都要到磨坊里拉磨、到树林里去驮木材，工作繁重。而哈巴狗会演许多小把戏，颇讨主人的欢心，每次都能得到好吃的奖励。驴子在工作之余难免有怨言，总抱怨命运对自己太不公平。

一天，机会终于来了，驴子挣断缰绳，跑进主人的房间，学哈巴狗那样围着主人跳舞，驴子又蹦又踢，不仅撞翻了桌子，还把碗碟摔得粉碎。驴子觉得这样还不够，它居然趴到主人身上去舔他的脸。这下可把主人给吓坏了，直喊救命。邻居听到喊叫急忙赶到时，驴子正等着奖赏呢，没想到等来的却是杀身之祸。

【案例点评】

无论驴子多么扭捏作态，都不及小狗可爱，甚至还不如从前的自己，毕竟这些行为不适合它的气质类型。有的人喜欢围在自己周围转的狗，有的人喜欢埋头苦干的驴。“主人”需要“宠物”来消遣，但更需要“驴子”干活。干好自己的活，自然会有人欣赏。

盲目模仿别人只会坏事，甚至送命，这值得所有想改变自己气质类型、想违背自己天性、想做自己不擅长的工作的人好好反思一下。我们很难想象一个沉默寡言的人能成为一名优秀的推销员，同时，我们也很难想象依赖性强的人能成为一名合格的领导者，这就是个性在其中的影响力。现在有许多年轻人在谈及他们跳槽的原因时也常抛出一句：“不适合自己的个性”。这些都表明气质类型在职业选择中的重要作用。

（边慧敏．大学生职业生涯规划[M]．成都：西南财经大学出版社，2014）

第三节　职业价值观和职业兴趣认知

引导案例

一个墨西哥渔夫划着一艘小船靠岸了，小船上有好几条大鱼。一个美国商人坐在码头上，看见了这一情景。于是就问这个渔夫：“你捕这些鱼要多长时间？”墨西哥渔夫说：“不一会儿工夫就捕到了。”美国人接着问道：“你为什么不待久一点，好多捕一些鱼？”墨西哥渔夫不以为然地答道：“这些鱼已经足够我一家人生活啦！”美国人又问：“那么你一天剩下那么多时间都在干什么？”墨西哥渔夫解释：“我每天睡到自然醒，出海捕几条鱼，回来后跟孩子们玩一玩，再跟老婆睡个午觉，黄昏时到村子里喝点小酒，跟哥儿们玩玩吉他，我的日子过得充实又忙碌呢！”

美国人觉得不怎么样，于是就建议渔夫，他说：“我是美国哈佛大学企管硕士，我倒是可以帮你忙！你应该每天多花一点时间去捕鱼，到时候你就有钱去买条大一点的船，再买更多渔船，然后你就可以拥有一个渔船队。那么你可以自己开一家罐头工厂，这样你就可以控制整个生产、加工处理和销售过程。然后你可以离开这个小渔村，搬到墨西哥城，再搬到洛杉矶，最后到纽约，在那里经营你不断扩大的企业。”

墨西哥渔夫问：“这又要花多少时间呢？”美国人回答：“十五年到二十年。”墨西哥渔夫问道：“然后呢？”美国人大笑着说：“然后你就可以在家当皇帝啦！时机一到，你就可以宣布股票上市，把你的公司股份卖给投资大众。到时候你就发啦！你可以几亿几亿地赚！”“然后呢？”美国人说：“到那个时候你就可以退休啦！你可以搬到海边的小渔村去住。每天睡到自然醒，出海随便捕几条鱼，然后跟孩子们玩一玩，再跟老婆睡个午觉，黄昏时，到村子里喝点小酒，跟哥儿们玩玩吉他喽！”墨西哥渔夫疑惑地说：“我现在不就是这样了吗？”

【案例点评】

这个故事告诉我们，不同价值观导致不同的想法和行为，你的价值观自然会影响你对工作的认知，对金钱的看法，对家庭、子女的观念，对自我生活方式的想法，以及对什么是成功的认定，等等。所以，我们在做职业规划之前，一定要清楚、明确自己的价值观。

一、明确自己的职业价值观——我的人生需求到底是什么

（一）价值观的概念及特征

1. 价值观的概念

价值是指一种有系统的个人内在标准，可以反映对人、事、物珍视（或排斥）的程度，隐约地影响对行动方向的取舍。一个人的价值观包括对某种具体活动或事物的有用性、重要性或价值的判断，它与一个人的兴趣和态度有关。

价值观是人对周围事物的一种评价或态度，是人们在一定的环境中的动机、目的需要和情感意志的综合体现，是人们用来区分好坏标准并指导行为的心理倾向系统。价值观不仅支配着人们的行为、态度、观点、信念、理想等，还支配着人们如何认识世界，以及如何认识自我、如何设计自我等，同时价值观也是人们活动的依据，它为人们自认为正当的行为提供充分的理由。对价值观的探讨有助于人们在进行职业选择时明确方向。

2. 价值观的特征

价值观具有下列特征。

（1）价值观具有个体差异性

由于每个人的先天条件和后天环境不同，人生经历也不尽相同，所以，受这些因素的影响，每个人都有自己的价值观和价值观体系。在同样的客观条件下，具有不同价值观的人，其动机模式不同，产生的行为方式也不同。

（2）价值观具有相对稳定性

价值观是随着人们认知能力的发展，在环境、教育的影响下逐渐形成的。它是人们思想认识的深层基础，是世界观、人生观的发源地。人们的价值观一旦形成，便具有稳定性。但由于环境的改变、经验的积累和知识的增长，人们的价值观也有可能发生变化，所以，这种稳定是相对的。

（二）价值观的类型

美国心理学家洛特克1973年在对人类价值观本质的论述中提出如下13种价值观。

① 成就感：提升社会地位，得到社会认同。不断创新、不断取得成就、不断得到领导和同事的赞扬或不断完成自己想要做的事。对工作的完成和挑战成功感到满足。

② 审美追求：能有机会多方面地欣赏周围的人、事、物，不断地追求美的东西，得到美的享受。

③ 挑战：能有机会运用聪明才智来解决困难，舍弃传统的方法，而选择创新的方法处理事物。

④ 健康：包括身体和心理两个方面，在工作中能够免于焦虑、紧张和恐惧，希望能够心平气和地处理事务。

⑤ 收入与财富：工作能够明显、有效地改变自己的财务状况，希望自己有足够的财力得到自己所想要的东西。

⑥ 独立性：在工作中能够充分发挥自己的独立性和主动性，在工作中能有弹性，可以充分掌握自己的时间和行动，不受他人干扰，自由度高。

⑦ 爱、家庭、人际关系：能与别人分享，协助别人解决问题，体贴、关心他人，对周围的人慷慨大方。

⑧ 道德感：与组织的目标、价值观、宗教观和工作使命不冲突，紧密结合。

⑨ 欢乐：享受生命，结交新朋友，与别人共享美好时光。

⑩ 权力：能够影响或控制他人，使他人按照自己的意见去行动。

⑪ 安全感：能够满足基本的需求，有安全感，远离突如其来的变动。

⑫ 自我成长：能够追求知识上的刺激，寻求更圆满的人生，在智慧、知识与人生的体会上有所提升。

⑬ 协助他人：认识到自己的付出对团体是有帮助的，别人因为你的行为而受惠颇多。

针对以上 13 种价值观，我们可以问自己以下几个问题。

① 我重视的价值观是哪些？这些价值观是我一直都重视的吗？如果曾经有改变，是在什么时候？

② 有哪些价值观是我父母认为重要而我却不同意的呢？有哪些价值观是我和父母共同拥有的呢？

③ 价值观的改变是否曾经改变我的生活方式？

④ 理想的工作类型与我的价值观之间是否有关联？

⑤ 我是否因为谁说的一句话或做的某件事情而对自己的价值观感到怀疑？

⑥ 以前我曾经崇拜过哪些人？他们目前对我有什么影响？

⑦ 我的行为可以反映我的价值观吗？例如重视工作的变化、成长与突破的你，会选择单调枯燥、一成不变的工作吗？

⑧ 你会在父母的期许下，改变职业吗？

以上 8 个问题，需要深入思考后再斟酌回答，也是了解自己价值观的基础。只有认清自己的价值观，才能找准行动的基点。

（三）职业价值观

1. 职业价值观的含义

职业价值观是人们对待职业的一种信念和态度，或者是人们在职业生涯中表现出来的一种价值取向，即职业主体的价值观在职业上的体现。职业价值观与人们的个性心理倾向性、自身经验、经历、家庭背景、人们对职业的认知结构等都有着十分密切的联系，包含职业主体的职业道德、职业意识、职业责任、职业感情、职业意志、职业态度、职业纪律等。

职业价值观是影响职业选择的重要观念形态，渗透到职业的各个领域，贯穿人一生的职业生涯。从社会角度来讲，由于社会分工的不同，不同职业在劳动性质、内容、难度、强度、条件、待遇等方面都有一定的差别，这就使个人对不同职业的价值也会有不同的评价。对个人而言，人们的职业动机受职业价值观的制约和支配，职业价值观对择业动机模式有着重要的影响，同时职业价值观对人们自身的职业行为的定向和调节也起到导向作用。

职业价值观表明了一个人通过工作所要追求的理想是什么，考察个人职业价值观，不是看个人如何看待职业价值的本质，而是注重个人在职业选择和职业生涯中，在众多价值取向里哪种价值优先考虑，是为了财富还是为了地位或其他因素。由于个人的身心条件、年龄阅历、教育状况、家庭影响、兴趣爱好等方面的不同，人们对各种职业有着不同的主观评价。

2. 职业价值观的分类及职业匹配

每一个求职者由于所受教育的不同和所处环境的差异，在职业取向上的目标和要求也是不相同的。在许多场合，我们往往要在一些得失中做出选择，而左右我们选择的，往往就是我们的职业价值观。职业专家通过大量的调查，把职业价值观分为九大类，并将个人适合的职业类型与之相对应，具体如表 2-7 所示。

表 2-7 职业价值观分类及职业

类 型	特 点	匹配职业
自由型（非工资生活者型）	不受别人指使或干涉，喜欢凭自己的能力做事情，想充分施展本领	室内装饰家、图书管理专家、摄影师、音乐教师、编剧、雕刻家、漫画家等艺术性职业
小康型	追求虚荣，优越感很强，很渴望能有社会地位和名誉，希望常常受到众人尊敬；欲望得不到满足时，由于过分强烈的自我意识，有时反而很自卑	记账员、会计、银行出纳、法庭速记员、成本估算员、税务员、核算员、打字员、办公室职员、计算机操作员、统计员、秘书等
支配型（权力型）	想当组织的一把手，飞扬跋扈，无视他人的想法，为所欲为，且视此为无比快乐	推销员、旅馆经理、饭店经理、广告宣传员、调度员、律师、政治家、零售商等
自我实现型	不关心平常的幸福，希望发挥个性，追求真理，不考虑收入地位及他人对自己的看法，尽力挖掘自己的潜力，施展自己的本领	气象学家、生物学家、天文学家、药剂师、动物学家、化学家、报刊编辑、地质学者、物理学家、数学家、实验员、科研人员、科技工作者等
志愿型	富于同情心，把他人的痛苦视为自己的痛苦，不愿干表面上哗众取宠的事，把默默帮助不幸的人视为无比快乐	社会学家、福利机构工作者、导游、咨询人员、社会工作者、社会科学教师、护士等
技术型	认为立足社会的根本在于一技之长，因此钻研一门技术，认为靠本事吃饭既可靠又稳当	木匠、农民、工程师、飞机机械师、自动化技师、野生动物专家、机械工、电工、司机、机械制图员等
经济型（经理型）	认为世界上的各种关系都建立在金钱的基础上，包括人与人之间的关系，甚至父母与子女之间的爱也带有金钱的烙印。这种类型的人确信，金钱可以买到世界上所有的幸福	各种职业中都有这种类型的人，商人为甚
合作型	人际关系较好，认为朋友是最大的财富	公关人员、推销人员、秘书等
享受型	喜欢安逸的生活，不愿从事任何挑战性的工作	无固定职业类型

职业价值观是个人职业人生的方向标，无论是对个人还是对社会都至关重要。它决

定着个人职业努力的方向，也决定着个人社会成就的大小。选择正确的职业价值观，是个人人生价值得以实现的一个基本前提。

（四）职业价值观的测试

职业价值观的确立将决定一个人对职业诉求的取舍。但职业价值观作为一种主观意向，要与自身实际状况相吻合才是合理、科学的。只有职业价值观与社会发展方向一致，才能对个人的职业发展起到积极的作用。

在确定职业价值观时，首先要处理好职业价值观的排序与取舍，在现实生活中，几者兼得是不容易的，优先考虑最重要的价值诉求，正确认识职业价值观中的金钱观。再者，人不能离开社会而独立存在，要处理好职业价值观中个人与社会的关系。

职业价值观测试：

① 你在高中时期主要对哪些领域比较感兴趣？为什么会对这些领域感兴趣？你对这些领域的感受如何？

② 你在大学时期主要对哪些领域比较感兴趣？为什么会对这些领域感兴趣？你对这些领域的感受如何？

③ 你毕业之后所从事的第一份工作是什么？你期望从这种工作中得到些什么？

④ 当你开始自己的职业生涯的时候，你的抱负或长期目标是什么？这种抱负或长期目标是否曾经出现过变化？如果有，是在什么时候？为什么会变化？

⑤ 你第一次换工作或换公司的情况是怎样的？你指望下一个工作能给你带来什么？

⑥ 你后来换工作、换公司或换职业的情况是怎样的？你为什么会做出变动决定？你所追求的是什么？（请根据你每一次更换工作、公司或职业的情况来回答这几个问题）

⑦ 当你回首自己的职业经历时，你觉得最令自己感到愉快的是哪些时候？你认为这些时候的什么东西最令你感到愉快？

⑧ 当你回首自己的职业经历时，你觉得最让自己感到不愉快的是哪些时候？你认为这些时候的什么东西最令你感到不愉快？

⑨ 你是否曾经拒绝过从事某种工作的机会或晋升机会？为什么？

⑩ 现在请你仔细检查自己的所有答案，并认真阅读关于五种职业价值观的描述。根据你对上述这些问题的回答，分别将每种职业价值观赋予从 1～5 之间的某一分数，其中 1 代表重要性最低；5 代表重要性最高。那么，得分最高的一种就代表着你的职业价值观取向。

职业价值观在职业生涯过程中非常重要，通过职业价值观的测试，可以帮我们更好地选择最适合自己的工作环境和工作领域，并且更好地规划自己的职业发展方向，从而为自己选择理想的职业提供信息。

二、职业兴趣——我喜欢做什么

（一）兴趣和职业兴趣的含义

兴趣是人积极探究某种事物的倾向，并力求认识、掌握某种事物，并经常参与该种活动的心理倾向。1994 年诺贝尔生理学和医学奖获得者——美国药理学家 A. G. 吉尔曼这样说："回想我的经历，我最想告诉孩子的是，你要做什么事情首先必须喜欢它，在做的过程中一定要感到快乐，这样的事情才值得去做。"

兴趣对人生事业的发展至关重要，是一个人工作时取得成功的重要条件，所以，兴趣是职业选择时应考虑的重要因素之一。

职业兴趣是指一个人力求从事某种职业的心理倾或对某类职业活动的喜爱程度。是兴趣在职业活动方面的一种表现形式，是复杂的职业特点与个人兴趣的多样性相互联系后所表现出来的一种特殊的心理现象。职业兴趣是个人择业的一个重要依据，选择自己感兴趣的职业，是当今社会典型性的择业观念。

如果一个人对某种工作产生了兴趣，那么他在工作中就会具有高度的自觉性和积极性，在工作中就更容易出成就。反之，则会影响他积极性的发挥，有可能一事无成。职业兴趣的建立与培养，是一个人从事某种职业并且取得一定成就的基础和前提。

（二）职业兴趣与职业的关系

在职业的选择过程中，兴趣主要表现在 3 个方面：一是作为判断个体对某一职业能否产生兴趣的参考依据；二是作为预测个体在职业活动中能否发掘个体潜能，获得职业生涯成功的参考依据；三是作为判断个体对某一职业环境和职业角色能否有更好适应的参考依据。

1. 职业兴趣是职业选择的重要依据

"兴趣是最好的老师"，这句至理名言，无论是对于学习、工作，还是对于择业来说，都有一定的指导作用。兴趣影响着我们的择业，影响着我们的前途，甚至影响着我们的整个人生。在日常生活中我们总是喜欢从事自己感兴趣的活动，同样，在就业过程中具有一定兴趣的学生更倾向于寻找与此有关的职业，特别是在外界环境限制较小的情况下，更倾向于选择自己感兴趣的职业。

一个人如果能根据自己的兴趣来选择职业，他的主动性将会得到充分发挥。工作即使十分辛苦，也总是兴致勃勃，心情舒畅；即使是困难重重也绝不会灰心丧气，而能想尽办法，百折不挠地去克服它。

爱迪生正是因为对物理的浓厚兴趣，才使他产生了无穷的动力，他几乎每天都在实验室里辛苦工作十几个小时，但是他根本不以之为苦，相反觉得其乐无穷。仅在专利局正式登记的发明就有 1300 多项，仅 1882 年这一年，申请立项的就有 141 项之多，平均三天就有一项发明，被世人称为"发明大王"。以兴趣为先导，有目的地培养自己的才能，增长知识，这对于在自主择业就业制度下的大学毕业生很有必要。

2. 职业兴趣可以充分发挥自己的潜能

当一个人对某种事物产生兴趣时，人的主动性得到最大程度发挥；促使人积极地感知和观察事物，并保持持久的注意力；可以成为学习活动的自觉动力，促使人进行积极的思考和大胆的探索活动；可以调整人的情绪强度，产生肯定和积极的情感体验，克服事业发展中的一切困难；可以促进想象、记忆、操作等其他智力结构的共同发展，从而可使人的智力潜能得到充分发挥。

职业兴趣可以使一个人从其所为之努力的职业变成一种享受，而不是一种负担；可以调动人的精力，让自己在工作中保持敏锐的观察力，高度的注意力，深刻的思维和丰富的想象力，全心地投入到工作中。从而促进自己能力的发挥，兴趣和能力的合理结合，能大大提高工作效率，枯燥的工作也会变得丰富多彩、趣味无穷。因而，大学生在择业时，一定要找准自身的位置，确定自己的兴趣类型，选择适合自己的工作。在以后的工作中能真正地实现自我价值。

3. 职业兴趣可以促进事业成功

兴趣不但可影响职业定向和职业选择，而且在很大程度上还影响一个人职业成就的大小。由于职业兴趣与人的长远职业目标、成就、动机、理想、价值观等紧密地联系在一起，职业兴趣可以激发人的探索和创造欲望，开发个人的能力；同时还可以增强人的职业适应性。因此，在作用于人的职业行为中始终趋向于预期的目标，即获得事业的成功。职业兴趣是职业成功的一个重要的推动力，它能将一个人的潜能最大化调动起来，使他长期专注于某一个目标，做出很大的努力，最后取得令人瞩目的成绩。

许多成功人士有着惊人的相似之处，就是对自己感兴趣的事非常执着，一旦认定，什么都不能改变。这是成功的有力保证。一个人如果选择了自己不感兴趣的职业，不仅压抑才能，而且会很痛苦。

古往今来，事业的成功者确定志向、选择职业很多都是从自己的兴趣出发的。英国的女人类学家古道尔，从中学时代起，对猩猩产生了很大的兴趣，毕业后，她不畏艰险，只身深入热带丛林，进行了为期 10 年的考察，获取了宝贵的第一手资料，写出了《人类的近亲》等著作，揭示了黑猩猩的秘密。

世界女子乒乓球冠军邓亚萍也是从小就爱上了乒乓球，从少儿体校起就接受严格训练，后来连续多届成为世界乒坛瞩目的风云人物。这些实例充分表明，兴趣是职业选择的起点，兴趣给成才者带来智慧、毅力和勇气，职业兴趣引导人们从崎岖的小路攀登到事业的顶峰。

所以，在求职就业的过程中充分考虑自己的兴趣爱好，是至关重要的。对于大学生来说，了解自己的职业兴趣倾向，并根据兴趣爱好去规划未来的职业生涯，就可以使自己的职业生涯变成一段令人愉悦的旅途，对个人、对职业成长必将起到十分有益的作用。如果不能按兴趣去选择工作的时候，不妨平时多了解一些与自己兴趣相关的资讯，然后在机会降临的时候能够及时把握。

（三）职业兴趣的测量

职业兴趣测验是人才测评的一种。它是以心理测量为基础，针对特定的人事管理目的，如招聘选拔、培训、考核、晋升等，对人的素质进行多方面系统评价，从而为人事管理和开发提供参考依据。职业兴趣测评对于明确职业兴趣、协助职业选择、拓展职业范围都具有重要作用。

了解个人的职业兴趣，可以通过观察法、谈话法、测量法等方法进行分析，目前国内所使用的职业兴趣测验主要是斯特朗的职业兴趣量表、陈社育的 RCCP 通用人职匹配测试量表和霍兰德职业兴趣理论。霍兰德职业兴趣理论获得了广泛的验证与支持，成为职业指导机构必备的量表之一。

补充阅读

霍兰德职业兴趣测验

霍兰德职业兴趣测量表可以帮助人们作一次简单的人格自评，从而获知自己的人格特征更适合从事哪方面的工作。请根据对每一题目的第一印象作答，不必仔细推敲，答案没有好坏、对错之分。请根据自己的情况回答“是”(画√)或“否”(画×)。

1. 我喜欢把一件事情做完后再做另一件事。(　　)
2. 在工作中我喜欢独自筹划，不愿受别人干涉。(　　)
3. 在集体讨论中，我往往保持沉默。(　　)
4. 我喜欢做戏剧、音乐、歌舞、新闻采访等方面的工作。(　　)
5. 每次写信我都一挥而就，不再重复。(　　)
6. 我经常不停地思考某一问题，直到想出正确的答案。(　　)
7. 对别人借我的和我借别人的东西，我都能记得很清楚。(　　)
8. 我喜欢抽象思维的工作，不喜欢动手的工作。(　　)
9. 我喜欢成为人们注意的焦点。(　　)
10. 我喜欢不时地夸耀一下自己取得的好成就。(　　)
11. 我曾经渴望有机会参加探险。(　　)
12. 当我一个人独处时，会感到更愉快。(　　)
13. 我喜欢在做事情前，对此事情做出细致的安排。(　　)
14. 我讨厌修理自行车、电器一类的工作。(　　)
15. 我喜欢参加各种各样的聚会。(　　)
16. 我愿意从事虽然工资少，但是比较稳定的职业。(　　)
17. 音乐能使我陶醉。(　　)
18. 我办事很少思前想后。(　　)
19. 我喜欢经常请示上级。(　　)
20. 我喜欢需要运用智力的游戏。(　　)
21. 我很难做那种需要持续集中注意力的工作。(　　)
22. 我喜欢亲自动手制作一些东西，从中得到乐趣。(　　)
23. 我的动手能力很差。(　　)
24. 和不熟悉的人交谈对我来说毫不困难。(　　)
25. 和别人谈判时，我总是很容易放弃自己的观点。(　　)
26. 我很容易结识同性别的朋友。(　　)
27. 对于社会问题，我通常持中庸的态度。(　　)
28. 当我开始做一件事情后，即使碰到再多的困难，我也要执着地干下去。(　　)
29. 我是一个沉静而不易动感情的人。(　　)
30. 当我工作时，我喜欢避免干扰。(　　)
31. 我的理想是当一名科学家。(　　)

32. 与言情小说相比，我更喜欢推理小说。（　　）
33. 有些人太霸道，有时明明知道他们是对的，也要和他们对着干。（　　）
34. 我爱幻想。（　　）
35. 我总是主动地向别人提出自己的建议。（　　）
36. 我喜欢使用榔头一类的工具。（　　）
37. 我乐于解除别人的痛苦。（　　）
38. 我更喜欢自己下了赌注的比赛或游戏。（　　）
39. 我喜欢按部就班地完成要做的工作。（　　）
40. 我希望能经常换不同的工作。（　　）
41. 我总留有充裕的时间去赴约会。（　　）
42. 我喜欢阅读自然科学方面的书籍和杂志。（　　）
43. 如果掌握一门手艺并能以此为生，我会感到非常满意。（　　）
44. 我曾渴望当一名汽车司机。（　　）
45. 听别人谈"家中被盗"一类的事，很难引起我的同情。（　　）
46. 如果待遇相同，我宁愿当商品推销员，而不愿当图书管理员。（　　）
47. 我讨厌与各类机械打交道。（　　）
48. 我小时候经常把玩具拆开，把里面看个究竟。（　　）
49. 当接受新任务后，我喜欢以自己的独特方法去完成它。（　　）
50. 我有文艺方面的天赋。（　　）
51. 我喜欢把一切安排得整整齐齐、井井有条。（　　）
52. 我喜欢当一名教师。（　　）
53. 和一群人在一起的时候，我总想不出恰当的话来说。（　　）
54. 看情感影片时，我常禁不住眼圈红润。（　　）
55. 我讨厌学数学。（　　）
56. 在实验室里独自做实验会令我寂寞难耐。（　　）
57. 对于急躁、爱发脾气的人，我仍能以礼相待。（　　）
58. 遇到难解答的问题时，我常常放弃。（　　）
59. 大家公认我是一名勤劳踏实的、愿为大家服务的人。（　　）
60. 我喜欢在人事部门工作。（　　）

职业人格的类型：（符合以下"是"或"否"答案的记1分，不符合的记0分）

传统型"是"(7,19,29,39,41,51,57)，否(5,18,40)。

现实型"是"(2,13,22,36,43)，否(14,23,44,47,48)。

研究型"是"(6,8,20,30,31,42)，否(21,55,56,58)。

企业型"是"(11,24,28,35,38,46,60)，否(3,16,25)。

社会型"是"(26,37,52,59)，否(1,12,15,27,45,53)。

艺术型"是"(4,9,10,17,33,34,49,50,54)，否(32)。

请将得分最高的三种类型从高到低排列，得出一个(或两个)三位组合答案，再对照"人格类型与职业环境的匹配"和"测试结果与职业匹配对照"得出人格类型所匹配的职业。

“人格类型与职业环境的匹配”类型如下。

(1) 现实型(R)

人格倾向：具有顺从、坦率、谦虚、自然、坚毅、实际、有礼、害羞、稳健、节俭的特征，表现为：①喜爱实用性的职业或情境，以从事所喜好的活动，避免社会性的职业或情境；②用具体实际的能力解决工作及其他方面的问题，较缺乏人际关系方面的能力；③重视具体的事物，如金钱，权力、地位等。典型职业：工人 农民 土木工程师。

(2) 研究型(I)

人格倾向：具有分析、谨慎、批评、好奇、独立、聪明、内向、条理、谦逊、精确、理发、保守的特征，表现为：①喜爱研究性的职业或情境，避免企业性的职业或情境；②用研究的能力解决工作及其他方面的问题，即自觉、好学、自信，重视科学，但缺乏领导方面的才能。典型职业：科研人员、数学、生物方面的专家。

(3) 艺术型(A)

人格倾向：具有复杂、想象、冲动、独立、直觉、无秩序、情绪化、理想化、不顺从、有创意、富有表情、不重实际的特征，表现为：①喜爱艺术性的职业或情境，避免传统性的职业或情境；②富有表达能力和直觉、独立、具创意、不顺从(包括表演、写作、语言)，并重视审美的领域。典型职业：诗人、艺术家。

(4) 社会型(S)

人格倾向：具有合作、友善、慷慨、助人、仁慈、负责、圆滑、善社交、善解人意、说服他人、理想主义等特征，表现为：①喜爱社会型的职业或情境，避免实用性的职业或情境，并以社交方面的能力解决工作及其他方面的问题，但缺乏机械能力与科学能力；②喜欢帮助别人、了解别人，有教导别人的能力，且重视社会与伦理的活动与问题。典型职业：教师、牧师、辅导人员。

(5) 企业型(E)

人格倾向：具有冒险、野心、独断、冲动、乐观、自信、追求享受、精力充沛、善于社交、获取注意、知名度等特征，表现为：①喜欢企业性质的职业或环境，避免研究性质的职业或情境，会以企业方面的能力解决工作或其他方面的问题能力；②有冲动、自信、善社交、知名度高、有领导与语言能力，缺乏科学能力，但重视政治与经济上的成就。典型职业：推销员、政治家、企业家。

(6) 传统型(C)

人格倾向：具有顺从、谨慎、保守、自控、服从、规律、坚毅、实际稳重、有效率、但缺乏想象力等特征，表现为：①喜欢传统性质的职业或环境，避免艺术性质的职业或情境，会以传统的能力解决工作或其他方面的问题；②喜欢顺从、规律、有文书与数字能力，并重视商业与经济上的成就。典型职业：出纳、会计、秘书。

“测试结果与职业匹配对照”内容如下。

RIA：牙科技术员、陶工、建筑设计员、模型工、细木工、制作链条人员。

RIS：厨师、林务员、跳水员、潜水员、染色员、电器修理、眼镜制作、电工、纺织机器装配工、服务员、装玻璃工人、发电厂工人、焊接工。

RIE：建筑和桥梁工程、环境工程、航空工程、公路工程、电力工程、信号工程、电话工程、一般机械工程、自动工程、矿业工程、海洋工程、交通工程技术人员、制图员、家政经济人员、计量员、农民、农场工人、农业机械操作、清洁工、无线电修理、汽车修理、手表修理、管工、线路装配工、工具仓库管理员。

RIC：船上工作人员、接待员、杂志保管员、牙医助手、制帽工、磨坊工、石匠、机器制造、机车（火车头）制造、农业机器装配、汽车装配工、缝纫机装配工、钟表装配和检验、电动器具装配、锁匠、货物检验员、电梯机修工、装配工、托儿所所长、钢琴调音员、印刷工、建筑钢铁工作、卡车司机。

RAI：手工雕刻、玻璃雕刻、制作模型人员、家具木工、制作皮革品、手工绣花、手工钩针纺织、排字工作、印刷工作、图画雕刻、装订工。

RSE：消防员、交通巡警、警察、门卫、理发师、房间清洁工、屠夫、锻工、开凿工人、管道安装工、出租汽车驾驶员、货物搬运工、勘探员、娱乐场所的服务员、起卸机操作工、灭害虫者、电梯操作工、厨房助手。

RSI：纺织工、编织工、农业学校教师、某些职业课程教师（诸如艺术、商业、技术、工艺课程）、雨衣上胶工。

REC：抄水表员、保姆、实验室动物饲养员、动物管理员。

REI：轮船船长、航海领航员、大副、试管实验员。

RES：旅馆服务员、家畜饲养员、渔民、渔网修补工、水手长、收割机操作工、搬运行李工人、公园服务员、救生员、登山导游、火车工程技术员、建筑工作、铺轨工人。

RCI：测量员、勘测员、仪表操作者、农业工程技术、化学工程技师、民用工程技师、石油工程技师、资料室管理员、探矿工、煅烧工、烧窖工、矿工、炮手、保养工、磨床工、取样工、样品检验员、纺纱工、漂洗工、电焊工、锯木工、刨床工、制帽工、手工缝纫工、油漆工、染色工、农民建筑工作、电影放映员、勘测员助手。

RCS：公共汽车驾驶员、一等水手、游泳池服务员、裁缝、建筑工作、石匠、烟囱修建工、混凝土工、电话修理工、爆炸手、邮递员、矿工、裱糊工人、纺纱工。

RCE：打井工、吊车驾驶员、农场工人、邮件分类员、铲车司机、拖拉机司机。

IAS：普通经济学家、农场经济学家、财政经济学家、国际贸易经济学家、实验心理学家、工程心理学家、心理学家、哲学家、内科医生、数学家。

IAR：人类学家、天文学家、化学家、物理学家、医学病理、动物标本剥制者、化石修复者、艺术品管理者。

ISE：营养学家、饮食顾问、火灾检查员、邮政服务检查员。

ISC：侦察员、电视播音室修理员、电视修理服务员、验尸室人员、编目录者、医学实验室技师、调查研究者。

ISR：水生生物学者，昆虫学者、微生物学家、配镜师、矫正视力者、细菌学家、牙科医生、骨科医生。

ISA：实验心理学家、普通心理学家、发展心理学家、教育心理学家、社会心理学家、临床心理学家、目标学家、皮肤病学家、精神病学家、妇产科医师、眼科医生、五官科医生、医学实验室技术专家、民航医务人员、护士。

IES：细菌学家、生理学家、化学专家、地质专家、地理物理学专家、纺织技术专家、医院药剂师、工业药剂师、药房营业员。

IEC：档案保管员、保险统计员。

ICR：质量检验技术员、地质学技师、工程师、法官、图书馆技术辅导员、计算机操作员、医院听诊员、家禽检查员。

IRA：地理学家、地质学家、声学物理学家、矿物学家、古生物学家、石油学家、地震学家、声学物理学家、气象学家、原子和分子物理学家、电学和磁学物理学家、设计审核员、人口统计学家、数学统计学家、外科医生、城市规划家、气象员。

IRS：流体物理学家、物理海洋学家、等离子体物理学家、农业科学家、动物学家、食品科学家、园艺学家、植物学家、细菌学家、解剖学家、动物病理学家、作物病理学家、药物学家、生物化学家、生物物理学家、细胞生物学家、临床化学家、遗传学家、分子生物学家、质量控制工程师、地理学家、兽医、放射性治疗技师。

IRE：化验员、化学工程师、纺织工程师、食品技师、渔业技术专家、材料和测试工程师、电气工程师、土木工程师、航空工程师、行政官员、冶金专家、原子核工程师、陶瓷工程师、地质工程师、电力工程量、口腔科医生、牙科医生。

IRC：飞机领航员、飞行员、物理实验室技师、文献检查员、农业技术专家、生物技师、动植物技术专家、油管检查员、工商业规划者、矿藏安全检查员、纺织品检验员、照相机修理者、工程技术员、程序员、工具设计者、仪器维修工。

CRI：簿记员、会计、记事员、铸造机操作工、打字员、按键操作工、复印机操作工。

CRS：仓库保管员、档案管理员、缝纫工、收款人。

CRE：标价员、实验室工作者、广告管理员、自动打字机操作员、电动机装配工、缝纫机操作工。

CIS：记账员、顾客服务员、报刊发行员、土地测量员、保险公司职员、会计师、估价员、邮政检查员、外贸检查员。

CIE：打字员、统计员、支票记录员、订货员、校对员、办公室工作人员。

CIR：校对员、工程职员、海底电报员、检修计划员。

CSE：接待员、通信员、电话接线员、旅馆服务员、私人职员、商学教师、旅游办事员。

CSR：运货代理商、铁路职员、交通检查员、办公室通信员、簿记员、出纳员、银行财务职员。

CSA：秘书、图书管理员、办公室办事员。

CER：邮递员、数据处理员、办公室办事员。

CEI：推销员、经济分析家。

CES：银行会计、记账员、法人秘书、速记员、法院报告人。

ECI：银行行长、审计员、信用管理员、地产管理员、商业管理员。

ECS：信用办事员、保险人员、各类进货员、海关服务经理、售货员、会计。

ERI：建筑物管理员、工业工程师、护士长、农场管理员、农业经营管理人员。

ERS：仓库管理员、房屋管理员、货栈监督管理员。

ERC：邮政局局长、渔船船长、机械操作领班、木工领班、瓦工领班、驾驶员领班。

EIR：科学、技术和有关周期出版物的管理员。

EIC：专利代理人、鉴定人、运输服务检查员、安全检查员、废品收购人员。

EIS：警官、侦察员、交通检验员、安全咨询员、合同管理者、商人。

EAS：法官、律师、公证人。

EAR：展览室管理员、舞台管理员、播音员、驯兽员。

ESC：理发师、裁判员、政府行政管理员、财政管理员、工程管理员、售货员、职业病防治、商业经理、办公室主任、人事负责人、调度员。

ESR：家具售货员、书店售货员、公共汽车的驾驶员、日用品售货员、护士长、自然科学和工程的行政领导。

ESI：博物馆管理员、图书馆管理员、古迹管理员、饮食业经理、地区安全服务管理员、技术服务咨询者、超级市场管理员、零售商品店店员、批发商、出租汽车服务站调度。

ESA：博物馆馆长、报刊管理员、音乐器材售货员、广告商售画营业员、导游、(轮船或班机上的)事务长、飞机上的服务员、船员、法官、律师。

ASE：戏剧导演、舞蹈教师、广告撰稿人，报刊、专栏作者、记者、演员、英语翻译。

ASI：音乐教师、乐器教师、美术教师、管弦乐指挥，合唱队指挥、歌唱家、演奏家、哲学家、作家、广告经理、时装模特。

AER：新闻摄影师、电视摄影师、艺术指导、录音指导、丑角演员、魔术师、木偶戏演员、骑士、跳水员。

AEI：音乐指挥、舞台指导、电影导演。

AES：流行歌手、舞蹈演员、电影导演、广播节目主持人、舞蹈教师、口技表演者、喜剧演员、模特。

AIS：画家、剧作家、编辑、评论家、时装艺术大师、新闻摄影师、演员、文学作者。

AIE：花匠、皮衣设计师、工业产品设计师、剪影艺术家、复制雕刻品大师。

AIR：建筑师、画家、摄影师、绘图员、雕刻家、环境美化工、包装设计师、绣花工、陶器设计师、漫画工。

SEC：社会活动家、退伍军人服务官员、工商会事务代表、教育咨询者、宿舍管理员、旅馆经理、饮食服务管理员。

SER：体育教练、游泳指导。

SEI：大学校长、学院院长、医院行政管理员、历史学家、家政经济学家、职业学校教师、资料员。

SEA：娱乐活动管理员、国外服务办事员、社会服务助理、一般咨询者、宗教教育工作者。

SCE：首长助理、福利机构职员、生产协调人、环境卫生管理人员、戏院经理、餐馆经理、售票员。

SRI：外科医师助手、医院服务员。

SRE：体育教师、职业病治疗者、体育教练、专业运动员、房管员、儿童家庭教师、警察、传达员、保姆。

SRC：护理员、护理助理、医院勤杂工、理发师、学校儿童服务人员。

SIA：社会学家、心理咨询者、学校心理学家、政治科学家、大学或学院的系主任、大学或学院的教育学教师、大学农业教师、大学法律教师、大学工程和建筑课程的教师、大学数学、医学及物理教师、大学社会科学及生命科学教师、研究生助教、成人教育教师。

SIE：营养学家、饮食学家、海关检查员、安全检查员、税务稽查员、校长。

SIC：描图员、兽医助手、诊所助理、体检检查员、娱乐指导者、监督缓刑犯的工作者、咨询人员、社会科学教师。

SIR：理疗员、救护队工作人员、手足病医生、职业病治疗助手。

案例分享

因职业兴趣不符而换工作

李红2009年进入上海一所高校就读会计学专业，该专业属全国重点学科，其中国际会计专门化方向是与国外大学合办教学，该专业主要专业课程直接使用国外原版教材，旨在培养一批国际公认的外向型高级会计人才。由于是国家重点学科和有独特严格的教学方法，该专业的人才在相关行业内具有品牌影响。故学生毕业后大多在外资企业或会计师事务所、大型中资企业、国内外各大银行从事会计与财务管理工作。正因为社会影响大，就业出路好，每年被优秀高中毕业生和其家长视为热门专业。

李红家住该校附近，对该校情况比较了解，早在高中读书期间，就将升学和专业选择目标锁定在该校国际会计专业上。因此李红进校后目标明确，学习勤奋。转眼四年的学习即将结束，在面临就业的选择时，作为国际会计专业的毕业生，她和许多同学一样，将当时的五大国际会计师事务所作为自己应聘工作岗位的首选。经过精心准备和严格的层层筛选，结果她被其中一家国际会计师事务所录用。

毕业后，她身着笔挺的工作套装，手拎黑色皮包，进出公司大楼做审计工作，成为他人眼里令人羡慕的白领。但是，这项工作主要是从事各类公司会计报表等项目审计，整日与数字打交道，渐渐地她感到工作时提不起精神，开始怀疑自己的性格是否与目前从事的职业岗位相匹配。经过一段时间的痛苦思考，2014年，她终于下定决心，毅然放弃月薪8000元的工作，跳槽投奔另一家单位。月薪只有3000元，从事多媒体制作工作。

【案例点评】

李红原工作要求的人格类型实际上是六边形中的常规型，而现在从事的工作可以认为是六边形中的艺术型。用霍兰德的六边形理论就十分直观地说明了这些，即它们是六边形中相对立的两个角。于是我们能体会到李红在会计师事务所的感受，也很能理解她做出的选择。

思考题

1. 简述性格的特征。
2. 职业价值观的确定有哪些特征？
3. 试述职业兴趣与职业的关系。

本章实训

"价值排序"活动。

价值排序是指把自己认为能够影响个人发展的各种因素按重要性进行排序，通过排序也可以进一步促进自我的认知。

① 活动以团体行为训练的方式进行。

② 由小组长主持本小组的活动。

③ 先由小组成员自由发言，阐述影响个人发展的各种因素。由小组长记录每位成员所阐述的因素，并分别标明为因素1，因素2，因素3……因素N。自由发言的时间不超过8分钟。

④ 在小组长宣布自由发言结束后，小组长把上述N个因素告诉全组成员，由他们分别对这N个因素进行等级排序。如学生A认为，在上述N个因素中，"因素5"最重要，则把因素5记为"第一等"，"因素7"次之，则把因素7记为"第二等"，以此类推。排序时间不超过5分钟。

⑤ 每位成员把对自我的价值排序作简要解释，时间不超过3分钟。

⑥ 小组长对全体组员的价值展示进行简单小结。

⑦ 针对此次活动，小组成员每人说一句自己的感受，结束此次团体活动。

拓展案例分享

90后女孩包千座茶山茶价降低九成
20岁与三千茶商"谈合作"

王晓湘是茶农的女儿，是个从小在自家茶园里"野"着长大的姑娘。茶的清新美好和茶园生活的淳朴自由都深深影响着她成长。她常开玩笑说，"从还没出生我就'懂茶'了，我的血液里流淌着茶水。"

这个90后的女孩喜欢茶，茶是她离不了口的话题。"上大学时整栋宿舍楼都知道我爱茶、我有茶，到我们宿舍来就有茶喝。"喝茶是一项需要"分享"的活动，每次王晓湘泡茶都觉得自己喝没意思，非要拉上同学们一起。久而久之，同班的同学们都受到了这个爱喝茶的南方姑娘的熏陶，"一个去美国留学的同学专门带去了一整套茶具，我总开玩笑说，她是'向世界传递茶文化'去了。"

在茶的世界里，王晓湘是个"百事通"，她不仅经营茶，还收藏茶、学习茶。要问王晓湘对茶了解到什么程度？"喝一杯茶，我不仅能品出它的种类、产地，甚至连它采摘的时间、天气和采摘者的装备都能尝出来。"

别看王晓湘才二十出头，她在茶叶行业里可不算是"新手上路"。"从大二开始，我就'经济独立'了。学费、生活费一切都靠自己。"大学期间，王晓湘把自家茶园出产的茶叶卖遍了北京最大的茶叶市场——马连道茶城。"我带着自家茶叶一家一家泡给茶商喝，让他们细细品味，并耐心解释为什么我家的茶是好茶。到大学毕业，马连道5000多家茶商，有

3000 多家都跟我喝过茶。"虽然当时还是个不满二十岁的学生，但性格开朗的王晓湘满世界"谈合作"时可一点儿都不扭捏，"进了五星级酒店也不'发怵'。"

除此之外，每逢旅行出游，王晓湘总要留出时间专门去逛当地的茶城。"山西、陕西省内的不少茶城里都有我的'合作伙伴'，那就是上大学期间到当地旅游时顺便结交的朋友。"王晓湘说，上大学期间到处"推销"自家茶叶为她现在事业积累了不少资源。"上学时，我是一个酷爱泡图书馆的人。同学们都知道，我如果不在图书馆，就在去推广我家茶叶的路上。"

在与茶叶市场接触的过程中，王晓湘也有自己的看法，"存在问题！价格不透明、信息不对称。为什么所谓的'顶级'茶叶卖得那么贵？很多时候，卖家只能给出含糊的解释，而买家太容易被说服。这高价里面大多是所谓的'品牌价值'。"而对这个行业问题的深思也是后来王晓湘开始"众筹包茶山"、做"实在"茶叶的原因之一。

开办"广院下午茶"受热捧

2014 年 5 月，又快到毕业的时节了。每一个即将毕业的学生都有浓浓的校园情结，希望能在最后的一段时光里做一些不同寻常的事，给自己的校园生涯留下难忘的记忆。王晓湘也不例外，她希望利用最后一点时间，做一件与茶、与学校都有关系的事，来纪念自己的青春。王晓湘与好友观察到，校园附近的餐厅在中午、晚上的"饭点儿"往往人满为患，而在上下午的大段时间里却冷冷清清、少人问津。"商铺这样闲置多浪费啊，不如交给我们利用起来，做点有意思的事！"

抱着这样的想法，王晓湘和同学一路谈了七八家餐厅，希望这些餐厅可以在闲置时段"借"些位置给他们，举办活动。既不耽误做生意，又能免费做宣传，不少餐厅都欣然应允了王晓湘的请求。王晓湘与好友每人拿出 500 元的"启动资金"购置了茶具，后来在中国传媒大学一度小有名气的"广院下午茶"活动就诞生了。

除了为自己的毕业留点记忆以外，王晓湘还希望通过"广院下午茶"结识更多志同道合的年轻朋友，"上了四年大学，除了自己本班的同学，几乎不怎么认识其他的校友。我认为这样的大学生活有点空虚。"不久，这个免费提供茶水、茶点，只为把校友们聚在一起谈天、喝茶的活动就开办了。

"反响一直特别好，我们把参加人数控制在 10 人，但每次报名的都有好几十人。"活动每周都举办，每期一个主题，对主题感兴趣的同学都可以报名，有时还会邀请在这方面有所造诣的广院校友一同"下午茶"与大家畅谈。说是"广院下午茶"，其实参加的可远不止中国传媒大学本校的学生，时常有北大、清华等其他高校的同学也来"蹭"茶喝。"'下午茶'喝着喝着就变成了'流水席'，来来走走，不断有人加入。没座位就抱着靠垫坐在地板上，三三两两、谈天说地。"

2014 年 7 月王晓湘毕业时，"传媒大学下午茶"活动一共举办了 22 场，直到现在还是不少传媒大学学生口中津津乐道的话题。

众筹包千座茶山茶价降低九成

转眼离校的日子到了，此时的王晓湘还没有想好自己的前路和方向，"我不想上班，和所有人一样做着千篇一律的工作。我想做一点我真正喜欢的、我能做好的事。"一次"下午茶"，几位好友半开玩笑地提议，"大家都这么爱喝茶，何不集资包一座茶山专供'下午茶'，既知根知底、保证质量，又能节省中间多道费用，岂不一举两得?”

王晓湘从这句玩笑话中找到了自己创业的思路，干脆包下山头，接手茶农对茶山的经营权；众筹募集资金，让消费者成为茶山的股东。同时，把所需的全部费用，分项目明码实价发布在网站上，让茶农与消费者之间“只有一杯茶的距离”。王晓湘透露，由于少了多道中间商经手，不知名茶山上出产的茶叶价格大约是市面上同等质量茶叶的九分之一。

品牌取名“不知名茶”的寓意来自中国古典哲学，“孔子曾说‘知之为知之，不知为不知，是知也’，‘不知’是人生的一种常态，所以我们一直在努力学习。”王晓湘这么解释。

为了考察茶山的情况，王晓湘用了大半年的时间走遍了福建、广西、云南、四川等多个省份数不清的茶园。在“找茶”的过程中，也有不少故事让她难以忘怀。2014 年夏天，王晓湘找茶找到了广西偏僻的山区，火车到站时已是夜里 12 点。此时下着滂沱大雨，外面漆黑一片，没有一盏灯亮着，仅有两辆“黑车”等待载客。

王晓湘心里做着激烈思想斗争，“是坐车到县城里找旅店住宿一晚，还是直接上山投宿农家呢?”车站距县城和山上都要两个小时的车程，如果直接上山，明早就可以直接考察茶园，而投宿县城则明天还要再辗转半日。为了节省时间，王晓湘最后决定冒雨上山。深夜两点，大雨的山中没有一户农家亮着灯。王晓湘战战兢兢地敲开了一户茶农家的门，最后被收留在农家极其简陋的储藏室过夜。

虽然，“找茶”的过程总是艰辛、曲折，但踏上茶山那一刻的愉快和轻松让王晓湘觉得吃一切苦都值得。郁郁葱葱的茶山、新鲜清甜的山果、清新纯净的空气、雾霭晴岚的天气变化……茶山上的一切都让王晓湘感到那么惬意和自由。“我一直认为农民是非常诗意和可爱的职业，他们就是在大地上创作的艺术家。”“‘网媒人’的思维与农业文化的情怀”，王晓湘这么评价自己。

如今，“不知名茶”已经包下了 1000 座茶山，成了一个有近 400 个“股东”的品牌。2015 年 5 月在意大利米兰举办的世博会邀请了王晓湘和她的“不知名茶”团队参与中国场馆部分的展示，希望她和她的团队带世界领略中国茶的魅力与风情。王晓湘说，这的确是一份鼓励与殊荣，但她的目标不仅仅在此，“我希望未来能够在全世界的知名学府里都开一家‘不知名茶’线下体验茶馆，让国外的年轻人也了解中国茶，让茶真正成为一种时尚的生活方式。”

(北京晚报，记者：孙乐琪)

【拓展案例点评】

案例中的大学生靠自己的力量，实现了创业就业，不仅实现了自己的人生价值，而且打开了家乡茶叶的销路，实现了自己的社会价值。在她身上我们可以学到很多，包括灵活的思路、勇于创新的勇气，踏实肯干的付出，以及切合实际的生涯规划能力。

第三章 职业认知

【引言】

机会总是喜欢强者，因为强者做好了一切准备，单等着机遇来临；机遇总是躲避弱者，因为他们无法忍受弱者那呆滞的眼神。

——苏格拉底

【教学目标】

1. 理解职业认知的概念与特点；
2. 了解我国职业的分类与历史变迁；
3. 学会职业信息的收集与整理；
4. 了解21世纪的职业发展趋势。

【核心概念】

职业认知、职业分类、职业信息、职业定位。

引导案例

你在为谁打工

王明对于将来想要从事什么行业一直摇摆不定，他也不清楚自己要过怎样的一生。一方面，他告诉自己，绝对不可以为了金钱和权势活着；另一方面，他又非常渴望实现自己的个人价值，实现自己对这个世界做出巨大贡献的理想。

一开始，他打算大学毕业之后直接进"四大"会计师事务所，而普华永道是他最看好的一家。他为此做了详尽的调查工作，对比四家事务所各方面的条件。同时，他也积极做了充分的准备，比如今后从事这一行，需要满足的条件。

但后来发生了一件事，让王明感到非常犹豫。他的表哥就在"四大"事务所中的一家——毕马威事务所工作。但高强度和高标准的工作，长时间的加班和熬夜，使得表哥苍老得飞快，以前满脸红润的模样不见了，换来的是消瘦。而且，就在这之前，他的表哥因为工作压力太大大病了一场。表哥才刚刚可以下床，就又投入到工作中。

王明也害怕同样的健康问题会困扰自己。应该怎样选择，对王明来说真的非常困难。在经过一番仔细权衡之后，他还是选择坚持当初的理想。他想既然自己对这一行是出于热爱，那么就应该坚持下去，而且困难和险阻是任何一个人在朝着自己目标前进的过程中都回避不了的。去别的行业奋斗，也一样会碰到。

【案例点评】

通过王明的案例，我们可以看出，选择自己想要一生从事的事业，不是那么容易的，需要考量的因素非常多。而且其间经历的变故也是之前所无法预料的。但正是因为目标神圣而伟大，大学生才更要做好面对艰难险阻的准备。

不要被困难吓倒，也不要忽视它的存在。

对职业有所认知，对自身有充分了解，并且坚定自己的理想和自己将要从事一生的事业，那么，接下来就是为自己的目标做冲刺了。

（申健强，王爱华，陈华聪. 大学生职业规划、就业指导与创业教育[M]. 北京：人民邮电出版社，2013）

第一节　职业的分类和历史变迁

一、职业的分类

我国是世界上人力资源丰富的大国，因此，合理开发、利用社会劳动力资源，对于民族的兴旺、国家的发展意义重大。社会职业分类作为国家经济社会发展的一项重要基础性工作，涉及社会生活的各个领域，是关系着国计民生的大事。因此，从 2004 年起，国家根据社会经济发展需要，建立起新职业定期发布制度，并不断补充与修订国家职业分类体系，为国民经济的发展提供必要的服务。

所谓职业分类，主要是指国家以社会分工为基础，采用一定标准和方法，依据一定的分类原则，对从业人员所从事的各种专门化的社会职业进行全面系统的划分与归类。职业分类是形成产业结构、产业组织及进行产业政策研究的前提，也是择业者了解职业、认识职业特点，并结合自身情况选择职业的前提。

世界各国国情不同，其划分职业的标准有所区别。国外有学者按照脑力劳动和体力劳动的性质把工作人员分为白领和蓝领两大类；也有学者按照心理的个性差别把人格分为现实型、研究型、艺术型、社会型、企业型和传统型六大类；还有的依据各职业的主要职责进行分类。

国际标准职业分类把职业由粗至细分为四个层次，即 8 个大类、83 个小类、284 个细类、1506 个职业项目，总共列出职业 1881 个。其中 8 个大类如下。

① 专家、技术人员及有关工作者。

② 政府官员和企业经理。

③ 事务工作者和有关工作者。

④ 销售工作者。

⑤ 服务工作者。

⑥ 农业、牧业、林业工作者及渔民、猎人。

⑦ 生产和有关工作者、运输设备操作者和劳动者。

⑧ 不能按职业分类的劳动者。

这种分类方法便于提高国际职业统计资料的可比性和国际交流。

我国参照国际标准职业分类，并结合社会主义初级阶段的实际国情，由原人力资源和社会保障部、原国家质量技术监督局、国家统计局联合组织编制的《中华人民共和国职业分类大典》，是我国第一部具有国家标准性质的职业分类大全，客观地反映国家经济、社会、科技等领域的发展和结构变化，为国民经济信息统计和人口普查提供依据。

可以说，它是劳动力科学化、规范化、现代化管理的重要工具，是开展职业教育培训和就业服务、建立和完善国家职业资格证书制度的重要基础工作。

中央、国务院50多个部门，以及有关研究机构、大专院校和部分企业的近千名专家学者参加了《中华人民共和国职业分类大典》的编制工作，编制工作于1995年初启动，历时4年，1999年初通过审定，1999年5月正式颁布。

按照《中华人民共和国职业分类大典》规定，我国的职业分类结构包括四个层次，即大类、中类、小类和细类，依次体现由大到小的职业类别。细类是我国职业分类结构中最基本的类别，即职业。按照工作性质同一性的原则，《中华人民共和国职业分类大典》将我国社会职业归为8个大类，66个中类，413个小类，1838个细类(职业)。这8个大类如下。

第一大类：国家机关、党群组织、企业、事业单位负责人，其中包括5个中类，16个小类，25个细类。

第二大类：专业技术人员，其中包括14个中类，115个小类，379个细类。

第三大类：办事人员和有关人员，其中包括4个中类，12个小类，45个细类。

第四大类：商业、服务业人员，其中包括8个中类，43个小类，147个细类。

第五大类：农、林、牧、渔、水利业生产人员，其中包括6个中类，30个小类，121个细类。

第六大类：生产、运输设备操作人员及有关人员，其中包括27个中类，195个小类，1119个细类。

第七大类：军人，其中包括1个中类，1个小类，1个细类。

第八大类：不便分类的其他从业人员，其中包括1个中类，1个小类，1个细类。

根据《中华人民共和国职业分类目录》所划分的工种类别，共有分为45个行业，4700多个工种。

职业目录

目前，我国依据《中华人民共和国职业分类大典》确定了实行就业准入的87个职业目录。分别是：车工、铣工、磨工、镗工、组合机床操作工、加工中心操作工、铸造工、锻造工、焊工、金属热处理工、冷作钣金工、涂装工、装配钳工、工具钳工、锅炉设备装配工、电机装配工、高低压电器装配工、电子仪器仪表装配工、电工仪器仪表装配工、机修钳工、汽车修理工、摩托车维修工、精密仪器仪表维修工、锅炉设备安装工、变电设备安装工、维修电工、计算机维修工、手工木工、精细木工、音响调音员、贵金属首饰手工制作工、土石方机械操作工、砌筑工、混凝土工、钢筋工、架子工、防水工、装饰装修工、电气设备安装工、管工、汽车驾驶员、起重装卸机械操作工、化学检验工、食品检验工、纺织纤维检验工、贵金属首饰钻石珠宝检验员、防腐蚀工、农林牧渔水利业生产人员、动物疫病防治员、动物检疫检验员、沼气生产工、商业、服务业人员、业务员、推销员、出版物发行员、中药购销员、鉴定估价师、医药商品购销员、中药调剂员、冷藏工、中式烹调师、中式面点师、西式烹调师、西式面点师、调酒师、营养配餐员、前厅服务员、客房服务员、保健按摩师、职业指导员、物业管理员、锅炉操作工、美容师、美发师、摄影师、眼镜验光员、眼镜定配工、家用电子产品维修工、家用电器产品维修工、钟表维修工、办公设备维修工、养老护理员、办事人员和有关人员、秘书、公关员、计算机操作员、制图员、话务员、用户通信终端维修员。

（人力资源和社会保障部，国家质检总局，国家统计局. 中华人民共和国职业分类大典（2007 增补本）. 北京：中国劳动社会保障出版社，2014）

二、社会职业的历史变迁

职业是社会分工的结果，随着生产力的发展和科学技术的不断进步，社会职业的数量、种类、结构等都处在不断发展变化之中。尤其是近年来信息革命导致的人们生活和工作方式的变化，使我国职业的发展程度呈现出前所未有的局面，新职业不断涌现，一些传统的职业逐渐淡出。作为当代大学生，了解未来社会职业的发展及趋势在个人职业生涯规划中显得尤为重要。

（一）影响职业变迁的因素

社会职业的发展演变有一定的规律性，了解引起职业变化的因素就可以在一定程度上把握职业变迁的基本趋势。从总体上看，引起社会职业变迁的因素主要有以下几个方面。

1. 经济体制的变化

不同的经济发展时代都会形成自己的特色职业。随着我国社会主义市场经济体制的建立和完善，市场经济在国民经济运行中的基础性调节作用不断增强。市场通过价格信号，自发地调节生产和需求，优化资源配置，既提高了资源的利用率，又优化了社会经济结构和产业结构，使社会职业的内容和体系也发生了重要变化，新的职业不断产生，旧的职业不断消亡。

2. 经济结构的变化

信息革命使新知识、新技术层出不穷，相应的产业结构将加快调整和升级，职业也因此表现出一些新的发展趋势。以服务为主的第三产业类职业将得到全面发展，在产业结构中的比重将得到大幅度提高。

目前，我国的第三产业的发展空间很大，相应的职业必将不断扩大规模。尤其 20 世纪 90 年代以来，在文化领域市场化改革的促进下，我国的文化产业开始进入快速发展时期，一些与文化经济和文化产业相关的新行业、新职业不断涌现，例如，北京奥运会催生的健身业和文化服务中介业等新型的文化产业不可避免地带来了新型职业的产生。

与此同时，高新技术产业、高效益产业、轻型产业、洁净型产业的比重越来越大，大量新技术、新工艺、新设备运用到各产业领域，这也必将带动相关职业得到突飞猛进的发展。这些新型职业在市场经济的激烈竞争规则中，必将会出现相互竞争、相互作用的发展态势，也不可避免地促进了职业内容、职业体系和职业结构的更新与变化。

3. 经济形态的变化

不同的经济形态造就不同的生产要素，催生不同的职业。农业经济赖以存在和发展的基本资源和生产要家是土地和劳动力，工业经济时代，资本、劳动力和原材料成为工业经济最基本和最重要的资源。知识经济是以知识的生产、传播、应用和消费为核心的经济体系，科技知识是经济的最基本资源和生产的最核心要素。

随着知识经济的到来，知识作为当前最重要的资源，已经成为推动社会发展和获得利润的最为关键的因素和主要手段。知识经济正在改变着从业人员的职业结构：目前已经呈现出体力劳动者数量不断减少，脑力劳动者数量不断增加；生产一线劳动者的就业比重减少，管理劳动者的就业比重增加；物质产品生产的就业比重有所减少，信息生产的就业比重逐步增加的变化趋势。

（二）当前社会职业变迁的特点

1. 就业方式的变化

改革开放以前，社会上基本上没有择业、下岗、失业等词汇。随着改革的深入，大学生就业由传统的“统包统分”到现在的“自主就业”。在今天的职场上，个人的职业发展、社会地位的获得，越来越多地依赖于知识、技能、态度、观念等纯粹自身的条件，而不是家庭出身、社会背景等外在因素。只要你有足够的能力、付出足够的努力，就可以获得社会声望高、经济收入好的职业，就可以改变自己的职业命运。

2. 职业流动方式的变化

在传统的职业模式中，一个人的职业一生很少发生变动，即使有变化也是在组织内部，通常与一位雇主保持长期的雇佣关系，其职业发展路径和阶段能够看得见、摸得着，比较稳定，可以预期。

然而在市场经济体制下的今天，从业者既可以在组织的不同部门间流动，也可以在不同组织和不同专业间流动，流动模式更加多样化，不稳定的因素也越来越多。

这是因为，当代社会不仅经济组织数量众多、形式多样，而且其劳动内容、劳动形式、劳动关系也随之多样化、灵活化。既有拥有铁饭碗以至股份的核心员工，又有流动性较强的一般员工；既有大量参加到经济组织中的各类员工，又有大量自己创业、自我雇用和合作经营的劳动者，还有离开工作单位地点仍然在工作的网络工人，又有临时工、业务承包、工作任务契约等劳动形式。

3. 职业成功标准的变化

传统的职业生涯成功的标准是沿着金字塔式的组织结构向上发展，担任更高的职位，承担更多的责任，获得更多的物质财富。当然这种职业生涯目标的实现，不仅受个人自身努力的影响，还受到组织发展的制约。

然而，职场上成长起来的新一代，职业成功的标准发生了很大的变化，他们更多地强调职业生涯的目标是心理成就感，他们对地位并不十分看重，但希望工作内容丰富化，方式具有灵活性，以便从工作中获得乐趣。

三、21 世纪我国社会职业发展的趋势

未来社会，继续教育和终身学习将成为人们生活的重要内容，成为人们在社会中生存的不可或缺的重要手段。了解我国未来社会职业发展的趋向，是我们正确把握学习方向、塑造成功未来的前提条件。

（一）我国社会职业发展的趋势

从目前我国经济社会发展的形势来看，我国未来社会职业发展将呈现下列特点。

1. 第三产业的从业人员日趋增加

20 世纪 90 年代以来，随着我国经济体制改革的深入和经济全球化的趋势的加强，中国现代社会已步入工业化、城镇化、市场化、国际化的发展轨道，这种不可逆转的社会发展趋势，将成为推动第三产业发展的强大动力。未来时期，第三产业的职业总量还将会保持着持续增长的态势。同时，中国第三产业的产值比重、就业比重还有相当大的发展空间。

目前，发达国家第三产业占 GDP 的比重多数在 70%以上，就业比重也在 70%左右，即使是发展中国家，第三产业在 GDP 中所占的比重也超过 50%，就业比重也在 50%～60%。

与国际水平相比，中国策三产业在 GDP 中的比重虽已占到 40%左右，但还处于发展中国家的水平，还有 10%～30%的增长空间，其就业比重有增长 37 个百分点的潜力和成倍的增长空间。也就是说，比照发达国家就业比重的水平推算，中国第三产业职业总量的增量还有容纳 2.5 亿人就业的能力。

2. 与高科技相关的职业不断发展

随着第三次科技革命，尤其是信息革命的到来，重视技术开发和技术创新成为世界各国普通关注的焦点。一批新兴的尖端技术在自然科学员新研究成果的推动下不断涌现，汇集成高新技术的革命潮流，在世界范围内产生了较为深远的影响。

今天，电子技术和计算机技术、自动控制技术、新能源技术、激光技术、新材料技术、航天技术、生物技术、海洋技术成为引领时代高新技术革命潮流的"弄潮儿"。这些新技术、高科技技术的发展极大地推动了传统产业革命的现代化，不仅产生了巨大的社会经济效益，而且也带来了产业结构、劳动力结构和社会职业结构的变化。

3. 对从业者素质的要求不断提高

在知识经济和全球化的今天，科技转化为生产力的周期明显缩短，使从业人员的素质要求不断提高。不仅需要从业者提高运用和掌握信息技术，以便能在未来社会中通过网络化、智能化的信息系统，享有多种信息和知识资源，而且要求从业者注重创新素质的培养，要注重学习能力的培养，尽可能地拓宽知识面，重视创新思维方法的训练等。

（二）我国未来的主导职业

我国人事管理机构根据全国各类专业协会的有关统计资料，对我国未来的急需人才进行了分析和预测，认为我国未来的主导职业包括以下几类。

1. 会计类

随着我国社会经济的发展，社会上的各种企业事业单位对会计的需求也大大提高，会计也将成为各行业中的一个热门专业。该行业的从业者是具有助理会计师、会计师和高级会计师等不同职称或专业资格认证的专业人才，一般需要具有会计专业、财经专业、统计学专业等专业的学历或学位，并通过国家各等级的会计师资格考试，达到会计师上岗的各种资格证书。

2. 法律类

随着社会的发展和进步，我国的法律法规也不断健全和完善，国家颁布的各种法律法规将越来越多，从事司法工作的政府机构也需要高素质、高学历的法律人才。同时，为了更好地开展法律咨询和处理各种刑事和民事案件，律师在社会上的需求量将越来越大，律师也将成为一个高社会地位和高收入的职业。从事律师行业需要具有法律或其他任何专业领域的学历或学位，并获得国家的律师资格证书。

3. 旅游类

随着生活水平和生活质量的提高，人们对户外娱乐、休闲和旅游活动经济和时间的投入也逐渐增加，人们在旅游方面的消费也将大幅度提高，必然会促使旅游业迅速发展，同时也将带动相关产业的迅速发展。如航空公司、出租车公司、客轮公司、商业、宾馆和餐饮业等。该职业的从业者一般需要具有旅游管理或管理学、地理学等相关专业的学位或学历。

4. 保险类

社会经济结构的变化和各种不可预期的因素给人们的工作和生活增添了很多不确定的因素，这就需要有完善的社会保障体系，社会保障体系不断完善促进了保险业的发展，社会对保险业务员、管理人员、精算师和索赔估价员需要也不断提高。一般从事保险业的人员需要具有保险专业、金融专业、经济类专业、管理类专业的学历或学位。

5. 心理学类

我国已经将心理学列为未来重点发展的学科之一。教育部已经在全国一些重点院校建立了心理学理科基础研究人才培养基地，在心理学领域的投入力度逐渐加大，心理学也逐渐成为一个受国家和社会关注的专业，在社会各行业中的需求量也不断提高。

人力资源开发、心理咨询与治疗、学习障碍的矫正、教育心理学研究等均需要大量的心理学人才。从事心理学方面的职业需要获得心理学专业或应用心理学专业的学位。

6. 健康医学类

改革开放以来，我国的人均收入和生活水平有了大幅度提高，人们对自己的生活状态和健康状况也越来越关注，医用保健品的市场也越来越大，健康医学成为一个受大众关注的领域。社会对健康医学人才的需求量将逐渐增加。通常，这方面的从业者需要获得临床医学及生物医学专业方面的学历或学位。

7. 专业公关类

公关和企业形象设计对一个公司或企业的发展是至关重要的，公关行业因此成为有发展前景的职业，该职业的从业者一般需要获得公共经济贸易类专业、管理类专业的学位，并具有相关的工作经验。

8. 环境保护类

随着环境污染的加重和国家与公众环保意识的增强，社会对环境保护类专业的人才需求将呈直线上升趋势。环境保护具体包括环境监测、环境质量评价、环境工程和环境卫生等方面的工作，需要环境科学、地理学、生物学、环境化学、环境工程学等方面的专业人才。

9. 老年医学类

人口老龄化是全世界共同面临的一个严峻问题，随之而来的就是老年人的医疗、社会保障、心理问题等一系列社会问题。如何解决这样一个庞大群体上述方面的需求成为一个重要的、亟待解决的问题。

其中老年医疗和保健是最突出的一个问题，从事老年医学方面职业的社会需求也将大大提高。社会将急需医学、老年医学、健康保健和护理等方面的专业人才，从事老年人医疗保健事业。

10. 人力资源类

未来社会的竞争是人才的竞争，谁拥有人才谁将在激烈的竞争中拥有立足之地。在近几年的发展中，无论是政府机构还是企业，都建立了专门负责招聘人才的人事机构或人力资源部。其职能已不再是传统的人才档案管理，而是招聘和培训员工，最大限度地开发人力资源的潜力，创造最大的经济效益和社会效益。

人力资源管理也因此备受企事业单位的重视，并成为政府机构和企业的重要职能机构。在未来社会发展中，对人力资源专家的需求也将不断增大。从事这方面职业需要具有人力资源管理、心理学、管理学等方面的学历或学位。

11. 咨询服务类

当今的社会，信息获取已经成为科学技术发展和商业运作的关键环节。社会分工的精细化和专门化促进了信息咨询和相关咨询行业的发展，并成为社会发展和进步的一个主导职业。目前社会上的咨询行业有企业咨询、心理咨询、信息咨询、教育咨询，等等。从事咨询业需要具有教育学、心理学、管理学、信息科学、经济学等方面的学历或学位。

12. 市场营销类

市场营销对企业产品销售是非常重要的一个环节，在当今和未来社会发展中，产品的独立经销商和销售网络的建立将成为企业运作的主要形式。这些经销商和销售网络同时负责为公司进行广告宣传和相应的技术或销售服务。证券及金融业、通信、医疗器械、计算机与网络设备等以经营商品或某一产品的企业或公司均需要市场营销方面的人才。从事这方面的人员一般需要具有市场营销学、管理学、经济类专业的学历或学位。

13. 生物技术类

生物技术是近些年科学研究与生物技术开发的一个热门领域，该领域在生物制药、保健品开发、治疗疑难病症的药品研制、人工蛋白质的合成等方面有巨大的发展潜力。目前的新药主要是生物技术专家开发出来的，并对治疗和预防疾病起到了主要作用。该领域的从业者一般需要具有生物化学、生物技术、生物医学、分子生物学等专业的学位。

14. 计算机技术类

随着计算机技术的发展和广泛应用，计算机硬件、软件的开发、应用和维护成为社会各行业工作的重要组成部分，需要计算机技术人员从事计算机软硬件方面的安装、调试和维护工作。

因此，各行业对计算机技术方面的专业人才的需求也越来越大，待遇也比较优厚，这些行业需要的专业人才，包括计算机硬件工程师、程序员、网络管理员、系统维护专家及数据库管理人员等，这些专业人员一般需要获得计算机、信息技术、电子技术或相关专业的学历或学位。

15. 家庭服务类

社会生活和工作节奏的加快使家庭成员的压力加大，照顾病人、老人和孩子成为年轻父母的沉重负担，家庭护理的需求量也因此大大提高。相关的专门人才包括幼儿教师和家庭服务人员。这类人员通常不需要很高的学历，但对于这个行业的管理者却需要具备社会服务、管理学等方面的学历或学位。

第二节　职业信息的搜集与分析

一、职业信息的含义及特点

（一）职业信息含义

职业信息包括狭义和广义两层含义。狭义的职业信息，是指一个组织（企业单位、事业单位）的人才招聘信息或求职者发出的寻求工作职位信息。组织发出的人才招聘信息一般包括单位名称、单位概况、招聘岗位、任职条件、聘用待遇、联系方式等内容；个人发出的信息在内容上要多一些，除了个人基本情况（姓名、性别、学历、住址、身高等）外，一般还包括受教育情况、个人能力和特长、个人求职意向、联系方式等。

广义的职业信息，是指一切有助于求职者进行择业和做出就业决策的信息。它包括国民经济和社会发展状态信息、行业发展信息、劳动力市场供求信息、用人单位信息、招聘岗位信息（含任职条件、工作任务、工作职责、工作纪律、工作环境、工作报酬等）。

（二）职业信息的特点

1. 内容丰富

职业信息既包括国民经济和社会发展信息、行业动态信息、劳动力市场信息等宏观信息，也包括用人单位信息和招聘岗位信息，这些职业信息会对求职者的职业选择产生影响，了解这些信息，对求职者是非常有益的。

2. 传播面广、传播手段多样

目前，各类组织的人才需求大多会通过公开的或半公开的渠道广泛传播，目的是择优遴选和提高招聘工作效率。因此，对于包括高职毕业生在内的求职者来说，了解不同的信息渠道和不同的传播手段，也有利于从众多的招聘信息中选择适合自己的信息。这就要求学生在校期间要多接触各类信息的渠道和传播手段，尽早熟悉它们的特点，以避免仓促应付。

3. 即时性和分享性强

招聘信息一般都具有即时性特点，就是说任何组织的招聘都会有一个时间期限，过了这个时间期限，信息就会失效。另外，公开或半公开的招聘信息面向众多求职者，谁及早发现信息，就可能捷足先登，先把握住机会。

从某种意义上说，就业竞争也是时机的竞争。应该说，学校生活和社会生活相比，其节奏还是比较舒缓的，很多学生在毕业之际还来不及改变自己的学生生活习惯，在择业初期往往仓促上阵，因为准备不足而丧失很多机会。这就需要早作准备、早定目标，发现机会及时动手，因为机会从来都是青睐有准备的人的。

二、确定职业信息搜集的方向

在我国当今社会中，存在着众多的行业和众多的职业，如果全面铺开进行信息收集，工作量非常庞大，是不可能完成的。所以，不管是在找工作前还是在职业方向确定前，要进行信息收集的工作，第一步就应该确定职业信息收集的方向。

（一）明确自己目前所学专业、职业兴趣及能力特长

大学阶段，每个人都会对未来职业抱有美好的憧憬，但毕业后如何将理想变为现实却是一个不轻松的话题，大学生择业要充分考虑用人单位的需求和个人的职业愿望，找到最佳的结合点作为未来的职业发展方向。

在明确自己的专业时，可以围绕下列问题收集信息。

第一，读此专业都会学哪些课程？

第二，我学此专业会有怎样的职业发展？

第三，我可就业的行业是哪些？

第四，我可就业的企业是哪些？

第五，此专业以前毕业的学长都在做什么？

第六，在此专业领域就业需要具备怎样的知识结构？怎样的技能？怎样的品质？怎样的实践经验？

第七，我在此专业领域有无人脉资源？如何拓展？

通过收集上述信息加深对自己所学专业的认识。另外，结合自己在专业上的表现，例如对什么专业课程感兴趣，对什么课程没有兴趣，是否参加过专业学术活动，自己的表现如何等，可以进一步了解自己的职业兴趣和能力特长。

（二）确定目标行业

确定目标行业就是要为职业目标与自己的潜能及主客观条件谋求最佳匹配。目标行业的确定要以自己的最佳才能、最优性格、最大兴趣、最有利的环境等信息为依据，以了解行业的社会分工、行业发展方向、发展领域为前提。在确定目标行业的过程中，要考虑性格与行业的匹配、兴趣与行业的匹配、特长与行业的匹配、专业与行业的匹配等。

一般来说，应届毕业生可以结合自己的情况从下列 13 种行业中确定自己的目标行业：会计业、航空业、金融业、咨询业、快速消费品业、休闲服务业、信息技术业、法律业、制

造业、创意文化产业、医药业、零售业、体育产业。

在搜集目标行业的信息时,可以按以下提纲搜集。

第一,行业现状及发展趋势。

第二,行业的平均薪酬福利。

第三,行业的用人标准。

第四,行业内的典型企业。

第五,典型企业的应届生招聘现状、招聘流程。

第六,典型企业的用人标准。

第七,本专业在行业内的发展前景。

(三) 确定目标企业或事业单位

所谓目标企业或事业单位,就是与学生期望行业有一定的结合点的用人单位。确定目标企业或事业单位的前提和基础是学生对自己有合理的定位,要根据自己的性格、兴趣、爱好,自己的专业特点,自己所擅长的其他技能明确自己能做什么、想做什么,在此基础上,选择适合自己的企业。

对目标企业信息的搜集可以按下列提纲进行。

第一,用人单位的准确全称。

第二,用人单位的隶属关系,即市属单位要搞清上级主管部门(指人事管理权限);省直属单位要搞清主管的厅、局;中央直属单位要搞清主管部、委、总公司等情况(人事档案管理关系);民营企业和外资企业,要搞清它的人事代理关系,如某某人才市场等。

第三,用人单位的联系办法,如人事部联系人、电话、通信地址、邮政编码等。

第四,用人单位的所有制性质(全民、合资、私营等)。

第五,用人单位需要的专业、使用意图、具体工作岗位。

第六,用人单位的规模、发展前景、地理环境、企业文化、经营范围和种类等。

第七,用人单位所需人才的具体要求。

第八,用人单位的福利待遇(包括工资、福利、奖金、住房等)。

第九,用人单位的培养机制及今后发展、晋升的前景等。

(四) 确定目标职位

所谓目标职位,就是与学生期望的工作岗位有一定的结合点的职业岗位。深入了解了具体职位的工作,才能知道自己是否愿意从事这样的工作,才能知道自己距离做好这个职位工作的差距在哪里。对目标职位信息的搜集可以按下列提纲进行。

第一,职位的工作内容、工作时间、工作强度、工作环境等。

第二,职位对人员的要求(任职资格、知识、能力、技能、品质等)。

第三,职位的发展路线。

第四,职位的再学习机会及薪酬福利。

三、搜集职业信息的渠道

（一）从《中华人民共和国职业分类大典》搜集我国职业的总体信息

《中华人民共和国职业分类大典》已广泛运用于经济信息交流、就业服务、人口统计、职业培训和职业指导、职业技能鉴定和职业资格标准制定等领域，同时，也成为大学生和其他劳动者了解有关职业的情况的基本途径。

（二）从人力资源和社会保障部发布的新职业搜集我国职业的发展信息

人力资源和社会保障部（即原劳动和社会保障部）自 2004 年 8 月建立新职业信息发布制度以来，已经发布了 12 批共 122 个新职业的信息，其中，已完成国家职业标准制定的 110 个。这些新职业信息的发布和国家职业标准的制定，不仅对职业培训，加强职业的规范化管理，促进从业人员技能水平的提高和相关行业的发展都起到了积极的推动作用，而且在引导就业和大学生制定自己的职业生涯规划方面将发挥重要的作用。

小贴士

2014 全国十大热门行业排行榜

2014 年最热门的行业是什么？严峻的就业形势，使得越来越多的人期望通过选择职业技能培训或学历提升来提高自己的综合技能，从而顺利走上工作岗位。另外，职场人跳槽越来越频繁，大家都希望选择一个高薪的职业。那么，现在企业都在招聘什么职位呢？什么专业才是现在最热门的呢？宁波硕学教育分析了 2014“十大热门行业”。

① IT 行业，需求职位：软件工程师、嵌入式开发工程师、Java 工程师等（薪酬水平：年薪 4 万～15 万元）。

② 电子行业，需求职位：电子工程师、质量系统工程师、网络工程师等（薪酬水平：年薪 5 万～16 万元）。

③ 3G 行业，需求职位：Android 工程师、Windows Phone 开发工程师等（薪酬水平：年薪 5 万～20 万元）。

④ 汽车制造业，需求职位：产品开发工程师、发动机工程师等（薪酬水平：年薪 10 万～30 万元）。

⑤ 电子商务业，需求职位：网站运营经理、网站策划人员、平面设计等（薪酬水平：年薪 4 万～20 万元）。

⑥ 设计产业，需求职位：动漫设计、会展策划、演艺经纪人等（薪酬水平：年薪 6 万～25 万元）。

⑦ 医药行业，需求职位：新药研发、药物分析、制剂研发人员等（薪酬水平：年薪 5 万～25 万元）。

⑧ 现代物流业，需求职位：单证员、物流管理、物流项目经理、库管员等（薪酬水平：年薪 3 万～25 万元）。

⑨ 金融行业，需求职位：银行大堂经理、小额贷款客户经理、理财顾问等（薪酬水平：

年薪 5 万～30 万元)。

⑩ 建筑业，需求职位：工程监理，道桥工程师、建筑施工人员等(薪酬水平：年薪 8 万～30 万元)。

(http://jingyan.baidu.com/article/e4d08ffdd243680fd2f60d9c.html)

(三) 通过学校就业主管部门获取信息

各学校的毕业生就业办公室或就业指导中心，是学校专门负责毕业生就业工作的常设机构。在长期的工作交往中，他们与其上级主管部门、中央有关部委和各省市的毕业生就业主管部门、各级就业指导机构及用人单位有着密切的联系，对国家有关就业政策规定、地方的有关政策、各地举办“双选”活动的信息、有关用人单位情况及需求信息等，一般都能及时掌握。

同时，许多高校也非常注重通过“走出去”和“请进来”，主动收集就业信息，并及时发布给毕业生。他们所提供的就业信息数量既大又全，真实性和可靠性也强。因此，无论是数量还是质量，都具有明显的优势，是毕业生获取就业信息的主渠道。他们一般都是通过公告栏、各学院(系)、就业网站及召开“供需见面会” “双向选择会”等形式发布就业信息。

(四) 从各级政府主管部门和就业指导机构搜集信息

为了适应毕业生就业制度改革的需要，县级以上各级政府多数都成立了毕业生指导机构，许多行业的主管部门也设有专门机构负责人才的引进和毕业生的推荐工作。

这些机构的主要职责就是制订所辖区域的毕业生就业政策、交流毕业生和用人单位的供求信息，为毕业生提供各种信息、就业咨询、人事代理等服务。他们提供的就业信息广、可靠性强。因此，这也是获取就业信息的重要渠道(他们一般通过网络、媒体、人才市场等形式发布就业信息)。

(五) 从各级、各类“双向选择”“供需见面” 会获取信息

各地方、学校或用人单位举办的规模不等、形式多样的“双向选择”“供需见面” 活动或招聘会，尤其是以学校为主体举办的招聘活动，往往具有时间集中、信息量大、专业对口、针对性强、双方了解更直接的特点，是毕业生了解信息、成功择业难得的机会。

许多用人单位和毕业生甚至可以当场拍板，签订协议，简捷有效。但这类信信息时效性较强，且影响因素比较多。有些外地的或者临时有特殊困难的毕业生无法参加此类活动。

(六) 通过新闻媒体获取信息

广播、电视、报刊、杂志等新闻媒体也是高校毕业生获得就业信息的渠道之一。广播、电视等媒体上经常会介绍各地的招聘会举办情况、各种就业主管机构制定的政策、法规等就业信息；报纸、杂志等媒体上经常会介绍一些企事业单位的详细情况及其需求信息等，有些甚至开辟了毕业生就业专栏；许多专业报刊和杂志如《择业大市场》《大学生就业》等还会介绍许多求职择业的方法技巧及相关的法规、注意事项等。

建议广大毕业生充分利用好新的获取信息的工具，但对其投入的时间和精力要合理安排，对其准确性、可信度等有一定的思想准备。

（七）利用招聘网站搜集信息

现在招聘网站五花八门，要找到合适的网站才能提高求职的效率。

近几年招聘网站在毕业生就业工作中突显出巨大作用，目前绝大多数与毕业生就业工作密切相关的部门和单位都在其网站上建立了毕业生就业专栏，及时发布有关毕业生就业方面的信息，但由于计算机网络的信息点多、涉及面广等原因，毕业生要注意筛选网络上用人单位的招聘信息，切忌眉毛胡子一把抓。

小贴士

求职招聘网站如下：

① zhaopin com 招聘网(http://www.zhaopin.com)

② 51job com 无忧工作网(http://www.51job.com)

③ 中华英才网(http://www.chinahr.com)

④ 应届生(http://www.yingiesheng.com)

⑤ 华夏英才求职招聘信息网(http://www.job163 .com.cn/search job.asp)

⑥ 中华人才网之各地报刊招聘信息查询系统(http://www.cnjob.net/newspaper)

⑦ 网上求职(http://www.ceweekly.wa.com)

⑧ 猎头网 Lietou(http://www.ietou.com)

⑨ 高校毕业生求职中心(http://cgcc.net)

（八）通过各种社会关系获得信息

许多家长或亲友在多年的工作与社会交往中，与社会方方面面有着广泛的联系；由于家长、亲友与毕业生的特殊亲情关系，在帮助毕业生了解就业信息或推荐就业时会积极主动、不遗余力，毕业生可以借助他们的力量获取就业信息。同时，师长和校友也是高校毕业生获取就业信息的重要渠道。

由于他们对相关专业的单位比较熟悉或在相关专业的单位工作，对毕业生的了解也会更多，他们提供的信息往往更具准确性，他们的推荐往往可信度更强，成功率也较高，但许多高校毕业生恰恰容易忽视这一途径。值得一提的是，毕业生可充分利用这一途径获取就业信息，但不能完全依赖而失去自我。

（九）利用社会实践活动获取信息

毕业生的参观、实习、毕业设计等社会实践活动是毕业生和用人单位相互了解的 一个绝好机会。在这种社会实践过程中，毕业生不仅能使自己所学的知识直接应用于生产，为社会服务，开阔视野；而且通过这种社会实践活动，毕业生了解了用人单位，用人单位也了解了毕业生。

因此，毕业生在参加此类社会实践活动时，既要想方设法借此机会了解该单位的用人信息，更应该力求做到与就业挂钩。同时注意在实习中兢兢业业，最大限度地发挥自己的才能。如果你的毕业设计为用人单位解决了技术难题，你同时也就获得了择业成功的机遇。此种获取就业信息的方法，专业对口，相互间了解较深。

（十）通过“自荐”获取就业信息

毕业生可以在学校允许择业的范围内，通过信函、电话、登门拜访等“自荐”式与用人单位联系，有目的、有计划地获取自己想要的就业信息。但此种获取就业信息的方法带有很大的盲目性和投机性，且需要花费的时间、精力甚至经济成本都比较大，因而命中率比较低。

对于每位毕业生来说，以上介绍的十种获取就业信息的渠道，不可能只用一种，许多情况下是相互结合、相互补充的。具体使用哪种渠道，因需要获取的信息种类、个人的喜好及个人具体条件而定，不能一概而定。

第三节　职业信息的筛选、评估与使用

一、职业信息的筛选

（一）职业信息筛选的目的

1. 真伪筛选

现在社会生活中鱼龙混杂的现象屡见不鲜，职业信息中的虚假信息也时有发生。自然，虚假信息不会以虚假的面目出现，而是会以真实的面目出现，这就要求求职者学会识别。虚假信息可以分为以下几种类型。

(1) 欺诈信息

欺诈信息，即信息完全为假。信息发布者以非法侵占他人财产或劳动能力或其他资源等为目的，通过发布虚假信息而使当事人上当受骗。例如，招募传销人员的广告，会把传销说成从事其他经营活动，而应聘者一旦陷入传销组织，人身自由就受到限制，不得不从事这种非法销售活动。

(2) 夸张信息

夸张信息，即信息内容部分为真、部分为夸张之词。例如，一个企业打算招聘内勤人员，发出招聘广告，并对工作环境或工作条件进行了夸大描述。在这里，招聘内勤人员为真，但是关于工作环境或工作条件的描述是虚假的。

(3) 造势信息

造势信息，即一个组织发布招聘信息的真实目的不是招聘人才，而是为企业做广告宣传，求职者一旦与之联系，却被对方以各种借口拒绝。还有一种造势信息带有夸张信息的特点，就是本来只招聘很少的人员却说是要招聘很多人员，让人觉得这个企业规模很大、发展很快。

上述这些虚假信息对求职者来说，轻则浪费时间精力，重则个人权益可能遭到损失，

所以，对于这些信息要认真辨别真伪。

2. 有效性筛选

真实的信息对于每个求职者的有效性是不一样的，每个求职者要根据自己的实际情况筛选有效的信息。信息的有效性可以从以下几个方面进行筛选。

（1）任职条件的有效性

任何一个组织招聘员工都是有任职条件的，区别在于任职条件的严格程度不一样。一个组织在招聘应届大学毕业生的时候，其任职条件通常包括学历、专业、特长、性格、性别等。一条要求研究生学历、电气专业的招聘信息，对于高职高专学生来说就没有效用。

一条招聘前台文员，要求应聘者为女性的信息，对于文秘专业的男生来讲，其有效性要打一些折扣——因为这个条件未必十分严格，你如果表现出色，用人单位也许会改变初衷。当然，如果你表现平常，就要受这个条件的限制。

（2）工作地点的有效性

有的单位招聘员工后要派遣到外地工作，这对于那些不愿意到外地工作的学生就没有效用。有些单位在招聘信息中对应聘者的家庭住址提出要求，有些单位虽然对此没有提出要求，但是作为应聘者，自己必须考虑这个因素。

如果居住地点和工作地点距离较远或交通不便，那么，需要付出的时间和精力会很大。

（3）招聘时限的有效性

绝大多数招聘信息都有一个时间限制，过了这个期限，招聘单位就不会再受理应聘要求。所以，在收集职业信息的时候，一定要看清楚或问清楚招聘时限，以免错过时机。

（二）职业信息筛选的原则

1. 去伪存真、去粗取精的原则

在职业信息的筛选中，识别真伪最重要。首先，对于完全虚假的欺诈性信息，一旦发现，马上丢弃。其次，对于夸张信息可以本着实事求是、去粗取精的态度，其真实内容可以为自己所用，同时不被其虚假信息所误导，必要的时候向对方明确指出，以避免个人权益受到损害。

2. 辩证分析、积极对待的原则

对于职业信息的有效性，要进行辩证分析，采取积极对待的态度。比如，任职条件方面，用人单位招聘男生，作为女性如果认为自己条件不比男生差，也不妨积极争取。下列实例中某女生的做法就值得一试。

南天信息技术股份有限公司是我国的一家上市企业，其下属单位北京市公司要招聘一批维护工程师，考虑到这个岗位需要经常出差，不出差的时候也要经常值夜班，所以在进行校园招聘的时候提出只要计算机技术专业的男生。这个班里的一位女生得知这个信息后，主动向组织招聘活动的老师提出试一试。

面试的那天，班里一共来了 10 名同学，其中有九名男生，女生只有她一个。她很主动地排在最后一个，但在与公司招聘主管的面谈交流时，却毫不怯场，把自己与专业相关的兴趣爱好优势特长一一道来，特别是对出差和值夜班表明了自己的态度，给对方留下了很深的印象。

安排复试的时候，招聘主管特别提出要她参加。这位女生果然表现出色，最终被公司录用。这个例子告诉我们，在依据有效性对职业信息进行筛选的时候，对那些有希望和可能的信息，不要轻易放弃，而是要本着辩证分析、积极对待的原则做出最大限度地争取。

（三）职业信息筛选的方法

1. 查重法

查重法就是从多条渠道察看相同或相似信息，从不同角度验证信息。这个方法适合对真伪信息的筛选。例如，网上收集信息与实地考察相结合，实地考察与相关人员访谈相结合。特别要留意有没有该组织的相关负面信息，如果有，就需要格外谨慎。

2. 时序法

时序法就是将相同或相似信息按照发布的时间先后加以排列，这样做的好处，一是可发现信息有没有前后变化内容，有没有需要谨慎的地方；二是可以取新舍旧，因为新的信息总比旧的信息更有效用。

3. 类比法

类比法就是将不同组织发布的相同或相似的职业信息进行对比，从中寻找对自己更有效用的信息。例如，在同一时间内，可能有几个单位发布了招聘相同岗位的信息，而每个单位的基本情况及其任职条件各不相同，借助于类比法，就可以根据自己的情况从中筛选，以便做出择优决策。

4. 辩证法

辩证法就是一分为二认识问题的方法。任何事情都有利有弊，而利与弊又是相对的和可以转化的。例如，有的单位需要员工经常出差，虽然比较辛苦，但是作为年轻人也能够借此增长阅历，锻炼才干，这对个人未来发展未必不是一件好事。有的单位，入职初期的薪酬待遇比较低，但是员工培训严谨规范、职业生涯通道明晰通畅、晋职机会公平公正，从长远来看，这样的就业机会更值得珍视。

二、职业信息价值的评估

（一）评估职业信息价值的目的

求职者对于经过真伪筛选和有效性筛选的职业信息，还要再做一次价值性评估。那么，什么是职业信息的价值性评估呢？职业信息的有效性和价值性有什么区别吗？下面举例说明。

一家银行招聘柜员，要求是：金融专业、高职学历、男女不限、家住城区、专业课没有不及格。可以想象，金融专业的很多学生都符合这些条件，因此也都报名应聘。张超同学也符合这些条件，但是，他的想法和别人不太一样。他觉得，银行柜员这种工作确实不错，劳动报酬高，工作环境优越，工作稳定性强；但是，他更愿意从事那种富有挑战性的、有变化的、有一定风险的职业。

事实上，他已经决定试一试保险公司，他感觉这种工作更能锻炼自己的才干，而且收入的多少完全与能力和业绩挂钩，虽然下不保底，但上不封顶。自己还很年轻，年轻就是资本，完全可以闯一闯、试一试。所以，这次银行招聘，他没有报名参加，反而通过一位校友的关系，应聘到了一家大型保险公司。

从这个例子可以看出有效性和价值性的区别。有效性是指招聘信息中所提出的应聘要求，是不是为求职者所具备。具备了就有效，不具备就无效。所以，对于求职来说，有效性是一种客观的、外在的东西，是看你是否具备别人提出的要求和条件。价值性则不然，它是指职业信息是否符合求职者的期望、目标和要求。张超同学符合银行招聘柜员的五个方面的任职要求，因而这条信息对他是有效的。

但是，银行柜员工作的稳定性特征却不符合张超的职业期望和从业目标，因而这条信息对他来说价值性不大。所以，评估职业信息价值性的目的是站在求职者的立场上，对真实有效的信息符合求职者主观愿望的进行判断，符合程度越高，该职业信息的价值越大。它要回答的核心问题是有效的职业信息所提供的工作求职者是否愿意做。而职业信息有效性评价要回答的核心问题是职业信息所提供的工作求职者是否有资格做。因此，在对职业信息的真实性和有效性评价的基础上，往往还要对职业信息的价值性进行评价。

（二）评估职业信息价值的原则

1. 符合职业生涯规划原则

在评估职业信息的价值时应注意以下几方面。

第一，评估拟受聘职业所处的行业和领域与自己的职业生涯规划方向符合程度，符合程度越高，价值越大。

第二，评估拟受聘职业与自己职业生涯规划各个阶段目标的符合程度，符合程度越高，价值越大。

第三，评估拟受聘职业与自己职业生涯规划行动路径的符合程度，符合程度越高，价值越大。

当然，基于现阶段就业市场的竞争局势，求职者也可考虑是否有必要调整或改变原有的职业生涯规划。

2. 适合自己原则

适合自己原则的关键在于扬长避短。除上面所说的内容以外，还包括这样的考虑：自己所获得的职业信息是不是符合我们的专业和特长、是不是符合我们的性格和个性、能不能让自己发挥优势。求职者应该了解，选择职业也要扬己之长、避己之短。

例如，性格内向、不善交际的学生，如果选择销售岗位，不一定做不来，但是你为此而付出的代价可能会很大；如果选择内勤、文档管理等岗位，你可能会很快适应。又如，学习会计专业的学生，如果性格外向、善于交际、敢冒风险，那么，选择一家会计代理公司做业务，可能比单纯当出纳更合适一些。

3. 实事求是原则

所谓实事求是原则，在这里实际上是一个折中的原则，既要考虑个人的职业生涯规划、个人的能力特长，也要考虑现实生活提供给我们的可能性和可行性。我国大学扩招之后，毕业生人数每年以几十万人的幅度增加，而就业市场提供的岗位数量相对有限，在这种情况下，需要不断调整自己的就业期望，在现实中经过曲折而持续的努力来达到自己的目标。

所以，"先就业后择业"也是一个不错的选择，而我们评估就业信息的价值性也可以本着这样的原则，首先谋求在社会生活中的立脚点，使自己获得独立生存能力，然后再寻求不断地发展。从这样的原则出发，大家会发现，大部分就业信息都是有价值的，关键看能不能抓住它们。

坦率地说，实际生活中不少学生在求职应聘过程中屡屡受挫，主要原因不是职业信息的价值性问题，而是个人识别机会、把握机会的能力问题。

三、职业信息的使用

职业信息经过评估并做出取舍决定之后，留下来的职业信息就可以为求职者所用了。在利用职业信息的时候，要注意以下几点。

1. 充分发掘

绝大部分招聘信息的内容是有限的，通常只包括岗位任职条件和组织的简单情况。凭这些内容，求职者不一定能够做到充分了解，不一定能够把握住机会，所以，还需要在招聘信息的基础上进一步发掘，也就是围绕岗位工作，对该用人单位作更充分的信息收集。总之，对用人单位的信息发掘得越多，就越有自信，把握机会的可能性就越大，成功的概率就会提高。

2. 抓住重点

招聘信息虽然内容有限，但是也有重点，如果我们能在招聘信息的基础上再收集到更多的信息，就更有利于抓住重点。所谓重点，可以用一句话概括，即这家单位到底打算招聘什么样的人。一家单位招聘员工，无非看三个方面：工作态度、知识水平和结构、能力水平和结构，有时还要看过去的工作经历和经验。

招聘应届毕业生的时候，过去的工作经历和经验并不是很重要的（因为大家基本上都没有），知识水平和结构彼此也差不多（都是接受同层次学历教育），能力水平和结构方面，用人单位主要看的是潜在素质，也就是未来的可塑性，所以，工作态度常常是最关键的，它常常能够反映出应聘者到底是一个"什么样的人"。

把握住重点，我们就可以根据个人的实际状况，精心准备（准备求职材料，准备面试过程），把自己对用人单位最有价值的方面表现出来。能不能把握住用人单位招聘信息重点，是应聘成功与否的关键。

3. 及时使用

职业信息时效性很强，所以一定要行动迅速、反应及时，越早越好。这样既有利于在激烈的求职竞争中抓住时机，又有利于给用人单位留下较好的印象，表明求职者对这个机会是非常重视的。

4. 学会总结

要知道并不是每一个机会都能够被抓住。即使认为非常适合于自己，同时又做了精心准备的机会，也可能被别人获得。失去一两次机会并不可怕，关键是要学会总结。在总结时，一方面要对信息进行分析，也就是对用人单位及其岗位所做的分析。很多时候失掉机会并不是你做得不好，而是这份工作或这个单位确实不适合你。另一方面，要对自己进行分析，看看自己是不是没有抓住重点、是不是没有表达清楚、是不是无意中没有把什么事情做对。

分析自己的时候，不妨与他人做一次交流，把自己求职的经过告诉对方，请对方帮助分析。如果可能，请老师特别是负责就业工作的老师帮忙分析会更好，因为他们经常与用人单位接触，这方面的情况了解得更充分、更深入。只有学会总结，才能积累经验并不断进步。

第四节　职业定位

罗大佑的自述——我是个很矛盾的人

在我成长的环境中，医学是很重要的一课。爸爸是医师，妈妈是护士，姐姐是药剂师，哥哥是牛津大学的心脏医学博士，所以家人谈话常以医学为中心。但我与音乐更早就有接触，小时候学过钢琴，也很喜欢听歌，无论西洋歌曲、日本歌曲，一直都很有兴趣，但是家人不让我放弃行医，所以我就一边当医师，一边搞音乐。

我一直觉得跟音乐有一种契合感，在音乐方面的发展可能会比较大一点，况且台北有那么多医师，实在不缺罗大佑一个人。所以，我最后就闹革命，我跟爸爸说："如果再逼我回来当医师，我就跟你脱离父子关系。"我终于走出自己的路。

我花了很多年行医，虽然在实质上和我现在从事的音乐工作无关，但学医使我做事的态度很严谨。为什么我可以为一首歌词琢磨了五年？为什么如果一首歌没有生命我绝不发表？每当我做一个重大决定的时候，多年的医学训练致使我非常小心，不敢出差错。所以，人生阶段面临转型时，不必完全否定过去；过去的努力，对未来总有一定的影响。

我一直认为时间是人生最重要的一个元素，我花了二十年才知道我要干什么，所以，一定要多花一点时间，多接触一些东西，才能明白自己的能力和兴趣。人只有在做自己有兴趣的事情时，才能发挥最大的能力，清楚生命的价值。

过去十年，对我影响最大的是离开台湾到纽约的那一段时间，当时我在台湾等于是个活在舞台上的人，一个舞台上的人最大的挑战就是抛弃所有的掌声和知名度。但我觉得这是一个必要的过程，这使我更清楚自己在做什么，当别人批评你的时候就不会急着反击或辩护。以前当我遭到他人批评时，总是愤愤不平；现在则了解自己对生命的价值观，更了解许多的问题可以让时间去解决，只要觉得做的是正确的，时间会证明一切。

谈到自己认为自己是什么样的人，事实上，我是个很矛盾的人，我一直很难看清自己，但我相信自己是一个逐渐成熟的人。至于要如何规划自己以迎接未来的十年，对我而言，又是一件难事。因为我的个性不是那种凡事规划妥当的人。

我想最重要的还是回想现在的价值，认清你在哪里。如果你现在不知道你在哪里，你也不会知道十年后你在哪里。其次，要有能力分辨什么是你要的，什么是你不要的。专心于追求的东西，坚持走自己的路。

最后要培养容忍的肚量，越能容忍就越能听进别人的忠告，也可以加强和人沟通的能力。只有当你清楚什么事该妥协，什么事应当坚持的时候，才能得到真正的快乐。

(http://ent.sina.com.cn/star/hk_tw/2014-08-11/13385.html)

【案例点评】

由上述案例可以看出，职业定位是职业生涯规划的关键内容。不同的职业定位意味着不同的职业选择，同时也意味着将进入不同的行业。

一、职业定位的含义与意义

（一）职业定位的含义

职业定位，是指在充分认识自我、对职业机会进行评估后，对职业发展方向做出的抉择。这种抉择是在对主客观条件进行分析的基础上，以个人的专业、性格、气质、价值观及社会的发展趋势等信息为依据科学做出的。

（二）职业定位的意义

1. 有利于找到个人一生长期发展的职业

通过职业定位可以确定最能发挥自己性格和天赋优势的职业，是职业发展的最佳路径。通过职业定位，既可以确定与个人的性格、气质、价值观吻合度高的职业，可以享受工作乐趣，又可以确定个人一生长期发展的职业，能取得一生职业生涯长期的成功，而不是依赖某个偶然机会的短时间内的成功。

准确地定位，可以获得更加长足的发展。定位准确会使人善用自己的资源，集中精力发展，而不是“多元化发展”，定位准确就会抵抗外界的干扰，就不会轻易放弃。

2. 有利于激发人的潜能，使事业人获得成功

任何一个人实际潜能远远超出目前对它的认识，而潜能的发挥很大程度上取决于一个人是否有明确的目标。一个没有目标的人就像没有目的地的旅行者，很容易产生失望和沮丧的情绪，这种情绪会导致他半途而废。目标的作用不只是明确追求的最终结果，而且在整个人生旅途中对目标不懈追求的强烈愿望能够激发人的潜能，使人获得意想不到的收获和成功。有人把目标比作成功路上的发动机和里程碑。

3. 有利于找到个人最有竞争优势的职业

通过职业定位，可以确定个人最有竞争优势的职业，与其他人竞争时有最重要的优势——天赋优势。因为即使一个人有专业的优势或经验的优势，大家都从事同样的工作一段时间后，有性格和天赋优势的人进步更快，在知识和技能上会逐步赶上并超过仅仅有专业优势或经验优势的人。

二、职业定位的原则

大学生对自己的未来职业进行定位时，需要把握一些基本原则，依靠这些原则可以快速、正确地缩小自己的定位选择空间，从而使职业定位变得清晰。

（一）择己所爱

职业定位首先要想到自己喜欢哪种职业，或者对哪种职业比较感兴趣。一个对所从事职业感兴趣的人，能够充分发挥他的才能，且在工作的过程中能保持长时间高效率、不疲劳；而对所从事职业不感兴趣的人，其才能在很大程度上得不到发挥，且工作起来容易精疲力竭。

（二）择己所长

职业定位所确定的目标，要建立在个人优势的基础之上，要与自身长处相符或相近。这样，个人的才能、长处与自己的职业目标方向一致，就能长驱直入，事半功倍。有的人单凭自己的爱好或盲目追逐世俗的热点，一辈子在与自己的才能不一致、不相近的岗位上工作，虽说费尽了气力，但是终无所成，不能不说是人生的一大悲哀。

在人才市场的就业竞争中，大学生必须善于从与竞争者的比较中来认清自己的所长和所短，即竞争的优势和劣势。按照"择己所长、扬长避短"的原则进行具体的职业定位。当然，为了真正能择己所长，大学生应特别注意要尽可能学以致用，发挥自己的专业特长，把未来的职业定位在与自己所学有较密切联系的行业领域。

案例分享

成龙的成功离不开独具慧眼的导演袁和平

武术指导出身的袁和平从罗维公司的电影中认识了成龙，他注意这个年轻人有一段时间了。袁和平发现，这个身形魁梧、粗犷的年轻人，并无那种冷峻、刚烈的肃杀之气，他认定成龙不适合演那类具有叛逆性的英雄，也演不了那种英俊潇洒的正面英雄形象。但他发现，成龙身上有一种与众不同的特别味道。是什么呢？袁和平一时捕捉不到，他注意到成龙的优点：身手敏捷、灵活，动作很有韵味与节奏。

带着探究的心思，袁和平一遍又一遍地观看成龙的电影，成龙以前拍的多是动作片，赤膊上阵，从头打到结尾，从生打到死。最后，袁和平从成龙偶尔的展颜一笑及克敌制胜后的得意神情中发现了成龙特有的调皮精灵的气质，最后袁和平下了结论，这种带孩子气的调皮极具喜剧色彩，若是让成龙扮演喜剧性的人物一定能成功。

袁和平拍《蛇形刁手》，本是为挖掘成龙的喜剧天分，不想又暗合了观众的心理需求，这一"无心插柳"的耕耘，令《蛇形刁手》有了上佳的票房收入。《蛇形刁手》上映 15 天，便收入港币 270 万元，是成龙过去主演的影片的几倍！

沉浮经年、苦苦追求的成龙，终于一鸣惊人。他创立的"谐趣武打"也自此发轫，成为一个门类。他在编导方面的才能也由此得以显露。

袁和平慧眼识才，功不可没。《蛇形刁手》成为成龙从影生涯的转机，奠定了他日后走红的基础。

(http://www.ienjoyjob.com/fame/chenglong.htm)

【案例点评】

一个人的成功，除了自身的努力外，还需要一定的外部条件和机遇。对于大学生来说，一方面应该积极提升自己各方面的能力；另一方面又要积极寻找、利用能够展示自己的平台。只有这样，才能让企业了解自己，才能找到一个适合自己的平台，释放能量，实现自己的职业理想和人生价值。

（三）择市所需

任何职业的兴起、发展、衰落及消亡均是由社会需要的变化引起的。大学生在进行职业定位时，不仅要了解当前的社会职业需求的状况，还要善于预测随社会发展的需要职业的未来走向，以便能使自己的职业定位具有一定的远见。否则，一味死盯在眼前热门的职业上，可能导致长远选择的失误。

可以预计，即使目前特别热门的许多职业也可能随着社会的发展变化而日渐衰落。

（四）择己所利

职业是个人谋生的手段，其目的在于追求个人价值。大学生在择业时，要考虑职业带来的收益，尽可能使个人价值最大化。明智的选择是在由收入、社会地位、成就感和工作付出等变量组成的函数中找出一个最大值。这里所指的利益，不是单纯的薪酬待遇等，而是要综合权衡多方面的因素，充分考虑国家和社会的需要，综合自己爱好、特长和个人需要，进而得出合理的结论。

三、大学生职业定位应注意的问题

（一）力求务实

大学生在职业定位时不能好高骛远，要从自身条件和现实环境的客观实际出发，全面权衡和处理个人发展与社会需要的关系、个人和求职单位的关系，兼顾主观与客观、长远利益与眼前利益。

（二）恰当评估自己

大学生在择业前要对职业信息，如职业的条件、要求、性质与自身条件的匹配情况等，进行评估和比较，分析利弊，综合平衡，选择条件更合适自己、岗位更符合自己特长、自己更感兴趣、经过努力能很快胜任、有发展前途的职业。

（三）不要苛求完美

世界上不存在十全十美的事情，每一项职业对个人来说都有利有弊，不存在十全十美的职业或岗位。因此，大学生在进行职业定位时不能过分挑剔，不能过分追求完美，只要总体适合自己就可以。

（四）要保持弹性

大学生在进行职业定位时，一定要随时根据自身和客观条件的变化，及时调整自己的择业目标。考虑问题时给自己留有余地，让自己进退自如。

四、大学生职业定位的策略

（一）单一定位策略

有些大学生在进行职业定位时只考虑与自己所学专业相吻合的一种职业，而不考虑其他职业。如学法律的只想今后作为一名律师；学市场营销的只定位于销售人员；学工商管理的只把自己未来的工作定位于职业经理人；学会计的只打算今后从事会计工作等。

（二）双重定位策略

有些大学生在进行职业定位时同时考虑两种不同的职业，如学工商管理的既考虑企业管理工作，也考虑做销售工作；学动物药学的，把自己未来的职业优先定位于动物药品的技术研究与开发，但同时也考虑可以从事动物药品的营销工作；学环保工程的除了打算今后从事环保技术研究与开发外，还可以考虑从事环保产品的销售等；学计算机的既可以选择计算机研究与开发工作，也可以考虑到高等学校任教。

（三）多重定位策略

多重定位策略是同时考虑三种以上的职业去向。如学社会工作的可以把自己的未来职业定位于或到政府机关工作，或到高等学校任教，或到企业专门从事市场调研或有关统计工作，或从事秘书工作等。

（四）改变定位策略

改变定位策略是指大学生根据特定的市场机会或客观形势变化而改变自己先前的定位。如一位学动物营养的大学生，开始时可能把自己的职业定位于饲料企业的技术研究与开发，后来由于某种原因则改为饲料销售，后来又因为全省招考公务员的机会，转而选择了监狱管理人员的职业。

由此可见，职业定位并非是一成不变的选择，特别是在大学生正式步入职场后的职业生涯中，绝大多数人都会一次或数次改变自己的职业定位，以便适应新的社会需求的变化或获得更好的生存和发展空间。

思考题

1. 试述我国行业和职业的变化趋势。
2. 简述职业信息筛选的原则与方法。
3. 在利用职业信息时要注意的事项有哪些？
4. 试述职业定位的基本原则和策略。

本章实训

结合自己的实际情况和搜集到的信息完成下表。

姓名		性别		专业		班级	
本专业培养目标							
本专业所对应的职业岗位							
近三年本专业毕业生的就业方向							
本专业所对应行业的人才需求信息							
个人拟选地对本专业人才的需求信息							
个人拟选组织对本专业人才的需求信息							
个人初定的职业发展方向							
个人初定的职业发展目标							
备注							

拓展案例分享

这种坚持对不对

小张是一名金融专业的学生，之所以当初报考金融专业，是因为当时他听很多同学说金融专业将来有前途，有发展。至于将来的现实情况究竟如何，小张也是一头雾水。反正跟着大家走就对了，走哪算哪，天无绝人之路。

临近毕业，小张所在的学校请来一位金牌保险推销专家，来给这些即将毕业的大学生传授就业与工作的经验。而百无聊赖的小张也坐在了会场里，乖乖地做了一名听众。

听了几次这位保险推销专家的讲座，小张深深地迷上了保险这个行业。他越听越兴奋，越听心里越躁动不安。而且每次讲座结束，小张都要找到这位专家，向他请教关于保险的问题。最终小张决定毕业之后转投保险业，希望自己将来也能成为一名优秀的保险推销员。专家问小张为什么想改行，小张回答说："自己本来对金融专业没多大的兴趣。做保险不仅能帮助他人，而且还能挣大钱。"

干了几个月的保险，小张竟然连一单生意都没能签下来。小张还想坚持，因为他还年轻，而且他是一名大学毕业生，学历上有优势。但是至于坚持的结果究竟如何，小张心里也没有底。

【拓展案例点评】

很多时候，专业不一定能成为自己的职业，就像案例中的小张一样。但是从某种程度来说，专业是每个就业者的信心来源。轻易背离自己的专业，选择新职业，可能会缺少理论基础和信心。贸然地改变自己的选择，有可能会像小张一样，将自己置于尴尬境地。

小张之所以会失败，首先是因为对大学和专业的定位是错误的。大学不是名利场，如果什么都以金钱来衡量和选择，那么大学也就称不上文化知识的殿堂了。专业也不是单单用来赚钱的工具，更是实现自我价值的一种途径。因此，在选择专业的时候，兴趣也是考虑的重要因素。

职业规划可以适时调整，但有些调整会“牵一发而动全身”，或因今天的改变，不仅未来职业生涯会让你茫然和心里没底，而且为原有计划付出的多年努力也可能会付诸东流。

例如，医学专业毕业的大学生，哪怕有半年时间改行做别的，再想回过头来继续从医，也是很困难的。像小张这样因为一时冲动和眼前利益，就盲目地改变自己的职业初衷，只会让自己变得更被动。

（申健强，王爱华，陈华聪.大学生职业规划、就业指导与创业教育[M].北京：人民邮电出版社，2014）

第四章　职业生涯规划

【引言】

人生之要事在于确立伟大的目标，并有决心使其实现。

——歌德

【教学目标】

1. 了解确定大学生职业发展目标的方法；
2. 了解行业发展趋势和职业分类及任职要求；
3. 掌握大学生职业生涯规划的步骤与方法；
4. 树立正确的职业理想，确立明确的职业目标。

【核心概念】

职业生涯规划、5W 法、职业决策平衡单法。

引导案例

在非洲西撒哈拉沙漠里，有一个名叫比赛尔的小村庄。多年前，这里是一个不为人知、与世隔绝的小村落。当地人很少走出村庄，外面的人也很少来到这个村庄。

后来，有一个叫肯莱文的欧洲青年，来到了比赛尔，建议他们走出沙漠。当地一个叫阿古特尔的青年，年富力强，上进好学，在肯莱文的建议下，他费尽周折，历尽磨难，最后终于用三天走出了沙漠。在此之前，比赛尔人曾多次试图走出沙漠，但每一次都又绕回原地。原来，比赛尔人没有使用任何导航工具，并且由于人两侧肌肉发达程度有差异，会在不知不觉中走出一个朝左拐的弧形，而且幅度会越来越小，最后就走成一个像卷尺的螺旋状，回到起点。

后来，阿古特尔不断地把外面的人带进比赛尔，又把里面的人带出去。多年以后，比赛尔成了一个远近闻名的旅游胜地。比赛尔人在村子中央的小广场上，树立了一座阿古特尔的铜像，铜像的基座上镌刻着一句名言：新生活从选定方向开始。

20 世纪英国著名的哲学家罗素说：选择职业是人生大事，因为职业决定了一个人的未来，选择职业，就是选择将来的自己。人的一生犹如行走在茫茫的沙漠之中，目标和方向是指引我们前进的明灯，如果没有方向，哪也去不成；如果方向错了，将离成功越来越远。目标和方向可以帮我们少走弯路，可以指引我们前进。

大学阶段是人生发展的最重要阶段，学校和社会都为大学生提供了良好的学习机会、实践机会、成长机会、发展空间，此时若能明确你的职业生涯发展志向，不断积累未来职业生涯的知识结构和专业技能，那么你的职业生涯将会更顺畅地发展。

（陈敏. 大学生职业生涯发展与管理. 上海：复旦大学出版社，2014：98）

关于职业规划与决策理论大约于 20 世纪 90 年代中期开始从欧美国家传入中国，至今在教育、管理、人力资源等相关领域得到广泛应用，对于指导广大学生毕业求职，以及对未来职业发展规划具有重要的意义。

美国著名学者舒伯（E. Super）提倡从人生发展周期的角度来把握和分析职业规划，认为在不同的生命周期，职业规划处在不同的阶段，每个阶段的规划内容和重点也有所区别。把人的职业生涯发展分为成长期、探索期、建立期、维护期及衰退期五个阶段。每个阶段的职业规划又是连续的、互相影响的，从而形成贯穿人生发展始终的完整的职业规划过程。由此可见，大学时期的职业定位是否准确、职业能力是否得到提高，对于大学生今后职业发展的建立及其维护，以及是否能顺利进行至关重要。

美国心理学家马斯洛曾提出著名的需要层次理论，指出人的需要从低级向高级层次推进，人生最高层次的需要是自我实现的需要。不同的职业规划决定不同的人生轨迹，因此，及早进行职业规划是大学生实现自我的有效途径。

人生的成功取决于有限的时间内和特定的职业领域，个人职业规划的进展状况决定着自我实现的需要是否能得到充分满足，大学生在职业规划过程中要注意不断依据环境变化调整自身定位，保持职业规划计划性和动态性的有机统一，这将提高整个职业规划过程的针对性、有效性，利于更快、更好地实现自我。

第一节　确定生涯发展目标的方法

一、职业生涯规划的含义

关于职业生涯规划，有的人认为社会上需要什么工作，我就干什么工作，通过社会环境的分析，找出社会需要的职业，就是职业规划。有的人认为，选择“我喜欢做”的事情，就是职业规划。诺贝尔曾说：“有什么样的选择，就有什么样的人生。”著名管理专家诺斯威尔对职业生涯规划的内涵是这样界定的：个人结合自身情况及眼前的制约因素，为自己实现职业目标而确定行动的方向、时间和方案。

基于此，我们认为职业生涯规划是在客观全面了解自我的基础上，充分掌握目标职业领域的需求，从而确定适合自身的职业发展方向和目标，并在此基础上制定相应的成长发展计划，为个人走向职业成功提供最有效的路径的动态过程。即把“我想做的事情”“我能做的事情”与“职业领域需要”有机结合起来，满足社会职业领域和工作岗位的要求，进而实现自我价值。

一个人职业上的成败，很大程度上取决于是否确立了适当的职业生涯目标。基于自我觉醒基础上的目标的设定至关重要，“没有目标就永远不能实现目标”。就个人的事业发展而言，美国学者戴维·坎贝尔指出：“目标之所以有用，仅仅是因为它能帮助我们从现在走向未来。”

在进行职业生涯规划的过程中，确定个人（包括组织）的奋斗目标和自己理想的职业是关键的一个环节，没有目标和职业的定位，也就无所谓职业生涯规划，即使做了规划，也是空中楼阁，毫无意义。

二、大学生涯目标的确定

大学生经过四年的学习，临近毕业时最常见的发展目标是即时就业、国内考研、出国深造、自主创业等，下面对此三大目标分别进行分析与解读。

（一）即时就业

除了一流名牌大学（如清华、北大）的本科毕业生毕业后有半数继续读研或出国深造外，一般本科院校的本科毕业生、硕士研究生毕业后绝大多数还是直接进入社会参加工作，可见，就业是在校大学生的最主要的目标。

（二）国内考研

考研是即将面临毕业大学生间的热门话题。小徐是某重点高校的大三学生，毕业在即，却面临着考研与就业的艰难抉择。一方面准备考研需要花费大量的时间用来复习，另一方面毕业前的这段时间有很多招聘会，可以提供很多不错的就业岗位，二者时间冲突，很难鱼与熊掌兼得。

对于小徐而言，一个迫切需要做出决定的事情就是：考研与就业，哪个才是最适合自己的选择？小徐感到十分的困惑和迷茫……

究竟是就业，还是考研，我们暂且不去细究，在高校中存在许多同类人的见解。也许他们的切身体会，会给那些打算考研、就业或依旧举棋不定的人一些启示。

补充阅读

职业指导师点评考研与就业

职业指导师点评一

即将毕业的大学生切莫在考研与就业间徘徊。在考研已成为一种趋势和潮流的今天，大学生考研以求上进的思想是好的。但每个人的学习、身体、经济等方面的条件是不同的，所以考研不要“从众”，更不要一哄而上，一定要从实际出发，综合自己的优势，认清自己的劣势，充分评估自己吃苦勤奋等各方面的能力。有实力、有优势、有兴趣就要全力以赴，不要考虑是否能够成功，既然选择了考研，就要风雨兼程。

如果自己确实没有与别人竞争的优势和实力，又对考研兴趣不大，不必勉强，可以牢牢把握现有的就业机会，先找工作，本科生的就业期望值只要不是太高，找工作还是不成问题的，以后如想继续深造，仍然有求学机会的。

社会鼓励大学毕业生考研，但考研的学生除非实力特别强，否则一定要做好两手准备，学会“两条腿走路”，该复习时复习，该应聘时应聘，遇到条件不错的单位，先签订就业协议，只要在就业协议书上注明考研成绩出来后的意向，协议不会成为将来上学时的羁绊。

职业指导师点评二

考研其实是一个提升大学毕业生能力的重要途径,条件如果许可,考研是一个不容忽视的选择,但前提是毕业生要端正考研的心态。如果只是希望借考研作为缓冲就业压力的过渡,还不如尽快进入职场,在工作的磨炼中成长。在专业方向的选择方面,研究生考试无疑给了大学生重新选择专业的机会,这时首要考虑的是专业与未来就业方向的契合度问题。

在日后的职场中,要面对的问题远比校园生活复杂很多,同时兼顾考研和就业,也是一种挑战。如果认为考研是回避就业压力的避风港,绝对是错误的观点,只有勇于接受压力,经营好自己,才是最佳选择。考研、就业"两手抓"利大于弊,虽然会有一点矛盾,但矛盾不大。考研的学生在毕业前抽空可以准备一些材料,边复习考研,边推荐自己。找工作时,如果能与就业单位好好沟通,单位会支持、理解毕业生考研的。

如果一个单位具有吸引力,毕业生在研究生毕业后同样可以到该单位工作。面对巨大的就业压力,毕业生应抓住现有的时间扬长补短,准确定位,客观把握自己。

无论考研还是就业都和其他事情一样,不是为别人,而是为自己。任何一件热闹的事情都有其泡沫的成分。如果你不想成为其中的一个泡沫,还是想想清楚,你是不是因为自己而做出的决定!其实,无论走哪一条路,只要坚持不懈地走下去,毕其一生去做,都能获得巨大成功。

(三)出国深造

有些学生在几次招聘会上碰了壁,便觉得还是继续读书好,准备考研。仓促复习了一段时间,没有考上,看着一些同学准备出国,又心动了。但留学必需的一些考试没有去考,又后悔了。转而想找工作,却发现此时已经失去了不少就业机会。

(四)自主创业

创业也是当今大学生职业发展的选择之一,随着商业经济的飞速发展和知识经济的来临,大学生自主创业的现象越来越普遍,大学生创业是一项系统工程,它不仅对于大学生自身意义重大,对社会经济的发展也有着巨大的影响。比尔·盖茨创造了微软帝国,也创造了学生创业的神话。20 世纪 90 年代末,全球性的学生创业热潮开始波及中国,成千上万的高校学生投身其中。一时间,创业成为大学生成才的新捷径。

最近几年,国家为鼓励大学生自主创业,出台了一系列优惠政策,社会各方面也为大学生创业大放"绿灯",如北大、清华等知名高校相继开设了创业教育,帮助大学生打好创业知识基础;全国性或地区性的大学生创业大赛频频举行,上海设立青年创业实习基地,无锡出现首条大学生创业街等,这些都为大学生提供了诸多的实践机会。应该说,外部环境对大学生创业十分有利,那么,大学生创业到底难在哪里?

案例分享

俗话说,"吃得苦中苦,方为人上人"。可是在重庆工商大学举办的"创业论坛"上,重庆力帆控股有限公司董事长尹明善却告诫大学生,"一个人的成功,三分靠吃苦,七分靠受屈"。

创业者就是要做出头鸟

"有胆少识,尚有50%的机会。有识无胆,成功率为零。"尹明善先生告诉在场的大学生,创业者就是要做出头鸟。整个社会正处于开发过剩阶段,希望成功者就要有挑战的胆量。"我55岁创业,就敢叫板当时的摩托车龙头嘉陵厂。"尹明善称,1992年自己凭20万元创立力帆公司。当时力帆的摩托车年产量仅为嘉陵厂的万分之一。经过8年的努力,力帆就成为重庆出口创汇第一位的大公司。尹明善在开全国政协会议时也因"敢坐第一排"的性格,受到时任国务院总理朱镕基同志的亲切接见。

企业需要能受委屈的人才

"受得屈中屈,方为人上人。"尹明善表示,企业需要的大学生人才,最主要的就是能受委屈。能受委屈的人,最终会在公司中得到重用。严琦也表示,在自己的企业里,能成为管理层的人,都是从最基础的服务员做起的。

(中国创业教育网)

【案例点评】

创业需要勇气和毅力。培育意志品质诸如自觉性、果断性和坚韧性等,影响着创业成功的效率和品质。一个成功的创业者,应当志存高远,具有形成意志的自觉性。创业者还要有百折不挠的精神,铸就意志的坚韧性。创业者在执行意志决定过程中为实现创业目标,应始终不渝地保持旺盛的精力,不畏艰难险阻,敢于承担逆境压力,努力实现目标。

三、有效实施大学生涯规划

成功的人和不成功的人就差一点点。成功的人可以无数次修改方法,但决不轻易放弃目标;不成功的人总是变换目标,却从不或很少改变方法。在职业生涯发展的道路上,只要不放弃目标,每一次挫折、每一次失败都是有价值的。

哈佛大学的一项追踪研究表明,没有明确目标的职业生涯是很难获得成功的。实际上,只有4%的人能获得成功,而他们成功的共同点都在于他们为自己的职业生涯早早确定明确的目标,并且始终坚持。

大学生涯发展必须有目标,而且目标不能随便改变,但这不等于说大学阶段的发展目标就一定不能改变。就业也好,考研也好,出国深造也好,创业也行,都是走向成才,不存在哪个高级哪个低级,哪个合理哪个就一定不行。确定这些目标的依据是多方面的,既有来自个人的因素,如兴趣、能力、性格、价值观等,也有来自家庭的因素,如家庭经济状况、父母期望值等,更有来自学校与社会的因素如学校层次、专业发展前景、社会政治经济形势等。

到底是选择就业还是考研,是令大学生最烦恼的生涯决策之一。考研与就业并不矛盾,因为两者既可以同步进行也可以分步进行,考研的时间每年是相对固定的,通常是元月底、寒假前。而找工作的时间从前一年的11月一直持续到次年的6月甚至毕业后都可以继续。如果大一、大二没计划考研,到了大三、大四突然决定考研,成功的概率无疑会低一些;反之,如果大一、大二计划好考研或出国留学,大四时又改过来想先就业,也会有些措手不及。

现在，很多重点大学的学生喜欢考虑换专业或辅修第二个专业，即所谓修二学位，这也属于目标的修正问题。出于对兴趣与就业形势的考虑，大学生想换专业无可厚非，但换专业以前一定要弄清楚自己究竟喜欢和适合什么专业，不可盲目冲动。辅修也是一样，不可随大流，花上几千元甚至上万元拿一个同属于本科层次的二学位不一定是明智之举。

四、职业生涯规划的意义

（一）职业生涯规划对个人的意义

1. 明确自我人生目标并努力工作

中国有句古语："凡事预则立，不预则废。"职业生涯规划是事业成功的导航仪。职业生涯规划是对自己进行个体分析，通过分析逐步认识自己，估计自己的能力，评价自己的智慧，确认自己的性格，判断自己的情绪，找出自己的特点，发现自己的兴趣，明确自己的优势，衡量自己的差距，获取工作机会。

通过以上分析，可针对自身特点制定职业发展目标，围绕发展目标制订行动计划。对许多人来讲，制定和实现规划目标就像一场比赛，随着时间的推移，规划一步一步地得以实现，你就会有成就感。

2. 有助于个人全面发展

制定职业生涯规划能够帮助你集中精力，为职业发展不懈奋斗，没有职业生涯规划，就很容易陷进与人生目标无关的日常事务当中。职业规划的五大要素是：知己知彼、抉择、目标、行动。其中，知己、知彼是抉择、目标、行动的基础。

知己是对自己的了解，包括个人的兴趣、能力、价值观、个性、性向、职业锚，以及父母的管教态度、学校与社会教育对个人产生的影响。职业生涯规划的重要前提是认识自我，只有认识自我、了解自我，才能有针对性地明确职业方向，而不盲目化。职业生涯规划有助于你全神贯注于自己的优势方面，有助于你发挥尽可能大的潜力，当你不停地在自己有优势的方面努力时，这些优势会得到进一步发展，促进个人全面发展。

3. 有助于自我绩效评估

职业生涯规划的一个重要功能是提供了自我评估的重要手段。如果你的规划是具体的，规划的实施结果是看得见、摸得着的，你就可以根据规划的进展情况评价你目前取得的成绩。明白了自我评估的重要性，就会取得更大的成绩。

（二）职业生涯规划对大学生的意义

1. 有助于大学生正确认识自我，增强社会竞争力

当今社会是一个充满"机会"和"选择"的时代，大学生如果没有周全考虑自己职业生涯规划，找工作时就会比较随意，目的性不强，哪儿热闹往哪儿挤，甚至把"工作报酬"作为就业时最重要的参数。到了企业以后喜欢怨天尤人，对将要遭遇的种种困难没有心理准备，工作流动性大，这对个人和企业的长远发展都十分不利，对社会的教育投资也是一种浪费。

大学生通过制定职业生涯规划，可以正确地认识自身的特性和潜在的优势，能对自己的价值进行全面的定位。许多大学生通过有效的职业生涯规划，可以认识到自身的个性特征，以及现有的和潜在的资源优势；可以使大学生认识自身的价值并使其持续增值；可以使大学生对自己的综合优势和劣势进行对比分析，着力培养某些职业特质，树立自己的职业发展目标和职业理想，从而规划自己的学习和实践，并为自己获得理想的职业而做好各种准备，为走出象牙塔后找到一个适合自己的工作的起点。

2. 有助于大学生培养自信，提高自身综合素质

在诸多影响大学生职业生涯成功的因素中，自信心排在第一位。现代社会的高学历现象让大学生处于一种比较尴尬的境地，自信心也受到影响。职业生涯规划的过程是大学生不断学习的过程，随着知识的积累，接受培训和教育的不断增多，对自己和职业工作认识的加深，自信心就会建立起来。

同时，是否具备社会需要和认可的综合素质是大学生能否取得职业生涯成功的重要因素，职业生涯规划使大学生明确了职业方向，将自己所学专业与社会要求结合起来，增强实际应用能力，增强与他人合作和沟通的意识，学会做一名合作的职业人和社会人。

3. 有助于大学生自我实现

大学生渴望实现职业成功，渴望实现自我价值。按照马斯洛的观点，人生的需求是有层次的，是一个由低级需求逐渐向高级需求推进的过程，而所有这些需求必须通过职业生涯活动来实现。作为社会的一个成员，每个人都是通过一份职业来满足自己的各种需求，更是通过一份职业来发挥自己的潜能，体现自己存在的价值。

特别是接受过良好教育，自身素质较高的大学生，他们都希望自己职业生涯成功，对未来职业道路有很高的期望值，并愿意为成功付出勤奋和努力。有效的职业生涯规划能为大学生职业成功提供保障，为大学生实现自我价值创造机会，促成大学生最终迈向成功。

第二节　职业生涯规划的基本方法

对个人和环境进行客观评估分析是生涯规划的前提，在进行职业生涯规划之前，一方面，必须全面了解自己的兴趣、爱好、特长，测定自己的职业倾向；另一方面，需要对个人所处的环境进行分析、预测。下面介绍几种基本的职业生涯规划的方法，以及职业生涯规划的意义。

一、5W法

大学生经过四年的大学学习，最终必将走向社会，寻找属于自己的职业岗位。他们只有在社会中寻找到最适合自己的职业，才能充分发挥自身的潜能，体现出自我价值。

职业生涯规划对于许多大学生来说也许是一个比较模糊的概念，大学生的年龄阶段正处于职业发展的探索时期，在这一时期大学生的主要任务是更多、更准确地了解自我、发展自我，在各类学习与实践的活动中，注重职业生涯规划意识的培养。

要想做好职业生涯规划并不像书本上说的那样充满玄机，只要你对自己有一个客观的认识，同时掌握一定的规划方法，每个人都能对自己进行职业规划，为自己的职业生涯发展勾勒出一个宏伟的蓝图。“5W”归零思考法就是一个方便自我认知的方法。

1. 5个W的内涵

“5W”归零思考法共有5个问题，分别是指：

① What are you? 你是谁？

② What you want? 你想做什么？

③ What can you do? 你能做什么？

④ What can support you? 环境支持你做什么？

⑤ What you can be in the end? 你最终的目标是什么？

以上5个W涵盖了目标、定位、条件、距离、计划等多个方面，只要在以上几个关键点加以细化和精心设计，使自身因素和社会条件达到最大限度的契合，对实施过程加以控制，并能够在现实生活中知晓趋利避害，就能使职业生涯规划更有实际意义。一个人如果回答了这5个问题，找到它们的最高共同点，就有了自己的职业生涯规划。该方法尤其适合即将毕业的大学生。

2. 如何思考5W

在思考和回答以上5个W时，首先要转换角色，把你变成我，分别是：

第一个问题“我是谁？”要回答这一问题，必须对自己进行一次深刻的反思，把自己的优点和缺点一一列出来，从而形成一个比较清醒的、全面的、客观的自我认识。

第二个问题“我想做什么？”这一问题要求我们对自己职业发展的一个心理趋向进行的检查。每个人在不同阶段的兴趣和目标并不完全一致，有时甚至是完全对立的。但随着年龄和经历的增长，个人的兴趣和目标会逐渐固定下来，并最终形成自己的终生理想。

第三个问题“我能做什么？”这一问题是对自己能力与潜力的全面总结，一个人职业的职业定位最终以自己的能力为基础，而其职业发展空间的大小则取决于自身的潜力。因而，必须对自己的能力与潜力进行全面总结与评估，对于一个人自身潜力的了解应该从以下几个方面着手去认识，如对事的兴趣、做事的毅力、临事的判断力与决策力，以及知识结构是否全面、是否及时更新，等等。

第四个问题“环境支持或允许我做什么？”环境对于职业选择的重要影响包括两个方面，一是客观方面，如经济发展、人事政策、企业制度、职业空间等；二是主观方面，如同事关系、家庭支持、领导态度、朋友关系、亲戚关系等，两方面的因素应该综合起来看。有时我们在做职业选择时常常忽略主观方面，没有将一切有利于自己发展的因素调动起来，从而影响自己的职业切入点。而在国外通过同事、熟人的引荐找到工作是最常见也是最容易的。当然我们应该知道这和一些不正常的“走后门”等歪门邪道有着本质的区别，这种区别就是这里的环境支持是建立在自己的能力之上的。

对于涉世未深的大学生来说，后者的人为因素更加明显，事实也证明人脉资源越丰富的大学生找工作越容易；同时，职业发展也很容易受家人、亲戚、朋友等人态度的影响。

第五个问题“我最终的职业生涯目标是什么？”在明晰了前面四个问题的基础上，就能从各个方面找到自己对实现有关职业目标有利的和不利的条件，列出不利条件最少的、自己想做而且又能够做的职业目标。那么，第五个问题有关“自己最终的职业目标是什么？”自然就有了一个清楚明确的方向，从而发现那是自己想做又有希望实现的最终职业生涯目标。

二、职业决策平衡单法

在进行职业选择时，有时会遇到两个甚至两个以上不同的职业发展方案的选择问题，此时，如果能进行直观的量化，可能会使你对自己的职业生涯目标更加清晰。职业决策平衡单方法和技术可以通过打分的方式，量化你的各项职业选择的分数，帮助你进行职业生涯目标的决策。

职业决策平衡单的操作办法如下。

第一步，确定你的职业决策考虑因素。可以通过自我部分（精神与物质）和外在部分（精神与物质）进行考虑。

在自我部分中可以分为两个方面：一方面是自我精神部分，包括自己的能力、兴趣、价值观、心理需求（自尊、自我、实现）；生活方式的改变、成就感、自我实现的程度、兴趣的满足、挑战性、社会声望的提高、发挥个人的才能，等等；另一方面是自我物质部分，包括升迁机会、社会地位、工作环境、工作发展前景、工作内容、休闲时间、生活变化、对健康的影响、足够的社会资源、能提供的培训机会、就业机会，等等。

在外在部分中又可以分为两个方面：一方面是外在精神部分，包括父母、师长、配偶、家人的支持，等等；另一方面是外在物质部分，包括家庭经济收入、择偶及建立家庭、与家人相处时间、家庭地位，等等。

第二步，利用职业决策平衡单进行职业生涯目标决策。列出三个你的职业生涯发展方向，分别填到表格的职业方案中。具体方法如下：在第一栏"职业决策考虑要素"中，对你而言职业选择的重要性和迫切性，赋予它权数，加权范围为 1～5 倍，填写到"权数"一栏。权数即是你在进行职业选择时所看中的东西。某要素的权数越大，说明你越看重该要素。

第三步，进行打分。根据第一栏中的"职业决策考虑要素"给每个职业方案打分，每个方案的得分或失分，可根据该方案具有的优势（得分）、缺点（失分）来回答，计分范围为 1～10 分（注意：每个方案得分或失分只能填一项，可参照案例）。

第四步，计分方法。将每一项的得分或失分乘以权数，得到加权后的得分和失分，并分别计算出总和（即加权后合计）；再把加权后的"得失差数"算出来，并根据此得数做出最终决定。得分越大，该职业方案越适合你。

在每一项职业生涯决策中，遇到的问题常常是多种多样的、交错混杂在一起的。但其中有的是具有长远性、决定性的主要矛盾，或迫在眉睫必须马上决断的关键性问题，而有的只是一般的、随主要矛盾的转移而变化的次要矛盾或缓和一下有可能自行解决的问题。面对五花八门的职业世界、包罗万象的职业问题，首先需要确定各项职业生涯决策的重点内容。

总之，在现代职业生涯发展过程中，人们会越来越多地面临多重抉择的境地，这时就需要个人做出选择一个职业而放弃另一个乃至其他多个职业的决定，这就是"职业生涯决策"或称为"职业生涯决定"。职业生涯决策是个人选择职业目标或具体的职业岗位时，对可能的结果做出价值判断的方法。因为这一价值判断涉及个人的人生价值观、职业价值观，以及性格、兴趣、能力等个人因素和职业需求、职业发展等社会职业环境因素，故而每个人对某一职业方面的价值判断是不同的，因此，“职业生涯决策”的内容因人而异，它只能是各人在职业选择中权衡利弊、寻求达成最大价值的方法。

第三节　职业生涯规划的方法与步骤

职业生涯规划在时间跨度上涵盖人的一生，一般认为，职业生涯规划是对一个人一生所从事的职业和一生所达到的目标的一种规划，时间范围涉及人的一生。职业生涯规划是一个周而复始的连续过程，是一个确立目标并为目标的实现而制订计划的过程。其基本步骤包括：清晰个人生涯愿景；认识自我；评估环境；确定职业发展目标；设定职业生涯发展路线、制定弥补差距的行动方案；实施、评估与修订。

一、职业生涯规划的方法

在进行职业生涯规划时，通常采用下列一些便捷的方法。

1. 自然发生法

例如，很多学生在填报大学专业志愿时，并未仔细考虑自己的志向、兴趣，只要找到能录取的学校、科系，便草率地做出决定，导致有的学生在进入大学之后发现自己并不喜欢所学专业。

2. 目前趋势法

例如，一些大学生对于今后发展没有主见，紧紧跟随市场的流行趋势走，更没有规划意识，盲目地投入新兴的热门行业或专业领域，“股票族”、法律专业热、经济专业热等就属于目前趋势法的典型。

3. 最少努力法

这类人大多认为自己很难取得较大成功，因而不情愿精心筹划未来。例如，有的大学生抱着“60 分万岁，多 1 分浪费”的心态；有的选择最容易的专业或技术，同时又企求最好的结果；有的想找一个经济条件较好的配偶，把自己的希望寄托在别人身上；还有的总是期待选择待遇最好的行业，认为高薪是选择职业的唯一条件，而很少考虑自己如何具备胜任职业的条件。

4. 刻板印象法

主要以性别、年龄、社会地位等刻板印象来选择，例如，认为女性较适合从事服务业，而男性则适合做主管、老板等。

5. 依赖他人法

更多的表现是自己没有主见，总是希望由他人替自己做出决定和选择，过分依赖父母、家人、朋友或师长等为自己拿主意、做决定。

这些大学生常用的职业生涯规划的方法体现出以下特点：优点是省时省力，不用花费太多精力，并且在短时期内的收效很好，类似于快餐文化，简单快捷，可以短暂地填饱肚子。

缺点是无法根据个人的实际情况及特质做出长远的规划，快餐可以暂时充饥，但是养分略显欠缺。以自然发生法为例，进入能录取自己的学校、科系，能暂时解除烦恼，但是在完全没有考虑自己的性格、能力、个性与就业条件等因素下，将来所面对的职业风险就比较高。

二、职业生涯规划的步骤

通过前面自我认知的活动练习，你会发现自己的兴趣、爱好、价值观、特长、学会分析职业环境中的机会、职业发展中的利弊条件，等等。练习的过程，实际上就是职业生涯规划与评估的过程，这一过程包括自我评估、职业评估、职业发展规划等一系列步骤。

（一）自我评估，明确职业生涯方向

自我评估就是对自己进行全面分析，通过自我分析，认识自己、了解自己，这是实施生涯规划的重要一步。通常自我评估包括自己的兴趣、特长、性格、学识、技能、智商、情商等。自我评估的方法包括：SWOT 分析法、5W 法、决策方格法、职业决策平衡单法、橱窗分析法、自我测试法、计算机测试法。

在为自己制定职业发展规划时，需要明白这样一个问题——“自己到底想过一种什么样的生活？”自我认知是职业决策的首要环节，自我评估的目的是认识自己、了解自己，带有一定的主观色彩。因为只有认识了自己，才能对自己的职业做出正确的选择，才能选定适合自己发展的职业生涯路线，才能对自己的职业生涯目标做出最佳抉择。

自我评估包括对自己的兴趣、特长、性格、学识、技能、能力、智商、情商、思维方式与方法、价值观，以及社会角色等进行深入的认识，了解自己在进行职业选择时，喜欢什么，擅长什么，真正看重什么，通过对自己的个性进行分析和评估，明确自己的职业生涯方向。

（二）生涯机会的评估，发掘职业发展机会

生涯机会的评估，主要分析内外环境因素对自己生涯发展的影响。每个人都处在一定的环境中，离开了这个环境，便无法生存与成长，环境是个体成长与发展的条件。

所以，在制定个人的职业生涯规划时，要分析环境条件的特点、环境的发展变化情况、自己与环境的关系、自己在这个环境中的地位、环境对自己提出的要求，以及环境对自己有利与不利的影响等。只有对这些环境因素充分了解，才能做到在复杂的环境中趋利避害，使你的职业生涯规划具有实际意义。环境因素主要包括以下三种。

1. 组织环境

组织环境即成长的小环境，主要是指大学阶段的学习环境。你要了解学校给你提供了哪些学习发展的机会和条件，你如何在学校提供的学习环境中积累自己的知识结构，如何获取实践能力等。

2. 政治环境

作为青年大学生，应了解国家的政治环境，关心国家的政策，铭记自己的历史使命，因此，在制定职业生涯规划时要明确新世纪大学生的责任与使命，职业目标要与国家的政策导向相符。

3. 社会环境

这里的社会环境包括两部分，一是你生长的小环境，如家庭环境、社会关系等；二是你成长的大环境，包括区域的环境，乃至国家的社会环境。了解社会环境主要是要了解自己成长环境中的社会资源和条件，以便其为己所用，促进自己的职业生涯更快、更好地发展。

例如，你学习的是计算机专业，你可以了解你的家族中是否有人从事 IT 相关职业，学校周围有无相关的企业，等等。通过这些了解，你可以进一步明确你周围的职业发展资源，发掘身边的职业机会，不断地进行开发和利用，促进你的职业生涯成长。

（三）选择职业道路，明晰职业生涯发展路线

在职业目标确定后，你将面临向哪一条职业道路发展的抉择。在职业发展的道路中有两种发展方向可供选择，即向行政管理路线发展，还是向专业技术路线发展；或者先走技术路线，再转向行政管理路线。由于发展路线不同，对职业发展的要求也不相同。因此，在职业生涯规划中，必须做出抉择，以便使自己的学习、工作及各种行动措施沿着你设定的职业生涯路线或预定的方向前进。

在进行职业路线的选择时，你需要考虑以下三个问题。

① 我想往哪一条路线发展？我是想走专业技术人员的发展道路，还是希望自己朝管理人员的方向发展？

② 我能往哪一条路线发展？我的知识结构、能力特长、性格等有利于走管理的发展路线还是专业技术人员的发展路线？

③ 我可以往哪一条路线发展？目前我的职业环境中，为自己提供了哪些职业发展机会？我可以选择管理发展路线还是技术发展路线？

在对上述三个问题进行认真分析的基础上，确定自己的最佳职业生涯路线。

对于大多数毕业生来说，毕业后主要有四条出路：就业、考研、自主创业和出国留学。选择的出路不一样，大学生涯规划的侧重点也是不一样的。怎样在考研和就业之间做选择，可能是很多学生难以抉择的问题。到底是考研还是就业，要综合考虑多方面的因素。最根本的原则是，选择一条最能帮助自己快速实现职业发展目标的出路。

（四）明确生涯定位，做出职业决策

明确职业生涯定位是生涯目标制定的最关键因素，在进行生涯决策时，主要应注意以下几个方面。

1. 性格与职业所需特质的匹配

即你的个性是否与职业所要求的性格相匹配。例如，性格外向的人从事与人打交道的职业更为合适，性格内向的人从事与事打交道的职业更为匹配。

2. 兴趣与职业内容的匹配

发觉你是否真正对某职业感兴趣，是关乎你对某职业是否具有内在职业兴趣的问题。你可以反思一下自己的经历中让你最投入的事，如果你在做这些事时，可以废寝忘食，能够全身心地投入，说明你对这些事务有真正的兴趣，可以从中发现你喜欢的职业。

3. 特长与职业所需能力的匹配

从事某项职业时，你需要具备从事该职业的相关专业技能、知识结构、相关能力等。例如，财会人员除了具备一定的资格证书外，还必须具备财务管理的相关知识，良好的财务技能，认真细致的工作态度等。

4. 价值观与职业报酬率的匹配

在进行职业的选择时，有的人看重精神的满足，有的人看重高薪，有的人看重职业带来的荣誉……同时每种职业给予人们的报酬和意义也大不相同，因此，认清你的职业价值观可以帮助你选择适合自己的职业。

（五）设定职业目标，制定行动计划与措施

职业生涯目标的设定是职业生涯规划的核心。在进行职业目标的设定时，是以自己的最佳才能、最优性格、最大兴趣、最有利的环境等信息为依据的。职业生涯目标通常分为短期目标、中期目标、长期目标和人生目标。

在确定了职业生涯目标后，行动便成了关键的环节。行动计划是指落实目标的具体措施，主要包括工作、训练、教育、学习等方面的措施。行动计划由长期和短期两部分组成，长期计划像人生目标。它的实现有众多不确定因素，有必要根据自身实际和社会发展趋势，不断地设定新的短期可操作的目标。

例如，为达到目标，在工作方面，你计划采取什么措施提高你的工作效率；在业务素质方面，你计划学习哪些知识，掌握哪些技能，以提高你的业务能力；在潜能开发方面，采取什么措施开发你的潜能，等等，都要有具体的计划与明确的措施。注意，制定的行动措施要特别具体，以便于定时检查和进行反馈评估。大学生需要在长期计划下，选择适合自己的人生目标，每天都向着既定的目标前进。

（六）实施、评估与反馈，及时修正职业生涯目标

所谓“计划赶不上变化”，影响职业生涯规划的因素有很多，有的变化因素是可以预测的，而有的变化因素则难以预测。要使职业生涯规划行之有效，必须主动去实施，“心动百次不如行动一次”，规划定好固然好，但更重要的是将规划付诸实施并取得成效。在实施的过程中，要不断地对自己的职业生涯决策进行评估与修订，如果负面反馈过多，就要重复以上过程。

其修改的内容包括：职业的重新选择；生涯路线的选择；人生目标的修正；实施措施与计划的变更等。只有这样才能使得规划更加符合自身情况和社会需求，更加行之有效。

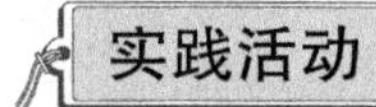

活动一：我的职业生涯规划

【活动目标】 让大学生对自己进行初步的职业生涯规划。

【活动流程】

请根据下面的活动，制定你的短期、中期和长期职业生涯目标，并根据生涯计划表中的要素和具体的时间，完成你的生涯计划的具体内容。请注意，你的时间和计划要具体，这样才便于检查、反馈和修正所制定的职业生涯规划方案。

短期生涯目标

1～2年后，我的短期职业生涯目标：________

年龄阶段：________

主要工作内容：________

它吸引我的特点是：________

我在个性上可以尝试的改变是：________

我可以培养的生涯兴趣是：________

我尚需要培养的能力是：________

我必须具备的其他条件是：________

我的短期生涯行动计划(含教育进修或培训)：________

中期生涯目标

3～5年后，我的中期生涯目标：________

年龄阶段：________

主要工作内容：________

它吸引我的特点是：________

我在个性上可以尝试的改变是：________

我可以培养的生涯兴趣是：________

我尚需要培养的能力是：________

我必须具备的其他条件是：________

我的中期生涯行动计划(含教育进修或培训)：________

长期生涯目标

6～10年后，我的长期生涯目标：________

年龄阶段：________

主要工作内容：________

它吸引我的特点是：________

我在个性上可以尝试的改变是：________

我可以培养的生涯兴趣是：________

我尚需要培养的能力是：________

我必须具备的其他条件是：________

我的长期生涯行动计划(含教育进修或培训)：________

活动二：填写我的职业生涯年度计划表

职业生涯年度计划表如表4-1所示。

定出今后的十年大计。二十年计划太长，容易令人泄气，十年正合适，而且十年时间足够成就一件大事。今后十年，你希望自己成为什么样子？有什么样的事业？将有多少收入？计划哪些家庭固定资产投资？要过上什么样的生活？你的家庭与健康水平如何？把它们仔细地想清楚，一条一条地计划好，记录在案。

表 4-1　职业生涯年度计划表

时间 / 生涯要素	具体时间及计划内容			
	2015 年	2016 年	2017 年	……
年度总目标				
教育准备				
兴趣培养				
能力培养				
工作态度				
人际经营				
家庭经营				
经济经营				
房产消费				
休闲旅游				
……				

定出五年计划：定出五年计划的目的是将十年大计分阶段实施，并将计划进一步具体、详细，将目标进一步分解。

定出三年计划：俗话说，五年计划看头三年。因此，你的三年计划要比五年计划更具体、更详细。因为计划是你的行动准则。

定出近两年计划：包括实现计划的步骤、方法与时间表。务必具体、切实可行。如果从现在开始制定目标，则应单独定出今年的计划。

下月计划：下月计划应包括下月计划做的工作，应完成的任务，质和量方面的要求，财务上的收支，计划学习的新知识和有关信息，计划结识的新朋友，等等。

下周计划：计划的内容与上述计划相同。重点在于必须具体、详细、数字化，切实可行，而且每周末应提前做好下周的计划。

每日计划：选取最重要的 3～5 件事，按事情轻重缓急、先后顺序排好队，每日按计划去做。可以避免“捡了芝麻，丢了西瓜”。

设定人生目标金字塔时需要注意的是：在设定目标的时候一定要高远，由上到下逐步分解执行；在实施目标的时候一定要脚踏实地，由下到上一步步去实践。

在进行职业生涯规划时首先要实事求是，准确的自我认识和自我评价是制定个人职业规划的前提。其次是切实可行，个人的职业目标一定要同自己的能力、个人特质及工作适应性相符合。例如，一个学历不高又无专业特长的职员，却一心想进入管理层，在现代企业中显然不切实际。与此同时，个人职业目标和职业道路的确定，要考虑客观环境条件。

例如，在一个论资排辈的企业里，刚毕业的大学生就不宜把担当重要管理工作定为自己的短期职业目标。再者，个人职业计划目标要与自身的环境相协调一致。例如，企业员工是借助于企业实现自己的职业目标的，其职业计划必须要在为企业目标奋斗的过程中实现。离开企业的目标，便没有个人的职业发展，甚至难以在企业中立足，所以，职员在制订自己的计划时，要与企业目标协调一致。

对于大学生也是如此，制定的职业目标，不但要与自己的自身条件相契合，还要结合周围的职业发展状况和成长的环境。

人生目标金字塔，如图 4-1 所示。

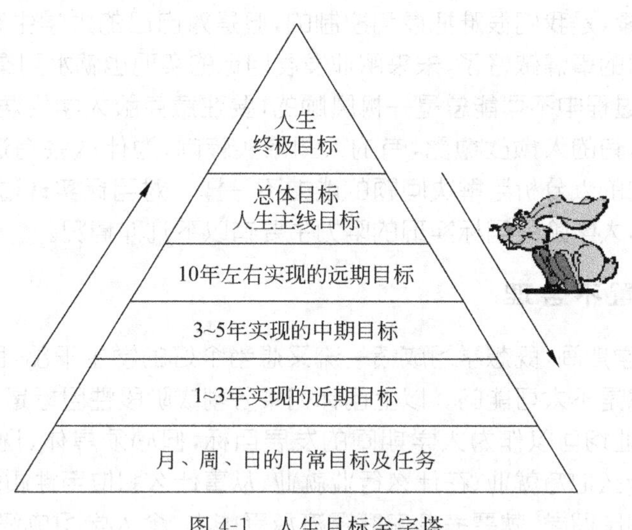

图 4-1　人生目标金字塔

活动三：我的职业选择

【活动目标】

在进行职业选择时，有时会遇到对两个甚至两个以上不同的职业发展方案进行选择的问题，通过小组讨论，明晰你在选择职业时所考虑的因素及价值取向，这有助于你进行职业选择。

【活动流程】

第一步，分组，每 4～6 人为一组开展讨论，1 人作记录，讨论时间为 8～10 分钟。

第二步，讨论内容：在升学或者职业选择时你考虑的主要因素是什么？

第三步，每个小组选派一名同学将本组的讨论结果告诉大家。

第四步，由一位同学将大家发表的观点分类写在黑板上。

【总结评估】

大学生在升学或者职业选择时考虑的因素很多，主要是自我和外在环境的因素。

自我方面的因素主要是：自己的能力、兴趣、价值观、自己的心理需求(自尊、自我实现)；生活方式的改变、成就感、自我实现的程度、兴趣的满足、挑战性、社会声望的提高、发挥个人的才能等。

外在因素主要是：升迁机会、工作环境的安全、社会地位、工作环境；工作发展前景、工作内容、休闲时间；生活变化、对健康的影响；足够的社会资源、能提供的培训、就业机会等。当然，作为一名大学毕业生，还应该考虑自己的社会责任、家庭责任和自己所肩负的国家繁荣富强的使命。

第四节　职业生涯规划的修正与反馈

要实施个人职业生涯规划，最重要的是要做好并实施好大学阶段的生涯规划。未来有很多不确定的因素，是我们很难把握和控制的，但是对自己的大学生涯是可以把握的。把握了现在，把当前的事情做好了，未来职业发展目标的实现也就水到渠成了。

在实现目标的过程中不可能总是一帆风顺的，要注意克服大学生涯规划实施中的阻力。对挫折与失败，有的人愈战愈勇，有的人却晕头转向，为什么会有这么大的区别呢？究其原因，在于不同的人分析与解决问题的能力不一样。对目标实现过程中的阻力进行分析是很有必要的，大学阶段目标实现的阻力主要有以下几种情况。

一、目标设置不合理

某大学生在大学期间，既想学习成绩一流又想当个好的学生干部，既想恋爱成功，又想打工赚钱，这显然是不太可能的。以上目标如果分割成阶段性目标是可以实现的。

就业、出国、创业均可以作为大学期间的发展目标，但必须具体、现实。如选择先就业，就要想清楚去什么地方就业、在什么行业就业、从事什么职位与性质的工作、希望拿多少工资等；如选择出国留学，就要考虑家庭经济承受能力、个人学习成绩尤其是外语水平等；如毕业后自主创业，就必须积累经验、学会分析市场行情、制订创业计划等。目标没有对错之分，适合的就是最好的。如果选定的目标不合理，就已经失败了一半。

二、制定目标的当事人缺乏执行力

性格决定命运，细节决定成败。经常听一些大学生讲："我要考研。"可是没过多久，他就改变主意了。还有的大学生说："从下周开始，我要好好学英语。"可是，为什么非要从下周开始而不是从今天开始呢？

执行力相当于心理学中所说的毅力。"毅力就是为了梦想去敲天堂的大门，频繁大声地敲，最后终于如愿以偿。因为天堂被你打扰得不胜其烦，但求让你闭上嘴，于是你成功了"。

范仲淹在吃不饱、穿不暖的艰苦条件下，却能坚持读书，最后当上了宰相，他靠的正是毅力。

人生就是一场马拉松赛，开始跑在最前面的未必能一直领先，成为胜利者；原来落后的未必不能后来居上，命中注定是失败者。

有人总是在别人的成就和荣耀面前哀叹自己起步太晚，其实每一位马拉松参赛者都明白，迟三步五步甚至十步百步也不算晚，关键是在能否坚持到终点。

判断人生道路上的这场胜负，取决于用毅力换来的成绩，正如判断一棵果树的优劣，是看它结的果实是否丰硕，而不苛求它的叶子是否葱郁。成功者常常用毅力去书写迷人的胜利传奇。

三、目标实现的外在条件不具备或者发生改变

从哲学的层面上讲，目标实现的内在条件相当于内因，外在条件相当于外因。

所谓内因即内部矛盾，是指事物内部各要素之间的对立统一关系。例如，种蛋产出时已经发育成多细胞的胚胎，胚胎本身存在着同化与异化、遗传与变异的矛盾。外因就是事物的外部矛盾，是指一事物同其他事物之间的对立统一关系。例如，没有适宜的温度，种蛋中的胚胎就无法正常发育，种蛋还是种蛋，而时间过长，胚胎就会死亡，更谈不上孵出小鸡。可见，种蛋与温度之间也是既对立又统一的关系，即是鸡蛋变小鸡过程中的外部矛盾。

事物在各种外部条件的影响下，其内部矛盾双方的力量处在此消彼长的不断变化之中，一旦矛盾双方的力量对比发生根本性的变化，便会引起双方地位的相互转化，于是新矛盾取代旧矛盾，新事物取代旧事物。

在鸡蛋孵化小鸡的发展过程中，种蛋是内因，适宜的温度是外因。种蛋和适宜的温度对于由鸡蛋孵化出小鸡的发展过程来说，都是同时必备，不可缺少的，缺少任何一方都不可能孵出小鸡。可见，事物的发展是内因和外因共同起作用的结果，矛盾是事物发展的动力。

外在条件虽然有不可控制性，但它毕竟要通过内部条件才能起作用，人是有主观能动性的，人们不仅可以利用与改造外部条件，还可以创造条件实现目标。

思 考 题

1. 哪一个职业发展方案最适合你？
2. 这一方案适合你的原因是什么？
3. 在职业选择过程中，你最看重的是什么？

本章实训

请填写你的 5W。

(1) What am I? 我是谁？

优势：____________________

不足：____________________

(2) What I want? 我想做什么？

① ____________________

② ____________________

③ ____________________

(3) What can I do? 我能做什么？

① ____________________

②

③

(4) What can support me? 环境支持我做什么？

支持：

限制：

(5) What can I be in the end? 我最终的目标是什么？

为了达到我的职业目标，我的行动计划是：

①

②

③

通过 5W 一步一步地分析，帮助你澄清生涯目标的选择，在分析中让你渐渐了解自己的个人特点和职业机会，从而最终确立适合自己的职业生涯目标。

拓展案例分享

凡人成功，与何有关

调皮的小航犯了错误，老师狠狠地批评了小航，对小航说“像你这样的人，读书有什么用，不要来上学了。”小航的自尊心受到了严重的打击，想着和村里其他人一起来上海做生意，不读书了。

初三时，他就和同村的人一起来上海，因为年龄小，没有什么文化，只能从事一些最简单、低级并且非常脏累的活，生活每天如此，看不到生活的一丝希望，一天下来累得连饭也不想吃，倒头就睡着了。这样的生活让小航觉得干活就是为了挣钱买吃的，生存下去。

很多同伴到适婚年龄时就回家讨个老婆，一辈子就这样过去一半了。小航不想这样下去，不希望一辈子都没有追求，还是希望回到学校读书，但是他又不希望回到像初中这样带给自己耻辱的环境中，两年就这样过去了，经过再三考虑，他决定通过自学考试完成自己的大学梦。

2005 年初他开始了自己的自考生涯。由于没有读过高中，底子薄，他以常人所不能比的努力，花费了大量时间去自学高中的课程。他用了整整 6 年的时间，终于通过了 30 余门课程的考试，拿到了某高校信息管理专业的本科文凭，并且通过了英语六级和计算机四级考试。为了让自己的计算机能力更加符合企业的需要，他报考了某教育培训机构的计算机培训班，在班级 20 多学员中，小航的成绩最为优异，出色的表现得到了培训老师的赏识，并将他推荐到一家从事信息管理系统开发的公司应聘。

面试时是集体面试，一共有 10 多个应聘者，其中不乏名牌高校计算机专业的毕业生，但他能对很多专业的问题对答如流，项目测试时又能很快地完成任务，出色的表现让公司的老板刮目相看，录用了他。

到 2015 年，小航已经在这家公司工作两年多了，由于公司接了很多日企的项目，在进行项目洽谈时需要日语交流，小航现在又在进行日语的学习，虽然平时的工作很忙很累，但是每天晚上回到住处，他都要学习日语，每周去两次日语培训班学习。同时，小航还报考了注册会计师(CPA),因为在进行企业的管理信息系统开发(ERP)时,他发现企业管理系统中最核心的部分就是财务系统,只有掌握很专业的财务知识才能更好地理解客户方的需求,从而更好地做出客户方的管理信息系统的设计与开发。由于技术能力过硬,业务素质强,小航被送往日本培训半年。

说到这几年的打算,小航说等自己的注册会计师资格证书拿到后,决定跳槽到德勤(全球四大会计事务所之一)从事企业管理咨询和ERP顾问等方面的工作,把项目做得更大一些,实现从技术人员到技术顾问的转变。

【拓展案例点评】

很多年轻人希望获得职业生涯的成功,但有的人因找不到通往职业生涯成功的方向而迷失自我,有的人则因为没有脚踏实地地踩实通往成功的阶梯而摔得粉身碎骨。这个真实的案例告诉大学生们,即使想获得职业生涯的小小成功都需要有目标,需要在行进过程中不断明确目标;同时,更需要不懈地努力,辛勤地付出。这样,人生道路才会越走越宽广。

第五章　职业生涯决策

【引言】

对于一只盲目航行的船来说，所有的风都是逆风。

——哈伯特

【教学目标】

1. 理解职业生涯决策的概念与意义；
2. 理解职业生涯决策的CASVE模型及运用的注意事项；
3. 掌握职业生涯SWOT分析法的原理与运用步骤；
4. 掌握职业生涯平衡单决策分析法的原理与运用步骤；
5. 能运用职业生涯决策的知识，确立自己的目标职业和努力方向。

【核心概念】

职业生涯决策、CASVE模型、SWOT分析法、平衡单决策分析法。

刘德华的职业选择

刘德华第一次面对人生抉择的时候是中五毕业那年，他左手拿着无线艺员训练班的报名表，右手拿着应届高等程度教育课程的报名表，顿时觉得自己的前途都握在自己手中。要继续学业吗？还是去读艺员训练班？再念两年中学毕业后又何去何从？去念大学吗？然后学士、硕士、博士这样一路念下去？还是选修艺员训练班，有一技之长，将来无论条件符合台前还是幕后，总算有门专业知识傍身。一连串的问题在他心中此起彼伏。

反复考虑后，他把自己的优点和缺点逐一写在纸上，自己替自己理智地分析每一种选择的利与弊；他问自己：这样一直念书下去适合我的性格吗？我喜欢艺术工作吗？我喜欢什么样的人生呢？平稳安定，还是多姿多彩，充满挑战？他终于明白，人才是自己生命最大的主宰，向左还是向右走都是自己决定的路。他的心作了他的指南针，让他选择了左手那张报名表格。

(http://baike.baidu.com/link?url=YyXRGfE2KVQIZ-7RbUA-FZbMywxCJJylljinMr-CUpSVsKdlXG-qklHxPek3gNfRCEtdSTsDrAF6likk-ymJcviK)

【案例点评】

这个案例告诉我们，在毕业时我们面临的职业方向的选择是多种多样的，职业决策在个人的职业生涯中起着举足轻重的作用。一次成功的决策，可以成就一番事业，掌握科学的决策方法，可以提高决策的效率。

市场经济条件下，选择具有双向性，这就要求我们做出职业决策时，必须考虑自己的性格、兴趣、气质、技能、价值观等个性特征，同时也要对职业世界进行信息探索，把个性因素和职业因素加以优化统一，制定出合理的决策方案。

第一节　职业生涯决策概述

一、职业生涯决策的基本含义

（一）决策的含义

决策有狭义和广义之分。狭义的决策专指决策者从几种备选的行动方案中做出最终的选择。广义的决策是决策者提出问题、确立目标、设计和选择方案的过程。

管理学上的决策是指为了达到某一特定目标，借助于一定的科学手段和方法，从两个以上的可行方案中选择一个合理方案的分析判断过程。决策有以下几个步骤。

1. 确定决策目标

决策目标是指在一定外部环境和内部条件下，在市场调查和研究的基础上所预测达到的结果。决策目标是根据所要解决的问题来确定的，因此，必须把握所要解决问题的要害。只有明确了决策目标，才能避免决策的失误。

2. 拟定备选方案

决策目标确定以后，就应拟订达到目标的各种备选方案，包括下列三个步骤。

第一步：分析和研究目标实现的外部因素和内部条件、积极因素和消极因素，以及决策事物未来的运动趋势和发展状况。

第二步：在此基础上，将外部环境各限制因素和有利因素、内部业务活动的有利条件和不利条件等，同决策事物未来趋势和发展状况的各种估计进行排列组合，拟订出实现目标的方案。

第三步：将这些方案同目标要求进行粗略对比，权衡利弊，从中选择出若干个利多弊少的可行方案，供进一步评估和抉择。

3. 评价备选方案

备选方案拟订以后，随之便是对备选方案进行评价，评价的标准是看哪个方案最有利达到决策目标，包括下列三步。

第一步：评价备选方案是否满足必须达到的目标的要求，对达到要求的方案予以保留，反之就淘汰。

第二步：评价第一步所保留方案满足希望完成目标的程度，满足程度越高，方案越优。

第三步：按方案在必须完成的目标和希望完成的目标评估中的满意程度，对各方案进行全面评价。

4. 选择方案

选择方案就是对各种备选方案进行总体权衡后，由组织决策者挑选一个最好的方案。

（二）职业生涯决策的含义

职业生涯决策是指个体在职业生涯规划过程中，选择职业发展方向，确定不同阶段职业目标，明确职业生涯规划要点，从而进行科学决策的过程。此过程是职业生涯规划中的重要环节，是形成职业生涯规划的前提。职业生涯决策主要包括以下内容。

1. 选择和优化职业发展方向

通过对若干个可行的职业发展方向进行比较、评估，遵循现实条件下的满意原则，选择能够使主要目标得以实现，次要目标也比较好的职业发展方向。

2. 确定不同阶段的职业目标

由于不同阶段的职业目标从属于职业发展方向，因此，确定不同阶段的职业目标，有利于激发个人奋斗的热情和个人的长远发展。

3. 明确职业发展规划的要点

明确职业发展规划的要点，即明确在实现未来职业发展目标的过程中需要解决的问题和要做的事情，这是职业生涯规划中的主要内容。而明确这些内容的前提是对外部环境与内部条件进行综合评估，因此，它也属于职业生涯决策的范畴。

二、职业生涯决策的重要性

（一）职业生涯决策决定了个人未来事业发展的方向

对于大学生来说，第一次职业选择很大程度上决定了决策者未来事业发展的方向。错误的选择会使决策者付出巨大的时间和机会成本。在大学的学习过程中，大学生不断地学“如何”去做事、用何种方法去做事，但要意识到在择业的关口，更重要的是能否选择去做“正确”的事。也就是说大学生是否能够进入自己真正适合的职业领域，如果不能从事自己真正适合的职业，工作的每一天都可能是沉闷或痛苦的，即便付出很多努力也未能做出太大的成绩，再想回到自己真正感兴趣的工作领域时，却发现自己已经对原来的工作经验产生了很强的依赖，如果辞职重新选择别的行业或职业，很可能意味着放弃现在积累的一些专业知识、行业背景和人际关系，付出极高的机会成本。

因此，科学的“职业决策”能够避免择业中的高机会成本，提高大学生自身的竞争力。

（二）职业生涯决策有利于个人把握机遇

在面临无数个机遇时，很多情况不允许人们在选择上花费太多的时间。所以，在职业选择上花费一定的时间是有必要的。因为机遇往往稍纵即逝，一旦错过，很可能终身遗憾。所以，在进行职业生涯决策的时候要迅速、果断、实际地做出选择。

良好的职业生涯决策可以让我们准确地给自己定位，及时掌握适合个人特征的各类职业信息，从而利用科学的决策方法和技术，快速制定出适合个人发展的职业生涯决策。

（三）职业生涯决策有利于生产要素的双向优化配置

在制定职业生涯决策时，人职匹配是关键。人选择职业，同时职业也在选择人。这就要求人们进行职业生涯决策时，要整合个人信息和职业信息，使之实现优化配置，既符合自己的个性特点、职业目标，也符合职业要求和客观实际，在理性分析各类信息的基础上，达到生产要素的双向优化配置。

三、影响职业生涯决策的因素

（一）个人因素

1. 身心健康

健康是最具影响力的因素，如果没有健康的身体，就不可能坚持工作，也就不可能有好的职位。在当代社会，随着生活节奏的加快和社会压力的增大，现代人的心理健康问题日益突出，如果没有健康的心理，根本无法适应社会，更谈不上正常工作。

2. 个性特征

不同气质、性格、兴趣的人适合不同类别的工作。例如，胆汁质的人适合从事需要激情与超越的工作，而不适合做整天坐在办公室或不走动的工作；性格内向、感觉敏锐、思维缜密、善于判断的人适合从事 IT 程序员、天文学家、数据库管理、会计、房地产经纪人、行政管理等职业；在兴趣方面勤于思考、擅长分析、独立性强、追求精确的人适合从事科学研究工作和理论性工作。

3. 年龄

对工作的看法和态度、对机会尝试的勇气、对胜任任务的能力和经验，不同年龄表现有所不同，一般随着年龄的增长，态度会越来越沉稳，勇气有所减退，工作能力和经验会越来越丰富。

（二）教育因素

一个人所受到的教育程度和水平，直接影响他的职业选择方向和获取他喜欢的职业的概率。一般来说，接受过较高水平教育的人，在就业后有较大的发展，在职业不如意时，再次进行职业选择的能力和竞争力也较强。

一个人通过接受教育与培训，形成了自己的知识结构、能力结构和职业素质结构，对个人的职业生涯会产生巨大的影响。例如，大多数人在选择职业、转换职业时，往往与所学专业有一定的联系，或以该专业的理论知识、技术能力为基础，流动到更高层次的职业岗位上。

（三）环境因素

1. 社会环境

社会环境主要是指社会的政治、经济体制、社会文化习俗、职业社会评价、人才市场的管理体制等。该因素不仅决定社会职业岗位的数量、结构、层次等方面，还决定人们对不同职业岗位的接受、赞誉或贬低的程度，从而决定了个人步入职业生涯的基本方式及开始职业生涯后的基本态度和由此引起的个人职业生涯的变化。

2. 组织环境

组织环境包括行业环境和企业环境。由于科学技术的发展，有些行业快速发展，逐步繁荣，有些行业日趋萎缩，逐步消亡，人们在选择职业时，当然不会考虑后者。企业的文化氛围、发展空间也是人们在选择职业时要考虑的因素。

3. 朋友、同龄群体的影响

朋友、同龄群体的价值观、工作态度、行为特点等也会影响个人对职业的偏好、选择从事某一类职业的机会和变换职业的可能性等方面。

（四）家庭因素

家庭是个人成长的第一所学校，是造就个人素质、影响人生发展的重要因素之一。人从幼年起，就受到家庭深刻的影响，形成一定的价值观和一定的行为模式。有的人还从家庭中自觉或不自觉地学会某种职业知识和技能。此外，家庭成员在个人择业和就业后的流动中，往往会产生一定的干预或影响，也会对人的职业生涯产生很大影响。

四、职业生涯决策的基本过程

（一）搜集信息，找出制定职业发展决策的依据

职业发展决策前需要搜集大量的信息，这些信息包括以下几方面。

1. 个人信息

要搜集整理个人气质、性格、职业兴趣、职业价值观、特殊能力等方面的信息，还要明确这些信息与职业选择的关系。另外，要搜集个人专业学习情况、个人职业经历、身体状况等。

2. 职业信息

要搜集职业名称、职业工作的对象、内容、劳动方式和场所等信息，还要搜集职业所需的教育水平、职业资格、职业能力、个性心理特征等信息。另外，要搜集拟工作地某一职业的初始就业条件、职业晋升路径、职业报酬、职业的社会评价、职业风险与压力、职业的就业趋势等信息。

3. 职业环境信息

要搜集家庭环境、学校环境、社会政治环境、经济环境、法律环境、科技环境、文化环境对拟选职业的影响。还要搜集拟选职业在社会大环境中的发展状况、技术含量、社会地位、未来趋势等信息。另外，要搜集拟选职业所属行业信息、所属地区信息、所属企业信息。

（二）初步筛选，确定备选职业方向

在充分收集信息的基础上，要对众多的职业进行初步筛选，筛掉与个人个性特征不相匹配的职业，初步确定若干个自我职业发展的方向，此工作可为后续的职业生涯决策奠定

良好的基础，它使得职业生涯决策可以在有限的范围内进行深入的分析和比较。

（三）分析评估，确定最优职业发展方向

在此阶段可借助平衡单决策模型，对备选的职业发展方向进行全面、深入的分析比较，权衡利弊，综合考虑，最后将依据现实条件下的“满意原则”确定一个最合理的职业发展方向。

（四）确定职业发展目标与路径

在确定了最合理的职业发展方向后，还要进行综合分析，进一步确定职业生涯不同阶段的目标。

（五）检验评价，明确职业发展规划方案的要点

此阶段首先要对已选出的最合理的职业发展方向进行检验，如果存在不足，要回到上一阶段重新进行分析评估，直到确定出最合理的职业发展方向为止；如果经过检验已是最合理的职业发展方向，则需要明确职业生涯规划实施措施等要点。

第二节　职业生涯决策的 CASVE 模型

一、职业生涯决策的 CASVE 模型概况

在《职业发展和服务：认知方法》一书中，美国心理学家彼德森(Peterson)及其同事将来自于认知的信息加工研究用于职业发展理论的决策技巧领域，彼德森等人将个体加工自我信息和职业信息的能力作为一般信息加工技巧。

这些技巧按开头字母可缩写为 CASVE，其中，C 是交流(Communication)的开头字母，它表示个体开始获得输入信息，个体接触各种内部和外部信号的过程。

A 是分析(Analysis)的开头字母，要分析的内容有三部分：一是检查自我知识和职业知识领域，这时需注意到问题产生的原因并对问题做出反省；二是检查价值观、兴趣、技巧和家庭状况；三是了解新的职业信息和重新检查旧信息。

S 是综合(Synthesis)的开头字母，它发生在信息被分析之后，个体开始着手一系列的行动时，个体接受信息并通过已经分析过的信息对信息进行综合。

V 是评价(Valuing)的开头字母，它表示当潜在选项被缩小范围时，个体评估与评价可能的行动或职业方向的过程，个体按照第一选择、第二选择的先后顺序评估职业或其他选择。

E 是执行(Execution)的开头字母，它通过采取小的或中等的步骤进行。一旦选择被评估或处于评估中，个体将形成一个计划或策略来实施选择。

职业生涯决策的 CASVE 模型代表了彼德森(Peterson)等人认为做出好决策所需的技巧，并以循环的方式呈现。在个体经过沟通、分析、综合、评估进入计划执行阶段时，如果遇到问题或产生预想不到的结果，那么个体将重新回到 CASVE 循环的起始阶段即交流阶段，检查其探索性的经验，开始新的循环过程。

二、职业生涯决策的 CASVE 模型的运用技巧

（一）自我认知是运用职业生涯决策的 CASVE 模型的基础

自我认知是指我们对自己人格特性——兴趣、价值观和技能等的认知。它们是自己的一些清晰、准确、强烈和稳定的思考，这些思考与个体所感兴趣的、漠视的或不感兴趣的事物有关，个体所擅长的技能，以及所认同的价值观等。

总地说来，通过思考了解什么是自己的兴趣所在，什么对自己是重要的，以及自己能在哪方面做得好。个人通过从事各种专职或兼职工作、志愿工作或娱乐活动获得更多的生活经验和自我认知。

（二）沟通阶段的运用技巧

沟通(Communication)过程始于个体获得输入信息，个体接触各种内部和外部信号，主要通过沟通，发现理想与现状的差距；通过自我认知，了解自己的个性特征，如兴趣、价值观等；通过对社会的了解，寻求毕业后找什么样的工作。

用沟通一词描述 CASVE 决策过程的第一个阶段，因为在这个阶段个人收到了关于理想与现实情境之间存在差距的信息。这些信息可能通过内部或外部的信息交流途径传达给个体。内部沟通包括情绪信号，如个体对自己知识、经验不满，对某事物厌烦、焦虑和失望，还包括身体信号，如昏昏欲睡、头痛、胃部疾病等。

外部沟通包括：从学校获知要在某日期前找到工作；与父母交流毕业后的计划；从报纸上知道你的专业正在逐渐过时；了解到师姐找到了一份银行职员的工作等。

沟通阶段是“意识到我需要做出一个选择”的阶段。在这个阶段，个体从认知上和情绪上与问题充分“接触”。当个体充分意识到这些沟通时，说明存在问题或差距且已不容忽视，接着，个体就要开始分析问题的根源，探索它的成因。例如，小王是大三的学生，他的师兄被美国伯克利大学录取。师兄托福成绩是 95 分，GRE 是 1300 分，小王目前正在准备英语考试，可是没有信心。他对前途很期待，又对自己目前状况不满意，很是焦虑。

（三）分析阶段的运用技巧

用分析(Analysis)一词描述 CASVE 决策过程的第二个阶段，因为在这一阶段，好的问题解决者会花时间去思考、观察、研究，从而更充分地了解差距，了解他们有效做出反应的能力。分析可能包括三部分：检查自我知识和职业知识领域，这时个体注意到问题产生的原因并对问题进行反省；再次检查价值观、兴趣、技巧和家庭状况；了解新的职业信息，重新检查旧信息。

有时，个体会提出一些问题，如“要解决这个问题我需要了解自己的哪些方面，了解环境的哪些方面？”“我确实需要做些什么才能解决这个问题？”“为什么我有这样的感受？”“他人怎样看待我的选择过程？”“做出选择的压力从何而来？”好的决策者阻止用冲动行事来减小在沟通阶段所体验到的压力或痛苦，因为他们知道，冲动、盲目行事是无效、低效率

的，甚至可能导致问题恶化。

分析阶段是“了解自己和自己的各种选择”的阶段。在这一阶段，生涯问题解决者通常会改善自我认知，尤其是在兴趣、价值观和技能领域，还要不断了解职业、学习领域、休闲领域、工作组织和行业的类型、地理位置等各种选择的信息。简而言之，在分析阶段，决策者应尽可能了解在第一阶段制造差距的所有因素。

但分析阶段不仅仅是简单地增加关于个体自身和各种选择的知识基础。例如，分析可能涉及学习如何把自我知识与职业（各种选择）知识联系起来。可以利用先前学过的霍兰德的六边形模型和工作世界适应等理论，以建立自我和职业两个方面的联系，以确认个体是否已经理解如何把自我知识与职业知识相联系。

最后，分析阶段还涉及更多地了解个体平时是如何做出重要决策的，个体对待生涯问题解决和决策制定过程的态度如何，个体是如何考虑的。

在制定生涯决策时，要意识到自己的价值观、兴趣和技能。

要想做出一个好的生涯选择，必须了解自己的全部，这种念头也许会让人感到失望，甚至不愿认真考虑自己的选择。然而，经历这一生涯选择过程将真正帮助个体更好地了解自己。有很多的资源，包括印刷资料和专家，都能帮助个体获得关于自我的足够信息，至少能知道生涯决策制定过程中下一步该怎么做。例如，分析自身与职业特点，澄清自我认知，确定：

我想要什么？——目标

我最看重的是什么？——价值观

我的兴趣在哪里？——兴趣

我擅长什么？——能力

我为人处世有什么特点？——性格

我从过去的经历和各种测验中学到了什么？——经验

例如，澄清职业知识，我对职业有哪些了解？确定各种信息资源的质量好坏，去评估每条信息的来源和目的，并在制定生涯决策中决定它是否有用。

（四）综合阶段的运用技巧

综合(Synthesis)描述 CASVE 循环的第三个阶段，因为将在这一阶段综合和加工分析阶段提供的信息，从而制定出消除问题或差距的行动方案。综合阶段的基本问题是“为了解决问题我可以做些什么？”

综合阶段是一个“扩大并缩小自我选择清单”的阶段。综合实际发生在两个层面上：先尽可能多地找到消除差距的各种选择，然后将选择的范围缩小。“综合细化”(Synthesis Elaboration)是一个这样的阶段，在这个阶段中，问题解决者尽可能扩展问题解决的选择清单，发散地思考每个可能的问题的解决方法。

有时个体可以向专家、家长咨询，可以和同学们运用“头脑风暴”过程详细阐述或扩大可能的问题解决方法。这是很难完成的工作，尤其当你处于紧张、被威胁、有压力的情况下。有时一个这样的心理图像能够帮助我们：想象你正在一个池塘边捉一条鲤鱼，用来做晚餐，你用一个很大的网把所有你认为可能需要的东西都捞上来了。显然，水草、鳖、虾并不是你目前想要的，对网里不能满足你的需要撇清。在生涯问题解决的这一阶段，个体要列出大致符合自己的兴趣、价值观或技能的所有可能的职业或专业选择。

"综合结晶化"(Synthesis Crystalization)阶段，问题解决者需要把选择清单进行缩减，通常缩减到3～5个选项。认知研究表明，一般头脑中最有效的记忆和工作容量就是5个。这也正是我们常常把电话号码分成3～4个数字组的原因。为了缩减可能选择的清单，问题解决者必须回到分析阶段的结果上，挑选出3～5个最好的选择，这些选择要能消除在沟通阶段所确定的差距，且满足在分析阶段的成因。现在个体可能已经注意到，在分析和综合阶段包含着对信息和决策过程质量的反复核查，做到各种因素的平衡。

（五）评估阶段的运用技巧

评估(Valuing)用来描述CASVE循环的第4个阶段。这是选择一个职业、工作的阶段，是一个做出决定的阶段。

评估阶段的第一步是评估每种选择对问题解决者和他人的影响。要考虑职业选择的因素，要从生理、职业、能力、社会、情绪、健康等方面入手，考虑各方面的价值取向因素，要考察每一选择对自己和对父母、伴侣、朋友、家庭所带来的积极和消极影响。这种评估涉及评估者的是非观念和道德观念，在评估中要回答下列问题：

一是对我个人而言什么是最好的。

二是对个人生活中的重要人物而言什么是最好的。

三是对个人所处的社会而言什么是最好的。

通过评估，力争找出对个人和社会都有利的，有价值的选择。

评估阶段的第二步是对综合阶段得出的各种选择进行排序。能够最好地消除在沟通阶段所确定的存在于现实与理想状态之间的差距的那个职业方向就会排在第一位，次好的选择排在第二位，依次类推。

此时，好的评估者会选出一个最佳选择，并做出情感上的承诺去实施这一选择，职业生涯决策问题到此就解决了。但是，值得注意的是，一旦第一选择因为某些原因不能成功，在评估阶段中排在后面的那些选择也是恰当的备选方案。

（六）执行阶段的运用技巧

执行(Execution)一词描述CASVE循环的最后一个阶段，因为在这一阶段将根据为行动制订的计划把思考转换为行动。执行包括形成手段与目标的联系，以及确定一系列逻辑步骤以达到目标。考虑评估阶段得出的结果，把第一选择作为目标重新建构，然后关注那些有助于达到目标的具体的积极的事物的过程。

执行阶段是"实施自己的选择"的阶段。很多人都觉得在执行阶段制订行动计划是令人兴奋和有价值的，因为终于要开始采取积极行动去解决在沟通阶段确定的职业生涯问题了。这时人们非常集中注意力，精力充沛，积极从外部资源中得到对他们行动的反馈。

然而，那些无法决策的人在这一阶段会体验到压力，因为他们将不得不放弃他们的试探性和不确定感，以加强对他们第一优先选择的承诺。对特定方向或目标的承诺也会带来无法回避的将来失败的风险。

有三种与执行相关的特定活动：计划、尝试、申请。计划是指制订一个获得教育和培训的计划，包括时间和地点。尝试则包括通过合作教育、志愿者经历、兼职工作或必要的课程，以便获得更多关于如何实施一种选择的信息等相关经验。申请包括填写申请表、报名、缴费，以及采取其他具体步骤实施一个有计划的行动方案。

（七）沟通再循环的运用技巧

CASVE 循环是一个自身不断循环的过程。在执行阶段之后，个体又回到沟通再循环阶段，此阶段是一个“了解自己是否已经做了一个好的选择”的阶段，通过此阶段进一步确定已经选取的选择是否是好的，即现实与理想状态间的差距是否已经被消除。

如果 CASVE 循环的问题解决过程是成功的，那么原先在沟通阶段体验到的消极情感就会转化为积极情感，个体将为实施一个确定的选择而形成并执行一项行动计划，如为实现出国的目标参加新东方外语培训，再如为应聘某职位而学习某些课程或接受某项技能培训。

总之，职业生涯决策的 CASVE 模型是一个对解决个人职业生涯决策问题非常有用的模型。

案例分享

2014 年夏季来临，又是一年毕业季，赵俊不知道应该找什么样的工作。他大学学的是计算机专业，他认为计算机专业毕业生需求量大、工资高。在大学三年级下学期赵俊被派到日本实习，和几个同学在一家日本公司做游戏软件，由于英文流畅，并且有一定的日文基础，公司让赵俊负责项目计划控制及资源协调工作。

毕业前的 2 个月，赵俊回到学校，对将来从事什么样的工作一时难以决定。但经过到日本的实习，他觉得自己对技术不怎么感兴趣，他认为自己擅长和人沟通，组织协调能力强，他想做和技术相关的销售工作。他把自己的简历一份份投到多家公司，其中，有一家公司拟录用他，但他对该公司工作的环境和岗位不满意。

他经常上网搜集公司的招聘信息。一个偶然的机会，他在中华英才网上看到 SONY 的招聘信息，SONY 在中国要招聘 25 名应届毕业生赴日本东京工作，岗位涉及工程师、销售等多个岗位。经过对比分析自己的条件和招聘岗位的要求，赵俊决定应聘销售助理岗位。他觉得自己日文流畅，有计算机专业背景和在日本实习的经历，还有项目管理协调的经验，这些是一般应届毕业生所不具备的。

赵俊很顺利地通过笔试，接着凭借自己的实力又通过了第一次面试。在这次面试过程中，赵俊给面试官留下很深刻的印象，因为赵俊实习的地方正是那个面试官的家乡，所以在面试过程中赵俊有意加了几句面试官的家乡话，让面试官觉得很亲切。

第二次面试时，赵俊被告知，市场助理这个职位不在北京招聘，但公司很看重他的能力，问他是否对其他的工作岗位感兴趣，并告诉赵俊有一个新的知识产权的工作岗位在北京招聘，赵俊可以和其他人一样参加这个岗位的第三轮综合面试。赵俊想到自己没有接触过知识产权的知识，不知道这个岗位是否合适自己，回复需要考虑一天。

回到学校，赵俊跑到图书馆，查阅了知识产权相关的知识和岗位工作要求，他觉得自己对这个新领域挺感兴趣，于是他向SONY公司表明自己愿意应聘这个岗位。第三轮面试在两周后，这期间，赵俊天天泡在图书馆，阅读有关知识产权相关的书籍。第三轮面试，赵俊的专业知识让SONY公司招聘主管很吃惊，他说没想到短短的两周时间，赵俊会有如此的进步，赵俊的学习能力让他们很佩服。他们毫不犹豫地录用了他。

【案例点评】

在本案例中，赵俊最初通过与外部的沟通确定了学习计算机专业职业发展方向，后来通过到日本实习，发现了自己擅长与人沟通，组织协调能力强，又确立了想做和技术相关的销售工作的决定。但当国内一家公司拟录用他时，他经过分析、综合和评估，认为该公司工作的环境和岗位不适合自己，就放弃了到该公司工作的机会。

由于赵俊在职业生涯决策方面是一位积极的行动者，经过再次与外部沟通，在获得SONY公司在中国要招聘25名应届毕业生赴日本东京工作的信息后，他经过对比分析招聘岗位与自身的优势，确立了应聘销售助理岗位的决定，并通过自己的积极努力顺利通过了笔试和第一次面试。

当第二次面试赵俊得知自己喜爱的销售助理岗位不在北京招聘，而SONY公司将在北京招聘新的知识产权的工作岗位时，赵俊在经过认真分析对比后发现知识产权的工作岗位所需的知识和要求与自己的兴趣相吻合时，立即做出了应聘该工作岗位的决定，并在短短的两周内，通过刻苦学习，迅速提升自己在知识产权方面的专业知识。

在第三轮面试中体现出优秀的学习能力和良好的专业知识，顺利被SONY公司录取。赵俊的成功说明一个成功的职业生涯决策者，首先是一个与外部积极沟通者，其次是一位善于将外部信息与自身优势对比分析者，最后还是一位积极将自己的职业生涯决策付诸实践并在执行中不断改进调整者。其成功的经验值得大学生认真学习。

第三节　职业生涯决策的方法

一、SWOT分析法在职业生涯决策中的应用

（一）SWOT分析法概述

SWOT分析法原是公司管理中常用的战略分析方法，它是组织综合分析其内外环境，从而为组织中长期发展制定战略的方法。其中，“S”代表Strengths（优势），表示组织所拥有的优势，“W”代表Weakness（劣势），表示组织的劣势；“O”代表Opportunity（机会），表示外部环境中的机会，“T”代表Threat（威胁），表示外部环境对组织的威胁。

SWOT分析法最早是由哈佛商学院的K. J. 安德鲁斯教授于1971年在其《公司战略概念》一书中提出的。安德鲁斯把面临竞争的组织所处的环境分为内环境和外环境，其中内部环境分析包括组织的优势分析和劣势分析，而外部环境分析则包括组织面临的机会分析和威胁分析。

（二）SWOT 分析法的构成

1. 内部环境分析

（1）优势分析

优势分析就是分析这个组织所拥有的资源和能力，即这个组织的核心竞争力，包括组织产品的专利权、品牌优势、在顾客中的良好声誉、由技术垄断带来的成本优势、自然资源垄断的优势、物流优势，等等，这些统统可以让一个组织在与他人竞争时处于有利地位。

（2）劣势分析

劣势分析与优势分析正好相反，它通常是要分析导致一个组织处于市场竞争的劣势地位所缺乏的某种特定资源和能力。例如，没有专利的保护，品牌没有价值，顾客中的声誉不佳，昂贵的成本，缺少自然资源和产品分配的关键渠道。

2. 外部环境分析

① 机会分析可以发现组织盈利和成长的良机，比如未满足的顾客需求、新技术的实施、规章制度的变化和国际贸易障碍的撤除，等等。

② 外部威胁则可能包括顾客对组织产品口味的转移、替代产品的出现、新的规章制度及添加的贸易壁垒。这些都是组织外部环境中一种不利的发展趋势所形成的挑战，如果不采取果断的战略行为，这种不利趋势将会导致组织的竞争地位受到削弱。

3. SWOT 矩阵

如果能够将组织的优势和即将来临的机会很好地进行匹配，那么这个组织同样也会在未来的竞争中处于最佳的有利地位。把 SWOT 决策分析中的四个维度综合起来考虑，即可以建构 SWOT 矩阵。

4. 四种组织发展战略

（1）S-O 策略

S-O 策略（优势与机会策略），是最理想的策略，指组织可以寻找与自己优势相匹配的机会，即组织抓住了外部机会，同时又利用了自身内部的优势，能够最大限度地发挥组织内部优势和充分利用外部机会。S-O 策略应优先安排。

（2）S-T 策略

S-T 策略（优势与威胁策略），是一种内部取向策略，即组织需要利用自己的优势来减少外部环境对组织造成威胁的可能性。根据组织的自身优势，合理安排资源，以对付外部环境所带来的威胁，目的是将组织优势扩大到最大限度，把威胁减少到最低限度。S-T 策略应重点安排。

（3）W-O 策略

W-O 策略（劣势与机会策略），是一种内外取向兼顾的策略，该策略力图使自身的劣势降到最低，同时使外部的环境机会增加到最大，克服自身的弱点以寻求发展的机会。即利用外部机会来弥补内部劣势，使组织的劣势地位有所改善。这种策略一般运用在由于组织内部劣势避免的困难制约了组织利用一些外部机会的情况下。W-O 策略应延期安排。

(4) W-T 策略

W-T 策略(劣势与威胁策略),是一种应付组织危机的策略,通常是组织面临着内忧外患,时时处在被并购或破产的危险时,组织制订一套防御性计划来克服内在劣势同时回避外在威胁。W-T 策略属于暂不安排策略。

上述四种策略可以单独使用,也可以结合起来使用。每个组织应该根据自己的具体情况分析出这些发展策略,最终规划出公司总的发展策略。

(三) SWOT 分析法在职业生涯决策中的应用步骤

1. 明确职业发展方向和职业发展目标

对备选的职业发展方向进行全面、深入的分析比较,权衡利弊,综合考虑,最后将依据现实条件下的"满意原则"确定一个最合理的职业发展方向。

2. 分析环境

要分析家庭环境、学校环境、社会政治环境、经济环境、法律环境、科技环境、文化环境、劳动力市场对拟选职业的影响。还要分析拟选职业在社会大环境中的发展状况、技术含量、社会地位、未来趋势等信息。另外,要分析拟选职业所属行业信息、所属地区信息、所属企业信息。

3. 识别机会和威胁

系统地审视外部环境中存在的机会和威胁。在寻找自己的职业机会和威胁时,要列出自己感兴趣的行业,并认真评估这些行业特点和变化趋势,要明确这些行业所对应的职业群有哪些;各职业的职业资格标准、职业道德规范是什么。要深入了解自己感兴趣的行业的晋升和职务阶梯,各阶梯对从业者的素质要求等。

4. 分析个人的长处和不足

在分析自己的长处和不足时,要结合自己的价值观、性格、兴趣和能力等实际情况分析。通过分析,要明确自己在职业定位中无论如何都不会放弃的职业中至关重要的东西(即职业锚),明确自己在职业定位中所属的类型。

在职业定位中有下列五种类型:第一种是进取型,以达到集团或系统的最高地位为目标;第二种是安全型,以追求认可、工作安全、受人尊敬和成为"圈内人"为目标;第三种是自由型,以在工作中得到最大的控制而不是被控制为目标;第四种是攀登型,以在工作中得到刺激、挑战、冒险为重点;第五种是平衡型,追求在工作、家庭关系和自我发展之间取得平衡为重点。

5. 识别优势和劣势

分析优势以回答"我能够做什么?",分析劣势以回答"我不能够做什么?"的问题。

6. 制定职业发展策略

在内外环境分析的基础上需要制定出职业发展策略。

① S-O 策略(优势与机会策略),即回答"如何加强自身优势,把握外部机会?"

② S-T 策略(优势与威胁策略),即回答"如何利用自身优势消除或减弱外在威胁?"

③ W-O 策略(劣势与机会策略),即回答"如何消除或减弱自身劣势,增大外部机会?"

④ W-T 策略(劣势与威胁策略),即回答“如何在内外困境中尽可能减少不利影响?”

7. 重新评估

对内外环境和职业发展策略进行评估,尽可能做到客观和理性,减少非理性因素影响,使评估过程更现实、科学、可行。

8. 确定职业规划要点

根据 SWOT 分析,对未来职业发展规划中需要注意的问题和所要做的事情进行归纳和列举,明确职业发展规划中的具体内容。

案例分享

王莹,女,25 岁,北京某高校企业管理专业硕士研究生,年底即将毕业。在学校一直担任各种社会工作。生活中,她爱好广泛,多才多艺,多元化、多角色的生活虽然充实丰富,然而也给她即将面临的职业选择带来了一系列的困惑,外向和热情的个性让她在职业选择上有很多想法,面对自己“能做的”和“想做的”各种职业,产生了较大的困惑。

王莹非常自信,同时对自己的要求也比较高,她喜欢并善于组织开展各项学生活动,在大学本科期间就开始担任班级和学生会的学生干部工作,大四那年通过系里选拔成为一名半脱产辅导员,开始一边学习一边从事对学生的日常管理和思想政治教育工作,因此,她有继续留在学校从事学生工作的想法;由于大学期间参与了很多社团工作,她的专业课学得不是特别扎实,这样做行政工作还可以,做技术她既不喜欢,也不擅长。

留校吗?有时她又有一种到外面的世界去闯一闯的想法,希望将来成为企事业的高级管理人才,可是除了文秘、销售类的不需要特别专业技能的工作,其他技术工作,男生更受欢迎;进外企,她的英文又略显不够;还有,她热爱舞蹈和声乐,现在拥有一份健身教练的兼职工作,因此她也想过是否要弃文从艺,完全放下自己在大学所学的专业,进入艺术表演行业打拼。

通过 SWOT 分析,王莹填写出 SWOT 分析表,见表 5-1。

表 5-1 SWOT 分析表

优　势	劣　势
乐观、热情、善良、真诚、宽容 善于沟通,亲和力强 具有较强的学习能力,适应力强 具有较强的艺术造诣:声乐、舞蹈、绘画	女生就业劣势 缺乏社会经验 英语能力偏弱 情绪化,有时易冲动 计划性差,效率低 粗心大意,不够谨慎 有时缺乏挑战困难的勇气
机　会	**威　胁**
认识很多朋友,可获得推荐机会,可以通过做辅导员留校工作,有兼职健身教练的经验	研究生阶段学业还未完成,专业基础不扎实,还需要大力加强,压力大,时光流逝,自己应经 25 岁了

针对上述结果,她确定了以下改进策略。

① 在校期间积极参加学校教师的相关活动,进一步锻炼组织协调能力,拓宽人脉,争

取内部推荐的好机会。

② 尽快提高英语水平，着眼于培养实际应用英语的能力。

③ 学好专业课程。

④ 拓宽知识面，增强与管理相关的能力。

⑤ 参加相应的社会活动，提高社会实践能力，拓宽社会人脉，寻找各种机会。

通过上述自我分析，以及改进策略的可实施性，王莹确定首选的职业是在硕士毕业以后留校做专职辅导员，同时兼职做学校的职业规划师。

【案例点评】

好的职业人生离不开科学有效的职业规划。王莹作为一位女大学生，具有非常鲜明的个性特点，但是这些特点并不一定能够直接转化为实际的工作能力。尤其是大学生因为与社会接触较少，不能了解社会对大学生能力的真实要求，贸然择业不但成功几率不大，而且浪费时间。王莹最后通过SWOT方法对自己各方面的能力条件进行了测试，并以此为依据进行职业规划，这是非常科学有效的，值得各位大学生借鉴。

二、平衡单决策法在职业生涯决策中的应用

（一）平衡单决策法概述

平衡单决策法由詹尼斯和曼(Janis和Mann)于1977年设计，他们将重大事件的思考方向集中到四个主题上，并通过对每个主题所涉及的若干指标进行量化评价。然后依据其在利弊得失上的加权计分排定各个选项的优先顺序，以执行最优先或偏好的选项。该方法主要用于在若干个职业中选择，确定一个最合理的职业发展方向的情况。

在面对自我物质方面的得失主题时，主要从经济收入、工作难度、升迁机会、工作环境的安全、工作自由度、休闲时间、对健康的影响、就业压力等方面加以衡量。

在面对他人物质方面的得失主题时，主要从家庭经济、家庭地位、与家人相处的时间、家庭环境等方面加以衡量。

在面对自我赞许与否(自我精神方面的得失)主题时，主要从生活方式的改变、成就感、自我实现的程度、兴趣的满足、挑战性和创新性、社会声望、符合自我道德标准的程度、达成长远生活目标的机会等方面加以衡量。

在面对社会赞许与否(他人精神方面的得失)主题时，主要从对父母、师长、配偶、孩子、朋友、邻里影响等方面加以衡量。

（二）平衡单决策法用于职业生涯决策采用的维度与相关因素

1. 个人维度

主要考虑的因素有：符合气质与人格特征、符合职业兴趣、符合自我价值观、符合特殊能力、适合所学专业、对健康的影响、休闲时间等。

2. 职业维度

主要考虑的因素有：职业地位与声望、收入、工作环境、职业资格、职业资历、就业竞争、职业发展空间、人际关系扩展、职业风险、职业压力等。

3. 环境维度

主要考虑的因素有：行业因素、地域社会经济因素、可借助的人脉资源、符合家庭期待、得到师长同学认同、减少家庭经济负担等。

值得注意的是，在使用上述维度和因素进行个人职业生涯决策时，必须与个人的实际情况相结合，维度可以统一考虑选用某种模式，但相关的因素则需要依据个人情况进行确定。以上提供的因素只是参考，每个人可以选择部分因素评估，也可以选择全部因素评估，还可以增加一些因素进行评估。

（三）平衡单决策法用于职业生涯决策的步骤与注意事项

(1) 明确评估的对象，即被评估的职业选项。

(2) 明确评估的维度与因素，在职业定位决策中我们一般选择三维度与相关因素的模式。

(3) 将评估对象、维度与因素均填入“职业发展平衡单决策表”中。

(4) 对每个因素确定你的评估权重，从1～5中选择一个整数，并填入表格中相应的位置。

(5) 对每个被选职业的每个因素给出一个原始分。从1～10中选择一个整数，并填入表格中相应的位置。注意分值的正负。

(6) 在所有职业的全部因素分给出后，再次对分数进行审核，需要调整的，可以进行调整。

(7) 将每个原始分与其权重值相乘，其值为权重分，即原始分×权重＝权重分。

(8) 计算每个职业的各因素的合计分，注意将正面分和负面分分别计算求和。

(9) 计算每个职业的总分，即总分＝正面分＋负面分(代数和)。

(10) 确定被评估职业的优先级，分数最高的为最优。

(11) 反思以下几个问题：

① 这个结果是否明晰了当初模糊的选择？

② 是否认可这个结果？

③ 如果对这个结果还不太认可，那么原因何在？

④ 有没有遗漏什么重要的因素？

⑤ 上面这些因素的权重需要重新考虑吗？

(12) 如有必要可以再调整自己的决策平衡单，直到认可评估结果。

（四）平衡单决策法用于职业生涯决策的案例

王磊是计算机专业的应届硕士毕业生，他大二时因参加计算机竞赛获得保送本校研究生的资格，大四时，因计算机竞赛获国际金奖，保研读了本校计算机专业的研究生。王磊在研究生一年级时和7个志同道合的同学开始研发心理测试网站，经过两年的辛勤劳动，目前该网站在试用，并聚集了一定的人气，王磊开始和一些国内外知名门户网站合作。几个同学希望毕业后一起专心创业，同舟共济把公司运营好。

因王磊技术精湛，参加了很多学校的重大课题，他的导师让他留校。

到底是和朋友创业，办自己的公司，还是按导师的要求留校工作？职业的选择会影响自己的一生，何去何从，王磊很苦恼。他决定用平衡单决策法对个人的职业生涯做出决策。具体步骤如下。

第一，结合自己的实际感受和情况，从个人物质得失、家人物质得失、个人精神损失和他人精神损失等方面所包含的项目加权得出表5-2。

表5-2　王磊职业定位平衡表

	权重	创业	研究	教师	一般工作
一、个人物质得失					
经济收入	4	3	2	1	2
工作的困难程度	1	−4	1	2	2
升迁的机会	2	0	1	1	3
工作环境的安全	0	−4	4	4	3
工作自由度	5	5	2	3	1
休闲时间	1	2	3	3	1
生活变化	4	1	−3	−2	2
对健康的影响	3	−2	4	2	1
就业机会	1	0	4	1	3
二、家庭物质得失					
家庭经济收入	2	2	2	1	2
家庭社会地位	2	3	2	3	1
与家人相处的时间	1	2	3	3	1
家庭的环境	3	0	0	2	1
三、个人精神损失					
生活方式的改变	3	3	2	0	1
成就感	5	4	1	2	−1
自我实现的程度	3	−1	1	2	−1
兴趣的满足	4	4	1	2	0
挑战性和创新性	4	5	1	2	−2
社会声望	2	0	1	3	1
符合自我道德标准的程度	3	2	1	1	1
实现长远生活目标的机会	3	3	6	1	1
四、他人精神得失					
父母	2	−2	5	4	1
师长	1	−3	1	5	1
配偶	3	−2	1	2	1
孩子					
朋友					
邻里					
其他					
合计		109	98	100	47

第二，按权重从1～5计分，分值越高，重要程度越高，选项从－5到＋5计分，分值越高，重要程度越高。

第三，对各种可能的选项的得分统计汇总，以得分最高者作为自己的职业定位。

从表5-2中可以看出，王磊的职业定位比较明显，他认为创业的机会比较重要，应积极争取实现，如果今后想当教师，他可以再考博士，继续进修，然后回校当教师。他现在年轻有激情，有闯劲，可把握创业机会，好好干一场。

思考题

1. 简述职业生涯决策概念及意义，职业生涯决策的基本过程。
2. 试述影响职业生涯决策的主要因素。
3. 试述运用职业生涯决策CASVE模型的主要技巧。
4. SWOT分析法应用于职业生涯决策的案例对你有哪些启发？
5. 平衡单决策法应用于职业生涯决策的案例对你有哪些启发？

本章实训

1. 结合自己的实际情况完成SWOT分析

机会(Opportunity)	优势(Strength)
劣势(Weakness)	威胁(Threat)

2. 利用平衡单决策法确定自己的目标职业

	权重	创业	研究	教师	一般工作
一、个人物质得失					
经济收入					
工作的困难程度					
升迁的机会					
工作环境的安全					
工作自由度					
休闲时间					
生活变化					
对健康的影响					

续表

	权重	创业	研究	教师	一般工作
就业机会					
二、家庭物质得失					
家庭经济收入					
家庭社会地位					
二、家庭物质得失					
与家人相处的时间					
家庭的环境					
三、个人精神损失					
生活方式的改变					
成就感					
自我实现的程度					
兴趣的满足					
挑战性和创新性					
社会声望					
符合自我道德标准的程度					
实现长远生活目标的机会					
四、他人精神得失					
父母					
师长					
配偶					
孩子					
朋友					
邻里					
其他					
合计					

拓展案例分享

赵先生的频繁求职

赵先生三年前从南京一所高校研究生毕业后，学药学专业的他比较顺利地进入一家公司担任生产监督，在这家公司，赵先生是一位中层领导，虽然专业比较对口，可是赵先生做得并不开心，除了薪水比较令人满意外，在人际、发展空间等方面赵先生并不满意。工作了两年多，当他看到和自己一起毕业的同学都“混”得比自己好的时候，原本还有点犹豫的辞职想法就更加坚定了。

当时的他觉得凭着自己的学历和经验，找一份满意的工作应该没有问题。可是当重新开始找工作的时候，才发现现实与自己的预想存在很大的差距，找工作困难重重。找了将近一个多月仍然未果后，赵先生就有点心浮气躁了，最后在同学的帮助下，他到一家杂志社担任编辑。

在这个与自己所学专业相差十万八千里的新岗位上，赵先生没做多久就因为不能胜任主动辞职了。之后赵先生就过上了不安分的“跳蚤生活”。在短短一年的时间里，就已经换了7份工作，来到“独之秀”时他刚刚辞去了第8份工作。此时的他已经迷茫到极点，心里的焦躁也与日俱增。他想通过这里的专家告诉自己下一步该怎么走？

在职场上，他人的得意往往能成为刺激自己有所作为的动机，这也是一把双刃剑，它可以给你带来压力和动力，也可能会让你变得摇摆不定甚至迷失自我。像赵先生这样的早年研究生，比别人在学历上虽然有优势，可是在职场上未必就能事事顺利。因为作为研究生，学历的光环使得他们不甘心随随便便找份工作，可是真正适合自己的工作又可遇不可求，于是就像赵先生那样，陷入了求职的困惑中。

“独之秀”的专家通过对赵先生进行综合分析和测评，根据他的性格特征，以及结合他本人求高薪又想有比较大的发展空间的意愿，最终将他定位为从事医药行业采购的工作方向上，应他本人的要求，专家还为他量身定做了一套适合他本人求职的个人简历，同时在面试技巧上也给予了相应的指导。

精心的准备终究没有白费，在通过了三轮面试之后，赵先生幸运地被一家大型的保健品公司聘用，除了薪水比较满意外，该公司定期的员工培训计划更是让赵先生兴奋不已。现在的他已经完全走出了迷惘的阴影。凭着赵先生的职业性格和职业能力，他一定可以在新的岗位上游刃有余、大展拳脚。

【拓展案例点评】

随着高校的不断扩招，以及随之而来的研究生扩招，硕士文凭似乎越来越司空见惯。如今，当求职者手执那纸分量还算可以的毕业证书找工作的时候，总是不能得到让自己非常满意的工作。毋庸置疑，学历是一个门槛，但绝不是唯一的“就业资质”，除了一些自我的内在优势外，领域内的专业知识更是必要条件。

如果只是随波逐流，而不对自己进行科学的分析评估，忽略了本身的实力、兴趣和对未来的规划，很可能会得不偿失。就像案例中的赵先生，正是因为他的盲目择业，才导致一年换8份工作的惨状，浪费了职业生涯里整整一年的黄金时间。需要提醒大家：当遇到职场困惑的时候，一定要冷静地想好，明确自己要走的可行性的职业发展道路，只有稳扎稳打，才能早日接近成功！

第六章　大学生就业能力的培养与就业准备

【引言】

大学能培养一切能力,包括愚蠢。

——契诃夫

【教学目标】

通过本章的学习,使大学生明确具体的学习目标和素质拓展目标,了解顺利就业的条件,以及成功应聘所需要注意的问题。

【核心概念】

职业知识、职业能力、就业能力、应聘。

成功不是偶然的

郑华一进大学就开始筹划自己未来的职业。根据自己性格外向,喜欢快节奏生活的特点,结合自身的优势和不足,他认为自己不适合从事科研和教育类型的职业,可以胜任的是企业工作。还在大三时,他就和大四的好友一起去参加了人才交流会。

在人才市场中,他深刻体会到了大学生求职和择业的艰辛,但同时他也发现外语和计算机能力是大学生求职能否成功的重要因素,而自己却在这两个方面能力一般,毫无优势。因此,回到学校后,郑华更加努力地学习,尤其加强了对外语口语和计算机能力的训练。

2014 年底,通过努力,郑华考取了计算机二级水平证书,通过了大学英语六级考试。到毕业前夕,他已经拿到了企业普遍要求的所有证书,因此,他顺利地通过了单位的初试,在面试时,他用一口熟练的英语与考官交流,给考官留下了深刻的印象,当然,郑华顺利地应聘到了一家国际知名的大公司工作。

【案例点评】

郑华的成功不是偶然的。在就业形势严峻的形势下,他之所以能够应聘成功,在于他深刻地理解未雨绸缪的重要性,能够为自己将来的就业做好充分的准备,所以,在激烈的就业竞争中能够立于不败之地。

第一节 大学学习与职业素质的培养

在人才济济的今天，用人单位对大学生的素质要求比以前更高。因此，正处在职业准备期的大学生应为就业早做准备，尽早规划在大学的学习生活，根据社会需要塑造自己，按照用人单位的要求充实和完善自己，不断提高自身的综合素质，为日后的就业和职业生涯发展做充分准备。

一、大学的功能与大学学习的特点

（一）大学的功能

大学的功能是指大学应该或可以在社会发展中发挥什么样的作用。人们常用培养人才、发展科学、服务社会和传承文明来概括大学的功能，这四大功能经过历史的沉淀和印证，使大学焕发强大的生命力。

1. 培养人才

大学是人才成长的摇篮。培养人才是大学自产生之日起就具有的基本功能，也是大学的根本任务，因此，大学教育的一切工作都要把培养人才放在首位。但是由于大学具有历史性，在不同的历史时期、不同的国家和地区，大学培养人才的目的、规格、模式等是不尽相同的。

例如，在历史上，英国的大学以培养贵族、绅士为目标；德国的大学把学术发展看做自身的目的，以培养学者为目标；美国大学以培养为社会服务的人员为目标；我国正处在社会主义现代化建设的关键时期，需要一大批德才兼备的人才。

当今时代，由于国家间的竞争主要集中在科技与人才的竞争上，人力资源是一个国家最重要的战略资源，因此，现代大学教育在注重培养学生专业能力和从业素质的同时，更要着力培养学生的创新精神和创新思维，增强学生的实践能力、创造能力、就业能力和创业能力，强调科学培养和人文培养的统一，注重人的全面发展。

2. 发展科学

开展科学研究是现代大学的又一项重要功能。大学开展科学研究活动，既是培养科学人才不可缺少的途径，也是社会进步、经济发展的客观要求。德国教育家威廉·冯·洪堡提出了"教学与科研相统一"的新大学理念，认为大学担负着探求学术真理和培养学生的个性与品德的双重使命。

大学科学研究的开展，不仅使大学的学科、专业和课程建设、学习内容和方式等与科学技术的发展紧密联系在一起，使新的科学研究成果进入大学课堂，促进大学教学内容不断更新、学术水平不断提高，而且也为大学创造了良好的科学研究氛围，为开展科学研究、发展科学创造了良好的物质条件和精神条件。

3. 服务社会

从某种意义上说，培养人才和开展科学研究都是大学为社会服务的途径和形式。但大学面向社会，直接为社会服务，则始于 20 世纪初的美国大学。促进近代大学最终走向社会，将培养人才、科学研究和为社会服务三大功能整合为一体的是美国大学中具有代表意义的威斯康星大学。

威斯康星大学明确提出，服务社会是大学的重要功能，大学的基本任务是把学生培养成有知识、能工作的公民；进行科学研究，创造新文化、新知识；传播知识给广大民众，使之能用这些知识解决经济、生产、政治及生活方面的问题。威斯康星大学服务社会的理念对近、现代大学服务社会的内容和形式产生了重大影响。

大学服务社会主要表现在两个方面：一方面，大学通过开展有关技术知识的社会服务，解决经济生产部门在技术革新、设备改造、科学实现等方面的问题，从而提高经济效益；另一方面，大学服务社会还表现在将某些科学的新发现直接转化为技术，促进新产业的兴起，并影响社会经济结构的变化。同时，大学服务社会不仅面向经济生产领域，还将视线转向更为广阔的社会生活领域，如科技、卫生、文化、教育等方面。服务的对象既有政府部门，也有企事业单位，还有个人，其形式也趋于多样化。

4. 传承文明

传承文明是现代大学的第四大功能。所谓传承文明，就是大学对人类文明成果的保存、传递，并且通过创造新的文明来充实人类文明的宝库。大学通过培养人才来保存和传递人类的文化成果，通过开展学术研究来创造新的文化成果，由此实现对文明的传承，并通过国际学术交流的方式实现不同文明的对话和沟通。

大学培养人才、发展科学、服务社会和传承文明的四大功能相互联系，相互渗透，共同构成了现代大学的功能体系。

（二）大学学习的特点

大学的学习在很大程度上既不同于中、小学阶段的基础性学习，也不同于中等教育或职业教育，其特点主要表现在以下三个方面。

1. 自主性

大学学习的自主性主要体现在两个方面。

一是表现在对自由时间的安排和处理上。与中学相比，大学里自由时间比较多，能否科学管理和利用好自己的时间，合理做好自己的学习计划，对大学阶段的学习效果至关重要。

二是表现在对学习内容的选择上。大学生活是丰富多彩的，但是作为学生，应该把学习放在首位，要主动结合自己今后的职业发展方向和目标，结合自己的兴趣和爱好，有目的、有计划、有侧重点地学习。在大学阶段谁能自主自觉地学习，谁就能掌握未来竞争的主动权。

2. 探索性

大学的任务之一是经过一定的专业知识的学习和能力训练后，大学生应该初步具备科学研究的能力，为今后的学习深造或职业生涯打下基础。因此，在大学阶段，学生不能只满足于教学大纲规定的要求和任课教师讲授的内容，而是要勇于探索未知领域，要充分利用图书馆、实验室，并积极进行社会实践、进行科学研究的尝试，以发展自己的创造能力。

3. 独立性

大学学习的特点在于，在教师的引导启发下，借助读书或实践，通过自己的独立思考，举一反三，触类旁通，或运用所学知识分析问题和解决问题。这种独立性学习不同于中小学阶段的"识记"性学习，它为大学生以后走上工作岗位进行科学研究和从事创造性劳动做好充分的准备。

小贴士

哈佛大学图书馆里的20个名言

1. 此刻打盹，你将做梦；而此刻学习，你将圆梦。（This moment will nap，you will have a dream；But this moment study，you will interpret a dream.）

2. 我荒废的今日，正是昨日殒身之人祈求的明日。（I leave uncultivated today，was precisely yesterday perishes tomorrow which person of the body implored.）

3. 觉得为时已晚的时候，恰恰是最早的时候。（Thought is already is late，exactly is the earliest time.）

4. 勿将今日之事拖到明日。（Not matter of the today will drag tomorrow.）

5. 学习时的苦痛是暂时的，未学到的痛苦是终生的。（Time the study pain is temporary，has not learned the pain is life-long.）

6. 学习这件事，不是缺乏时间，而是缺乏努力。（Studies this matter，lacks the time，but is lacks diligently.）

7. 幸福或许不排名次，但成功必排名次。（Perhaps happiness does not arrange the position，but succeeds must arrange the position.）

8. 学习并不是人生的全部。但既然连人生的一部分——学习也无法征服，还能做什么呢？（The study certainly is not the life complete. But，since continually life part of-studies also is unable to conquer，what but also can make?）

9. 请享受无法回避的痛苦。（Please enjoy the pain which is unable to avoid.）

10. 只有比别人更早、更勤奋地努力，才能尝到成功的滋味。（Only has compared to the others early，diligently，can feel the successful taste.）

11. 谁也不能随随便便成功，它来自彻底的自我管理和毅力。（Nobody can casually succeed，it comes from the thorough self-control and the will.）

12. 时间在流逝。（The time is passing.）

13. 现在流的口水，将成为明天的眼泪。（Now drips the saliva，will become tomorrow the tear.）

14. 狗一样地学，绅士一样地玩。（The dog equally study，the gentleman equally plays.）

15. 今天不走，明天要跑。（Today does not walk，will have to run tomorrow.）

16. 投资未来的人是忠于现实的人。（The investment future person will be，will be loyal to the reality person.）

17. 教育程度代表收入。(The education level represents the income.)

18. 一天过完,不会再来。(One day, has not been able again to come.)

19. 即使现在,对手也不停地翻动书页。(Even if the present, the match does not stop changes the page.)

20. 没有艰辛,便无所得。(Has not been difficult, then does not have attains'.)

二、大学生职业知识准备

(一)职业知识的构成

职业知识是指人们在各种职业实践中所获得的认识和经验的总和,它作为知识的一个方面,是人们在职业活动中所必备的,是职业发展的基石。

知识的构成可分为显性知识和隐形知识。显性知识是指能够以书面文字、图表和数学公式精确、正式表达出来,具有规范化、系统化特点的知识,如数学公式,它容易进行沟通与分享。大学生在学校里学到的各门基础课、专业课知识就属于显性知识的范畴。隐性知识则是指高度个人化的、很难规范化表达出来的知识,如个人工作经验等。

隐性知识是无法用文字或句子表示,主观且实质的知识,是特殊情境下的产物,包含认知技能和经验衍生的技能。

对大学生来说,大学期间的知识构成已从初高中的学习具体的科学知识及自然规律和原理,逐渐转变为提高"分析问题能力""创新能力""解决问题能力",以及培养"创造性思维""团队精神""组织协调能力"的方向上。对大学生来说,显性知识和隐性知识都很重要,而在个人发展中,隐性知识显得更重要。

(二)不同类别职业对职业知识的要求

1. 管理类职业的要求

管理类职业包括经济管理、企业管理、金融管理、财政管理、贸易管理、行政管理等工作。此类职业者在其知识结构上应具备相关的专业知识。此外,对国家相关政策法规、行业规范等也要精通。

2. 工程技术类职业的要求

工程技术类职业包括计算机网络、电子通信、建筑工程、机械仪表、生物工程等工作。这类工作要求对相关的专业技术知识有较为深入的了解,特别要对一些理论前沿的知识有所掌握,并能熟练操作相关技术。

3. 科研类职业的要求

科研类职业主要是指基础理论研究、信息情报研究、应用技术研究等职业。此类职业要求求职者具有特别扎实的专业基础知识,除此之外,还需要掌握先进和科学的研究方法,具有一定的开拓创新的精神。

4. 教育类职业的要求

教育类职业包括高等教育、基础教育,以及各类职业教育的教师及培训人员。这类职业要求求职者具备掌握辩证唯物主义的基础理论和深厚的专业理论知识,熟悉本专业的最近研究成果和发展趋势，了解学科特点，掌握基本的教育理论和方法，具备较高的文化素养。

5. 服务类职业的要求

服务类职业包括销售类、金融服务类、旅游服务类、客户服务类等工作。这类工作要求求职者掌握相关的专业知识，并能熟练应用人际沟通、客户关系管理等方面的知识。

（三）职业知识准备的途径

1. 在校园里学习

（1）充分利用课堂学习

大学生应充分利用学校的课堂资源，积极参与课程学习，积累系统、全面的专业知识。有一些学生认为大学里学到的知识在未来的工作中能用到的很少，因此，对待学习的态度马马虎虎。持这种观点的学生忽略了对隐性知识的学习，大学学习不仅是被动地接受知识，更需要学生进行积极思考。

有一些课程，老师提出的问题的答案并非唯一，这就需要学生通过查阅资料、讨论研究，从不同角度进行分析，在这个过程中不断提升自己解决问题的能力。

因此，大学的学习，要求学生具有更强的主动性，多看书、多思考、多提问，遇到问题多问几个为什么，要注重对问题的分析过程，而不仅仅是结果。同时，学习也是一个积累的过程，需要大学生在日常的学习过程中养成良好的学习习惯，厚积薄发。

（2）积极参加校园活动

校园活动是大学生自愿参加的校园生活的一部分。它包括政治性的、学术性的、知识性的、艺术性的、娱乐性的、公益性的活动。参加校园活动能使学生获得课堂上学习不到的东西。校园活动的形式多种多样，包括学术讲座、论坛沙龙、各种比赛等，这些活动能够给学生提供增长见识、结交朋友、激发潜能的机会，大学生们应当好好把握。

2. 在社会中学习

（1）广泛参加社会实践

大学阶段是一个人从单纯的校园环境进入社会环境的一个过渡阶段，因此在这个阶段中参加社会实践是非常有必要的。社会实践一方面可以帮助大学生了解社会，另一方面也可以使大学生查找自身存在的不足，从而更顺利地融入社会。

（2）利用媒体资源增长见识

现代社会是一个知识急速更新、信息极度发达的社会，大学生不能做“两耳不闻窗外事”一味死读书的书生，而要紧随时代步伐，关注国家大事，掌握最新知识，做一个眼界开阔的人。大学生可以用到的媒体资源包括：书籍、杂志、报刊、电视广播、互联网等。

三、大学生职业能力培养

（一）职业能力的含义和特点

1. 职业能力的含义

职业能力到目前为止，理论界尚无统一的定义。常用的定义或描述有以下几种。

国际劳工大会：个体获得和保持工作，在工作中进步，以及应对工作生活中出现的变化的能力；美国教育与就业委员会：获得和保持工作的能力，进一步讲，是在劳动力市场内通过充分的就业机会实现潜能的自信。

综合上述定义，本书认为：职业能力是人顺利完成职业活动所必需的并影响职业活动效率的个性心理特征，即个体从事职业活动的能力。

2. 大学生职业能力发展的特点

(1) 基础性

大学生职业能力的发展以一般职业能力发展为主，在专业学习的基础上，略显特殊职业能力发展的倾向。大学生，在"宽口径，厚基础"的人才培养指导思想下，强调通识教育。

其重点在于与各种职业及社会生活息息相关的基本能力的培养，以及未来优秀公民基本素养的积淀，如思考、分析、判断等学习能力，相互了解与沟通的语言文字表达能力，人际交往与协调能力、自我管理能力、对学习和生活实际问题的解决与创造能力，以及对"止于至善"的人生价值理想和道德的坚守。这些都是未来各种职业活动所必需的一般职业能力。

与此同时，通过特定的专业知识学习和专业技能训练，大学生初步表现出指向特定职业领域特殊职业能力的发展倾向，为日后职业的获得，以及实际职业活动中职业能力的进一步形成和发展奠定必要的基础。

(2) 延展性

大学生职业能力的发展以大学学习活动和校园文化生活为核心，是以学习和适应能力为基础，伴随大学生社会实践活动领域的不断扩大，实践活动形式和内容更加丰富。大学校园文化丰富的内容和多样的学习形式对大学生职业能力的培养起着至关重要的作用。学校的日常教学活动和学生会、社团的课外活动及校外活动的广泛开展，使大学生形成形式多样、内容丰富的团体。

在各种集体活动中，学生在与不同成员、不同角色人员，以及学校和社会不同部门、机构的沟通、协作过程中获得解决问题、人际沟通、组织协调等一般职业能力并拓展相应的特殊职业能力，如演讲、外语、程序设计等职业能力。

大学生虽然在身心等许多方面已接近成熟，但其校园集体活动范围与内容的特定性，以及未来实际职业活动领域与内容的不确定性，使得大学生的职业能力具有相当的不确定性与延展性。

(3) 潜在性

一方面，由于大学生并未真正进入实际的职业环境，其职业活动具有兼职性和零散性，决定了大学生职业能力无从充分体现和发展；另一方面，大学校园文化生活内容的规定性和特定性，决定了大学生职业能力的发展以知识准备、基本技能和职业价值观的形成为主，更多表现为潜在职业能力即形成一定的职业倾向，而非实际职业能力。

大学生职业能力的发展是一项社会系统工程。大学对其发展负有道德培养、知识教育、技能传授的职责，主要是为学生的发展提供一个良好的基础和准备，社会其他组织和团体，如政府、企业等则需要为他们提供更多的选择空间和实现条件，继续深化大学生的职业发展。

社会组织和团体相对于大学拥有更多的职业发展资源和环境，“准社会”组织与真实社会组织之间的差异只有在现实活动中才能得到磨合和校正，大学生在学校中接受的教育和积淀的职业能力倾向才可能由潜在转化为实际的生活智慧和能力。

另外，社会职业价值观对大学生职业能力发展的影响是深刻而持久的。职业价值观对大学生未来的职业领域和具体职业活动的选择，对职业活动时间和精力的投入及分配都发挥着至关重要的影响，从而制约大学生实际职业能力的发展水平和状况。而大学期间的学习和对社会的了解，是大学生职业价值观形成的重要阶段，其职业价值观的形成对大学生未来职业能力的发展是潜在而长久的。

（二）职业能力的分类

职业能力由一般职业能力和特殊职业能力构成。一般职业能力是指人们从事不同职业活动都必须具备的共有能力，它广泛地运用于各种不同的职业活动中，并保证人们顺利、有效地掌握职业知识和职业技能，是人们顺利地完成职业活动的基础能力，也是发展、提高特殊职业能力的基础条件，诸如学习能力、语言文字表达能力、人际社交能力、心理调适与承受能力、自我管理能力、实际操作能力、创造能力等。

一般职业能力可以在个人一般活动中得以表现和发展。特殊职业能力就是从事某种具体的职业活动必须具备的能力，如组织管理能力、外语和计算机应用能力、教育教学能力、计算能力、设计及绘画能力、体育运动能力、音乐能力等。特殊职业能力只能在个人具体或专业的职业活动中得以表现和发展，又称专门职业能力。

对大学生来说，培养良好的职业能力对于未来的职业发展来说是非常有必要的。与特殊职业能力相比，一般职业能力显得更为迫切和重要。一般职业能力有以下几种。

1. 表达能力

表达能力包括语言表达能力和文字表达能力，这是日常生活和职业发展都离不开的能力。语言表达能力是指对词及其含义的理解和使用能力，对词、句子、段落、篇章的理解能力，以及善于清楚而正确地表达自己的观念和向别人介绍信息的能力。

文字能力是运用文字交流信息、表达思想感情、反映客观事物的能力，是一个人文字表达、文字处理、驾驭文字能力的综合表现。

在实际工作中，一个人的表达能力如何，直接关系到工作效率和工作质量，甚至关系到单位的形象。信息技术的高度发展在给人们带来便捷的同时，也在某种程度上助长了人的惰性，很多人的表达能力，特别是文字能力日渐下降，大学生提高文字能力已成为一项非常紧迫的任务。

大学生应该仅仅抓住求学的黄金时期，努力提高自身的文字能力，为将来的职业生涯做好铺垫。一是要多学多看。“博观而约取，厚积而薄发。”要加强理论学习。二是要多写多练。大学生要敢动笔、常动笔，互相交流，互相指正，共同提高。三是要多实践。可以参加各种文学社团或读书会，在文字的实际运用中发现不足，并有针对性地加以提高。

2. 人际交往能力

人际交往能力是指个人在实际工作中与他人交往、沟通、合作、帮助别人和获取别人帮助的能力。马克思指出：“一个人的发展取决于和他直接或间接进行交往的其他一切人的发展。”

良好的人际交往能力是建立良好人际关系的基础和前提。良好的人际交往能力既有利于个人心理的健康发展和自我意识的发展与完善，也有利于人们建立广泛的工作关系，扩展自己的工作活动范围，争取公众的理解和支持，为解决问题与外界交涉奠定良好的基础。

大学生要通过各种方式和途径扩大自己的交往范围，提高交往能力：要关心别人、理解别人，要具有说服别人的本领；善于察言观色，与人促膝谈心，把握住其思想脉搏，循循善诱，因势利导；要有积极的心态，大胆走出校门，消除恐惧，敢于接触社会各种层面、各种职业的人；在实际的交往生活中去体会、把握人际交往中的各种方法和技巧，而不是消极回避，封闭自己；要以诚交友，以诚办事，平易近人，善与人和；要提高对社会情境的辨析能力和对其他人心理状态的洞察力；要从小处做起，注意社交礼仪，规范自我言行举止，注意细节，养成好习惯。

3. 学习能力

随着社会经济的快速发展，人们对知识的渴求日益强烈，学习已成为人们适应时代发展要求的必然途径。“学如逆水行舟，不进则退。”会学习的人是最有前途的人，也最有希望成为优秀的人。所以，无论是在校期间还是工作之后，都不能放松学习，要抓住每一次学习机会，不断增强自己的学习能力，只有如此，才能适应不断变化和日趋激烈的职场竞争。

4. 逻辑思维能力

逻辑思维能力是指按照逻辑思维规律，运用逻辑方法进行思考、推理、论证的能力。它往往是在分析、综合、抽象、概括和推理证明中所表现出来，它是保证人的认知活动得以正常、有效地进行的一种心理素质。用人单位常会考察应聘者的逻辑思维能力。这种考察不是考核专业知识而是考核应聘者对各种信息的理解、判断、分析、综合、推理等日常工作和生活逻辑思维能力。

逻辑思维能力的培养除在课堂上要加强学习外，还要积极参加各种实践活动，主要通过演讲、辩论、论坛等活动培养。

5. 时间管理能力

时间管理是安排一项任务从开始到完成的全过程的能力。能够保证一项重要任务按时、按质完成就是一个合格的时间管理者。在完成重要事情的时候，时间管理被认为是越来越有效的做事方式。

不少大学生不会进行有效的时间管理，特别是临近毕业，各种事务堆积在一起时，一些学生由于缺乏时间管理能力，而出现顾此失彼的情况。

有效的时间管理需要有效的自我控制和协调，把所有需要完成的任务按照轻重缓急进行分类，控制干扰因素，排好优先级，一件一件完成。

6. 压力管理能力

压力是身体的、心理的或与表现相关的对内部或外部事情的反应。压力的表现包括做事拖拉、用餐匆忙草率、听力困难或难以入睡、东西放错地方、健忘、缺乏激情、经常迟到或工作毫无创新等。压力持续时间长了，会导致毫无产出、沮丧、疾病、精疲力竭、长期疲倦感、肥胖、头痛和长期缺乏快乐和激情。

大学毕业对自己的职业发展进行选择对每一个大学生来说都是一项挑战，也一定会带来压力感。面对压力，大学生可以通过与朋友、家人、老师、心理医生或受过专业训练的职业人士谈心，找到产生压力的根源，然后采取一些积极的措施帮助自己减压。

小贴士

根据美国“全国大学与雇主协会”在2002年的调查，重视的技能和个人品质按顺序排列如下。

1. 沟通能力。
2. 积极主动性。
3. 团队合作精神。
4. 领导能力。
5. 学习成绩。
6. 人际交往能力。
7. 灵活性、适应能力。
8. 专业技术。
9. 诚实正直。
10. 工作道德。
11. 分析和解决问题的能力。

（三）提升职业能力的途径

1. 充分利用大学时光

大学阶段是一个人成长的重要阶段，在这个阶段，人的价值观、人生观、性格脾气都逐渐定型。因此，这一阶段对人的塑造起着非常重要的作用。大学生活与高中生活相比，变得比较自由松散，这就要求大学生要有自控能力，多交益友，养成良好的习惯，不要沉迷于对自己无益的事情中。

大学的生活是丰富多彩的，除了完成学业之外，大学生还可以参加各种校园活动，比如各种讲座、研讨会、社团活动、社会实践等。通过这些活动结交朋友、开阔眼界、锻炼能力。

2. 培养主动学习的习惯

大学的学习更多的是靠自学，大学生不应只满足于亦步亦趋地跟着老师学习，而应当主动走在老师的前面。中学的学习更注重记忆，而大学的学习更注重理解和思考。除了完成课堂的学习之外，大学生还应该进行扩展学习，借助图书馆、互联网等手段，培养独立学习和研究的本领，养成主动学习的习惯。

3. 加强心理调节能力的培养

培养良好的心理调节能力应注重以下几方面。

第一，正确认识自我。大学生对自身要有一个正确、客观的认识，培养接纳自我的态度，不断完善自己。面对挫折要有正确的认识，采取理性的方法应对。

第二,养成科学的生活方式。科学研究证明,良好的生活方式有益于心理健康,因此,大学生要养成有规律的作息、坚持体育锻炼、讲究卫生等习惯。

第三,加强自我心理调节。心理调节包括调整认知结构、情绪状态,锻炼意志品质等。大学生应当正视现实,遇到困难或挫折学会自我调节,充分发挥主观能动性去实现目标。

第四,求助于心理老师或专业咨询机构等。当遇到个人无法解决的心理困扰时,大学生可以去寻求外界的帮助。在国外,心理咨询是很正常的行为,而在我国还没有得到公众的普遍接受。对于大学生来说,应当正确地看待心理咨询,不要避讳咨询,专业人士的帮助往往能达到事半功倍的效果。

四、大学生就业能力培养

(一)就业能力的含义

美国教育与就业委员会对就业能力的定义是获得和保持工作的能力。就业能力简单说就是获得工作和保持工作岗位的能力。从高等教育的角度讲,大学生的就业能力是指大学生在校期间通过对专业及相关知识的学习、积累和对自身潜能的开发,获得就业目标和实现理想,继而满足社会的需求,在社会活动中体现自身价值的本领。因为获得就业只是一种暂时状态,而拥有就业的真正本领才能保持职业生涯的稳定与长久。

大学生就业能力也不仅仅指独立于个人拥有的其他能力之外的某种特殊能力,而是指能够满足职业岗位要求的各方面的综合能力。如果能力单一,即便很突出,也很难符合岗位的要求。

综上所述,大学生的就业能力是指在校期间通过学习或实践而获得工作的能力,是一种与将来职业相关的综合能力。它不单纯指某一项技能,而是多种能力的集合,是学习和综合素质的开发获得的能够实现就业、满足社会需求,在社会生活中实现自身价值的能力。

(二)大学生就业能力的构成

关于就业能力具体包括哪些能力,至今仍没有定论。这个问题从社会需要的角度,从培养者的角度,从学生角度等侧重点会有所不同。从社会发展对就业能力的要求,也就是用人单位所要求的毕业生素质和能力来看,学生个人需具备以下就业能力。

1. 基本道德素养

道德品质是一个人安身立命之本,一个成熟的用人单位在招聘应届生时,首先考虑的往往是道德品质方面的素质,尤其是诚信意识、奉献精神和责任感。其次是工作态度,敬业精神是不可或缺的,在当今的职场环境中,必须具备明确的工作目标和强烈的责任心,只有积极踏实的工作,才能有效地完成自己的本职工作。有了敬业精神,其他素质就相对容易培养了。

2. 团队意识

目前越来越多的用人单位对毕业生性格和心理素质进行测试,以检验毕业生能否融入本单位文化,用人单位所期待的员工,要专业能力出众,更要认同用人单位的文化。

现在很多优秀的用人单位都很注重团队协作精神，将之视为本单位文化价值之一，希望员工能将个人努力与实现团队目标结合起来，成为可信任的团队成员。否则，即使个人能力再强，业绩再突出，如果不能维护团队利益，最终也会被用人单位淘汰。

大学生求职前要对所选择的用人单位的文化有所了解，以用人单位的文化来约束自己的行为，为用人单位尽职尽责。

3. 基本职业能力

基本职业能力包括创新能力、应变能力和学习能力。每一个组织都欢迎拥有思想和创新能力的人，创新是赢得成功的一个重要保证。每个用人单位都是处于不断发展之中的实体，在其发展过程中会遇到许多意想不到的新问题，都希望拥有那种具有高度灵活应变能力的人。这就需要员工学会分析，学会选择，学会判断和决策。具有应变能力，能灵活地适应各种场合的变化。

具备学习能力，养成“终身学习”的习惯，不断吸收新的知识和技能，这样才具有发展潜力，成为有发展前途的员工。

4. 实践经验

工作实践经验包括实习经验、项目经验、兼职经验。用人单位通过参考应聘者提供的相关工作经验，考核应聘者是否做过空缺职位的相关工作，并积累了相关经验；是否熟悉该项业务流程的运作，能否以最快的速度投入工作中，并带来新的思路和方法。所以，即便招聘的是应届毕业生，用人单位也非常看重具备相关工作实践经验。

拓展知识

国外大学生社会实践活动

在欧美许多大学，专业实践或实习大多是正规的教学计划，并给予一定的学分。美国一些工科院校规定，大学生在大学四年学习期间要花15个月的时间在工厂、企业学习。在哥伦比亚大学，国际关系专业的学生可以到联合国旁听席上“听课”，学经济的可以去华尔街实习。在其他一些大学，学历史的要去档案馆、博物馆见习，学法律的要去立法、司法机构见习，学政治的要在政治机构或公共决策机构工作见习。

在前苏联及一些东欧国家，专业实习的情形与美国类似，在德国，专业实习也受到高度重视。如工科院校规定学生参加实践或实习的时间不得少于26周。理工科学生在学完一至三年级课程后参加“中间考试”，合格后必须参加一定的生产性实习，然后才能撰写毕业论文。

以上这些专业实习活动，是以培养学生的专业能力、专业技能，提高学术水平为主要目的。同时，也必然发挥着影响学生在人生、道德价值等方面的观念、态度、品性等功能。

在韩国，汉阳大学、同德女子大学已将社会服务列为必修课，每学期安排48个学时左右，大学生必须在孤儿院、养老院等场所从事服务工作，工作单位就献身性、诚实性、自觉性与工作态度等指标加以考评并给学分。在墨西哥的大学里，也开设了类似的社会服务课，并作为必修课进行考评和记录学分。在德国，大学生参加社会服务活动形成了一整套全国性的制度。

(http://news.ifeng.com；2014年7月18日，编者整理)

（三）培养大学生就业能力的意义

就业是民生之本，随着大学的扩招，大学生就业难的问题日益凸显。培养大学生就业能力，对当前社会求才、大学生个人成才、高校育才等多方面都有深远的意义。培养大学生就业能力不仅关系到大学生个人的发展，也是高等院校教学质量的重要体现，更是社会稳定发展的重要保障。

1. 就业能力的高低直接决定着大学生就业的数量与质量

当前大学生就业形势严峻的主要原因除了供需失衡外，还存在高校培养出来的大学生无法满足用人单位的需要，毕业生的综合素质难以适应用人单位的需求。如果高校因势利导，注重培养和提高大学生的综合素质，提升其就业能力，在较大程度上满足了用人单位的需要，就意味着毕业生的就业数量和质量都能得到提高。

2. 有利于促进社会繁荣稳定

大学毕业生的充分就业关系到社会、家庭和个人等多方面利益。党中央、国务院高度重视高校毕业生就业工作，各级党委、政府及有关部门全力以赴抓好高校毕业生的就业工作，各高校领导班子要把人才培养质量和毕业生就业工作纳入重要议程，将其作为“一把手”工作，抓在手中，落到实处。只有大学毕业生充分就业，才能促进社会和谐，促进社会繁荣与稳定。

3. 有利于学校培养高质量人才

在高校招生激烈的竞争下，毕业生就业率的高低直接影响学校的规模、质量和发展前景。随着就业环境与工作要求的不断变化，用人单位对大学生就业能力的要求也出现了明显的调整和变化。

通过分析、总结用人单位的需求，确定评价大学生就业能力的标准，促使高校完善教育内容，面向市场，充分反映市场的要求，不断提高大学生的综合素质，不断提高人才培养质量，才能提高毕业生的就业率，实现学校的办学目标和良性发展。

4. 有利于大学生自我价值的实现

如果大学生不能就业，就谈不上自我价值的实现，更谈不上报效祖国。大学生只有在充分认识自我的基础上，积极培养和不断提高自身就业能力，才能缩小与用人单位的能力和综合素质需求之间的差距，为就业打下良好的基础，进而为实现自己的理想与自我价值创造可能性。

（四）就业能力培养的途径

就业能力是一种综合能力，其内容丰富、涉及面广，就业能力的高低由大学生自身的综合素质表现出来。归纳起来，大学生就业能力的培养主要包括以下几个方面。

1. 加强品德修养

大学生能否顺利就业并取得成就，不仅取决于个人的职业素质，更体现在综合素质方面。综合素质包括道德素质、文化素质、业务素质和身体素质等。这些素质会综合体现在心理素质、沟通能力、创新能力、运用知识能力等方面。综合素质越高的人，获得成功的机会就越大。因此，现在的用人单位也更加强调员工的综合素质。

大学生应聘时，无论是学校的供需见面会还是社会上的人才招聘会，招聘职位都以基层工作人员为主，现在用人单位在招聘人才时，主要着眼于应聘者是否具备做好一个普通员工的素质，专业基础知识、正确的工作态度、道德修养和责任心是最重要的考核指标，尤其是自信、自立、责任心、诚信、主动等个人素质是用人单位非常重视的。所以，大学生提高就业能力不仅要注重专业技能、通用技能，更要在个人内在素质培养上下功夫。

(1) 自信

自信无论是在人际交往，还是事业、工作上都非常重要。自信就是发自内心的自我肯定与相信。自信代表一种积极性，是在自我评价上的积极态度。有了自信才能产生勇气、力量和毅力。才可能战胜困难，实现目标。但自信不是停留在想象上，也不是自负，更非痴妄，自信只有建立在踏实和自强不息的基础上才有意义。

大学生应重视和加强自信心的培养，只有自己相信自己，他人才会相信你。可从以下一些细节上着手培养自信，如挑前面的位子坐、练习正视别人、把走路的速度加快 25%、用自信培养自信、做好自己能做的事等。

(2) 自立

自立是不依赖他人。唯有自立自强，才能赢得尊严和权利。人要学会自立，更要懂得自立。“自己动手，丰衣足食”，从个人到国家，自立都是其坚强的后盾。大学生应迅速从被培养的温室中走出来，懂得自立，学会自立，才会成为国家的栋梁之材。

(3) 责任心

责任心是指个人对自己和他人，对家庭和集体，对国家和社会所负责任的认识、情感和信念，以及与之相应的遵守规范、承担责任和履行义务的自觉态度。责任心决定着一个人在工作中的态度及其工作的成效。

一个有责任心的人，应以工作为重，做事认真思考，细致踏实，实事求是；坚持按时、按质、按量地完成任务，圆满解决问题；能主动承担责任。责任心可以养德，责任心更可以树德，责任心是为人处世的基本要求。

(4) 诚信

“诚信”就是诚实、守信，主要是指对自己忠诚和对待别人诚实的意义。诚实的主要内容是存善去恶，言行一致，表里如一，心口如一，不说假话，不办假事，开诚布公，以诚相待，不滥用别人的信任。守信强调的是言行，是诚实的外在表现。

诚实是守信的思想基础，信出于诚，不诚则无信；信是诚的集中表现，信体现诚，守信方能见诚。即信以诚为本，诚以信为用。大学生是祖国未来的栋梁，可塑性很大，应通过加强道德修养、法制学习、树立“信用至上”的人生观和价值观。

(5) 主动

主动是不待外力推动而行动，是人类天性积极的表现。积极主动的人，以自身的原则、价值观作为准则，而不受外界因素的影响。

在工作中，大学生不能只是被动地等待别人告之应该做什么，而要主动了解自己要做什么并制订规划，具有积极主动的态度，才能达到既定的奋斗目标。

摩托罗拉的5个E

第一个E——Envision(远见卓识):对科学技术和公司的前景有所了解,对未来有憧憬;第二个E——Energy(活力):要有创造力,并且灵活地适应各种变化,具有凝聚力,带领团队共同进步;第三个E——Execution(行动力):不能光说不做,要行动迅速、有步骤、有条理、有系统性;第四个E——Edge(果断):有判断力、是非分明,敢于并且做出正确的决定;第五个E——Ethics(道德):品行端正、诚实、值得信任、尊重他人,具有合作精神。

(孙旭原,符晶.职业规划与就业指导.北京:中国铁道出版社,2014)

2. 提高职业素养

(1) 建立合理的知识结构

知识是人们在改造世界的实践过程中所取得的认识和经验的总结。知识结构是一个人所拥有知识体系的构成情况与结合方式。大学生提升自身的就业能力不仅要丰富自己的知识储备,还要注意建立合理的知识结构。所谓合理的知识结构,就是指既有广博的知识面,又有精深的专门知识,具备职业发展实际需要的最合理、最优化的知识体系。大学生应掌握以下几方面的知识。

第一,扎实的基础知识。大学生无论将来在哪个行业领域就业,都必须具备扎实的基础知识,基础知识就像大树的根基,只有根深才会叶茂,才能经受住风吹雨打。大学生掌握了扎实的基础知识,才能在经济高速发展的今天找到支撑点。

第二,精深的专业知识。精深的专业知识应成为大学生知识结构的核心部分,也是高级专门人才知识结构的特色所在。精深是指对所学的专业知识要有一定的深度,对学科前沿知识要了解并掌握,即对本专业知识的钻研要有一定深度。目前,高校专业知识课时的安排占整个学时的1/3左右,足以证明专业知识的重要性。

第三,大容量的新知识储备。当今社会复合型人才受到越来越多用人单位的欢迎,这类人才的特点是多才多艺,不仅在专业技能方面有突出的经验,还具备较高的相关技能。例如,随着信息技术完全融入银行、保险、证券之中,这些行业的从业者不仅要具备相关领域的知识,还要对计算机方面的知识有所了解,才能更好地适应工作的需要。

(2) 加强实践能力的培养

重视专业技能的实践,是大学生提高职业素质的必要环节,如实验、实习、进入职场前的简单工作和实践、毕业设计等都是大学生为自己的就业做准备的好机会。

许多大学生存在的一个普遍问题就是专业理论知识掌握得不少,但实际动手能力很差,不能将学到的理论知识恰当地运用到实践中去,这直接影响大学生以后的个人发展和职业贡献。所以,为了提高自身的就业能力,大学生要树立勤于实践的理念,把理论与实际联系起来,不仅把实践作为学习目的、学习载体和学习内容,而且,在实践活动的过程中要注意气质的培养、形象的塑造,锻炼交际能力、沟通能力、表达能力、组织管理能力。

缺乏实践经验成为大学生就业难首要因素

据浙江省统计局近日的专项统计显示，缺乏实践经验成了大学生就业难最大的“拦路虎”。此前，浙江省统计部门组织的面向大学生的问卷调查和面向用人单位的问卷调查显示，有27%的大学生和57.1%的用人单位认为，“大学生缺乏实践经验”是造成当前大学生就业难的首要因素，有59.6%的用人单位在招收大学生时首先考虑的是他的实习经历和实践能力。

（中央政府门户网站. http://www.gov.cn，2014-7-24，作者整理）

3. 提高就业竞争力

大学生要提高自身就业能力，除了要具有合理的知识结构和较强的实践能力外，还要尽可能提高自己的从业竞争力，以便在激烈的职场竞争中立于不败之地。良好的就业竞争力包括以下几方面。

（1）提升创新能力

大学生要想在激烈的竞争中谋得自身发展，不仅需要有创新意识，还必须具有创新能力。创新能力不仅是衡量大学生是否成才的重要指标，也是各大企业选人用人的重要条件之一。

一般来说，一个企业创新的方面包括思维创新、产品创新、技术创新、组织与制度创新、管理创新、营销创新、文化创新等。为了培养自己的创新能力，大学生在平时学习、生活中就应充分利用自身条件，努力培养自己的创新意识、创新思维，提升自己的创新能力。

（2）培养团队精神

目前，求职者的团队精神越来越受到用人单位的重视。所谓团队精神，简单来说就是大局意识、协作精神和服务精神的集中体现。团队精神的核心是协同合作，最高境界是全体成员的向心力、凝聚力。团队精神反映的是个体利益和整体利益的统一，进而保证组织的高效率运转。

企业之所以比较看重员工的团队精神，是因为在全球经济一体化进程加快的背景下，不仅不同国家之间经济上相互依存度加深，企业之间的交流和合作越来越多，而且，在任何一个企业内部，任何一个项目的完成单靠个人力量是难以实现的，它需要员工之间协同作战，发挥团队的智慧和集体的力量。正如一台机器，机器上的每个零部件必须步调一致地协调运作，否则，机器就不能正常运转。

（3）培养特色专长

个人自身综合素质和专业能力是获得工作的基本筹码，大学生能否在众多求职中取得胜利、获得较好职位和更高薪水，主要取决于个人的特色专长，这也是体现优势所在。

拥有特色专长的人主要是指那些具备丰富的社会实践经验、大赛获奖经历、文体特长、综合知识背景的人，或者那些拥有较高基本能力和专业能力的求职者，即那些具备“人无我有，人有我优”能力的人。

第二节　大学生就业准备

一、就业信息的收集与筛选

（一）就业信息的内容

就业信息的内容较多，范围广泛，主要包括以下几方面。

1. 就业政策方面的信息

毕业生就业是一项政策性很强的工作，学生在求职择业活动中，在办理就业手续过程中，必须注意收集、掌握、正确运用国家有关就业的方针政策，以及地方政府执行国家就业政策的具体规定。如北京、上海等城市关于外地生源进市就业的规定等。不少地区为了吸引人才，还制定了许多优惠政策。了解不同的地方政策，有助于大学毕业生在就业过程中进行地区选择。

2. 法律法规方面的信息

关于毕业生就业工作的原则，就业工作程序，政府、学校和中介机构的职责，用工单位、毕业生的权利和义务，毕业生就业市场和就业行为方面的内容，都属于法律法规类就业信息。如《中华人民共和国劳动法》《反不正当竞争法》《劳动合同法》等。

3. 社会经济发展信息

就业与经济紧密相连，了解经济信息主要包括了解宏观形势；了解产业走向；了解企业投资状况；了解市场供求等。

4. 社会职业变化信息

随着社会经济的发展、产业结构的调整，社会职业可形象地分类为：曙光职业、朝阳职业、如日中天的职业、夕阳职业、黄昏职业、流星职业、恒星职业、昨日星辰职业。

例如，商务策划师、电子商务师、企业培训师、职业指导师、企业信息管理师、计算机网络管理员、企业人力资源管理师、职业生涯策划管理师等都属于新兴职业。大学生就业一般选择朝阳职业和如日中天职业，若选择曙光职业，则需要很大的勇气，因为你需要成为这个领域的开拓者。

5. 用人单位信息

用人单位的就业信息主要有单位性质和法律地位，工作或业务内容，生产项目或主要产品的名称；单位的知名度，发展前景；单位的岗位需求，人才结构，分工程度；单位的效益、福利、工资、奖金、住房、生活设施；单位的地理条件、工作环境等。

（二）就业信息的收集途径

1. 学校就业主管部门

通过学校就业主管部门获取信息学校的就业指导中心作为毕业生就业指导、推荐部门，他们既与毕业生就业工作所涉及的各级主管部门之间保持着密切联系，同时也是用人单位选录毕业生所依赖的一个主要窗口。学校就业指导机构发布的信息有以下优势。

一是针对性强。一般用人单位是在掌握了该校的专业设置、生源情况、教学质量等信息后，才向学校发出需求信息，这些信息基本是针对该校毕业生的。

二是可信度高。为了对毕业生负责，学校就业指导机构要事先审核用人单位资质，保证信息的真实性和学生的安全。

三是成功率大。学校一般采取校内小型专场招聘会形式，只要符合条件并善于把握机遇，与用人单位谈妥后，马上就能签订协议。学校的辅导员老师是就业指导与信息发布工作的具体执行者，毕业生要主动与他们联系获取就业信息。

2. 通过社会实践实习获取信息

在求职择业的过程中，一个很大的障碍是供求双方缺乏了解。毕业生在校期间所从事的社会实践和就业实习等活动，是毕业生了解用人单位，并让用人单位了解自己的最好途径。毕业生应该充分利用社会实践、就业实习、兼职等机会，广泛获取信息。

在参加社会实践和就业实习时，应力求做到与拟选择的就业单位和确立的就业意向挂钩。注意了解所去的企事业单位各方面的情况，并且争取在社会实践和实习过程中有突出的表现。如果你在各方面表现非常优秀，社会实践和就业实习极有可能成为你择业成功的机会。

3. 通过人才市场和招聘会获取信息

各地方、各行业及各高校每年都要举办各种“人才招聘会”，毕业生可通过“招聘会”，在较短时间内获取到大量的就业信息，与用人单位直接洽谈，确定工作单位。目前，大型交流会的应聘成功率并不高，主要是信息杂，时间短，毕业生难以把握。用人单位往往只是发布信息，收取简历，现场签约的不多。所以，能否应聘成功主要看交流会后的进展情况，毕业生要注意“跟进”，与意向单位保持紧密联系。

4. 通过新闻媒介获取信息

报刊、广播、电视媒体等以其信誉度较高、普及面广、易被大众接受等特点，成为各类企事业单位介绍单位情况和发布人才需求信息的重要工具。但是，这种信息传播面广，时效快，竞争性强，应聘的成功率较低。如果是本地公司，毕业生最好能上门拜访，一方面了解单位的实际情况，另一方面了解自己应聘的可能性。

对于外地公司，如果是知名企业，可以根据要求直接将自己的应聘材料寄过去；如果是不知名的企业，必须慎重，不能仅凭广告而轻信对方的承诺。为了更加确定所应聘单位的真实性，最好上网查询单位相关资料，或通过“114”查询单位座机号码，一般来说，正规单位应有固定电话和网站。如果对应聘单位确有意向，最好实地考察为宜。

5. 通过互联网获取信息

处于信息时代的毕业生，借助互联网查阅和交流信息，已经成为求职择业的重要途径。目前基于互联网的毕业生就业服务和人才招聘市场逐步走向成熟，包括企业和学校在内的各级各类毕业生就业或人才招聘服务机构都已在网上建立了自己的网站，向社会提供就业指导和就业信息服务，很多企业单位已经实现了网上招聘。

网络获取招聘信息的主要渠道有：①浏览专业招聘网站；②浏览校园就业信息网站；③浏览企事业单位网站；④浏览主管部门网站；⑤浏览大型综合网站或行业网站。

除了以上渠道外，毕业生还可以通过中介机构获取信息，或亲自走访用人单位获取信息，或通过媒体、网络发布自己的求职信息，从而达到反向获取就业信息的效果，等等。

6. 通过亲友社会关系获取信息

通过亲朋好友社会关系等获取招聘信息和帮助，也是一种比较好的途径。通过亲朋好友作为中介，一方面毕业生可以更好地了解用人单位的实际情况；另一方面用人单位能够很好地了解毕业生的情况。所以，通过这种渠道获取的就业信息，往往有效价值大，签约迅速，成功率较高。据统计，目前高校毕业生通过亲友和社会关系就业成功的占相当一部分比例。

（三）就业信息的评估与运用

1. 就业信息的评估

目前，就业信息的来源和获取的方式不同，内容良莠不齐，需要对每一条就业信息进行评估。

（1）真实性

当前人才市场还不够规范，虚假信息很多，毕业生一旦上当受骗，容易造成人财两空，贻误了求职的最佳时机。因此，毕业生要对信息的真伪性进行辨别，特别要注意信息的来源。一般来说，通过正规渠道，比如学校就业机构、正规的就业网站及正规的招聘会中获取的信息真实性比较高。

（2）准确性

毕业生查阅就业信息的过程中，如果发现信息中有一些含糊其辞、模棱两可的语言，要及时向用人单位进行询问，以免造成误解，影响了求职就业。

（3）时效性

信息都有时间的要求，就业信息同样也如此，一旦过了某个时间就失去了意义和作用。因此，收集、使用信息的时候一定要注意信息的有效时间，争取及早对信息做出反应。

（4）针对性

就业信息是否有用是因人而异的，这主要取决于使用者对信息的判断。用人单位对人才的要求千差万别，毕业生要对照自身情况对信息进行筛选，不是所有的信息都对自己适用，要选择适合自己的信息，有针对性地进行求职选择。

2. 就业信息分类及其管理

对于毕业生来说，就业信息数量大、种类多，如果不对这些信息进行归纳整理，很容易遗漏重要信息。因此，对就业信息的分类和管理是非常重要的，见表 6-1。

表 6-1 就业信息分类及其管理

信息名称	信息来源	主要内容	管理办法
个人信息	各种职业测评； 各种非标准化测评； 自我认知、同学朋友、亲人老师的评价； 职业咨询专家、心理咨询专家的建议	个人基本情况； 职业兴趣、性格特点、特长、职业能力等； 自身的优势、劣势； 社会关系等	SWOT 分析法

续表

信息名称	信息来源	主要内容	管理办法
行业信息	行业信息网站； 行业性报刊； 专业性书籍或杂志	行业发展历史； 行业发展趋势； 行业内重要的企业	文件夹管理法
企业信息	企业网站； 招聘广告； 企业的各种宣传资料； 校园宣讲会	企业基本信息(名称、位置、规模、所有制形式)； 基本业务情况； 组织结构情况； 企业文化、历史及趋势	文件夹管理法
职位信息	招聘广告； 招聘网站	职位的性质任务、权限、工作环境条件； 任职资格条件； 工作范围和内容	文件夹管理法
招聘信息	学校就业指导中心； 政府就业服务网站； 各招聘网站； 招聘会	企业基本情况； 招聘需求信息； 职位基本信息； 任职资格条件	招聘信息记录本
求职过程中的其他信息	与求职事件一起产生的信息	求职过程中的信息	招聘信息记录本

二、应聘准备与技巧

案例分享

大学毕业生黎明选择在网上向用人单位投递简历，按照网站规定的格式，他填写了一些个人基本信息，此外还要填写希望工作岗位的条件、工作地点和薪水，以及外语水平、个人专长或特殊才能等。

他想，网上求职不是面对面的交流，招聘单位只能从简历获得对求职者的第一印象，然后才面试。他就读的不是名牌院校，但他动手能力强、做事认真，还当过学生会干部。

他把这些优点全都写在简历中，可能会引起用人单位的注意。黎明的简历在网上挂了一段时间，但很少有人问津。他又试着给几家公司发邮件，第一次投递没有消息后，他又将简历重复投递一遍。好长时间过去了，仍杳无音信。

(宋专茂.职场心理案例集.广州：暨南大学出版社，2014)

【案例点评】

黎明投简历失败的主要原因在于：①简历没有按照用人单位的要求撰写，缺乏针对性，用人单位很难判断他适合哪个职位；②简历重点不够突出，难以给人眼前一亮的感觉；③重复投递简历可能会引起对方的反感，反而不利于求职。

(一) 撰写简历

简历又称履历，是求职的重要材料之一。它是针对应聘职位，将个人基本情况、经历、能力特长、性格等方面的情况简要列举出来，以达到推荐自己的目的。

1. 简历的内容

(1) 个人基本资料

个人基本资料包括姓名、性别、出生年月、民族、籍贯、婚姻状况、政治面貌、联系方式、学历、毕业院校等。通常简历上要贴自己的照片，照片会给人更加直观的印象。一般选择证件照为宜，要展现出本人的形象和气质，不适合采用过于休闲的生活照或者艺术照。

(2) 求职意向

大学生要把自己希望从事的工作职位或者职位类型写在简历上，因为有的时候企业招聘涉及的职位很多，如果不把自己的求职意向写清楚，企业很难有针对性地进行筛选和判断。

(3) 教育背景

按时间顺序列出就读学校、专业、起止时间，一般从大学开始写，如有特别需要，可将中学教育经历也写上。

(4) 实践经历

大学生的工作经历比较少，可以写勤工助学、社会实践、实习、社团活动、各种比赛、义务劳动等经历。要把重点放在活动中担任了什么职务，做了哪些工作，取得哪些成绩，得到哪些收获。

(5) 技能、特长和获奖情况

包括计算机、外语、体育、文艺等方面的特长及在学习和其他方面取得的奖励，包括所通过的各种等级考试、奖学金、各种比赛获奖等。

(6) 自我评价

通常用简短的语言对自己进行评价，从而给用人单位一个整体的印象。

2. 制作简历的基本原则

(1) 内容真实

撰写简历的首要原则是内容要真实，即在知识水平、业务能力、工作经历等方面都要遵循真实的原则。在招聘过程中，如果一旦被用人单位发现简历有造假的成分，那么不但会失去工作的机会，自身的信誉也会受到影响，得不偿失。

(2) 形式简洁

简历要保持简洁的风格，这是因为用人单位接收的简历数量很多，招聘人员需要在最短的时间内浏览简历，因此，篇幅适中、言简意赅是非常重要的。

一般来说篇幅控制在1～2页，1000字左右为宜。简历中要把最重要的信息和最能突出自己特点的内容放在最醒目的位置，以便引起阅读者的注意。另外，简历中的语言风格要清晰、流畅，避免用过多修辞或描写的成分，要让阅读者能够一目了然、抓住重点。

(3) 有针对性

根据投递简历的对象不同，撰写简历时应该有针对性地安排内容。例如，如果投递的对象是企事业单位，那么就要突出个人的实践、实习经历；如果投递的对象是科研机构，那么就要突出有关科研成果、科研经历方面的内容。有时也要对照用人单位的招聘条件进行撰写，重点突出用人单位比较感兴趣的内容，以提高简历的投中率。

(4) 排版美观

制作简历时，还要注意细节问题，即排版和文字语句问题。简历排版的原则是要做到清晰、美观，即要合理安排字体大小和行间距，以便于阅读。另外，用人单位最不能容忍的就是简历上出现错别字或者一些格式、排版上的技术性错误，这会让用人单位认为你对待求职的态度不认真，做事敷衍。

（二）做好笔试准备

在招聘过程中，笔试是一种常见的考核方法，它主要应用于应试人数较多，需要考查应聘者知识面或文字能力的情况。

1. 笔试的类型

(1) 专业考试

专业考试主要考查应试者的专业知识水平和相关的实际能力。例如，一些企业要考外语，招收公务员要考查行政管理和法律知识等。

(2) 心理测试

心理测试是要求应试者完成事先编好的标准化量表或问卷，再根据完成的数量和质量判断其心理水平或个性差异的方法。用人单位常以此来测试应聘者的态度、兴趣、动机、智力、个性等心理素质，从而判断应聘者的心理趋向是否符合岗位的要求。

(3) 智商测试

一些企业对毕业生的素质要求较高，在测试中主要考查是否具有不断接受新知识的能力，因此，通过一些测定工具来测定智商，依据成绩的高低判断其智商。

(4) 命题作文

这种考查方式主要考查应试者分析问题的能力、逻辑思维能力和文字应用表达能力。例如，考查公文写作或对已有材料进行分析论证等，公务员考试中的申论就属于命题作文考试。

(5) 综合能力测试

这种考查方式侧重考查应聘者的阅读理解能力、分析问题、解决问题的能力，以及应聘者的知识面，如要求测试者在规定时间内对数据、资料进行分析，找出存在的问题，并设计出解决问题的方案。

2. 笔试的技巧

(1) 具备必要的知识基础

日常的学习是参加考试的重要基础，大学生应当在平时的学习过程中注意总结和积累，为日后的笔试打下良好的基础。在参加笔试之前，对相关的专业知识进行复习是非常有必要的，特别是要对一些重要的概念、理论、方法进行回顾，不能在考试中出现知识点方面的差错，不能说外行话。

(2) 做好考前准备

参加考试之前应当核对考试的时间地点和注意事项，熟悉考场环境，准备好必备的考试用具，按时参加考试。

(3) 临场发挥正常

拿到试卷后，首先应通览一遍，对题目的数量和难易程度做到心中有数，根据先易后难的顺序进行答题。遇到论述题或综合题，可以先列提纲，再进行做答，答题时要注意条理清晰，详略得当。此外，还要做到字迹工整，卷面整洁。用人单位往往从字迹联想到应聘者的思想、品质、性格、习惯等，字迹潦草、卷面不整都可能被认为是不太认真和不太负责任。

（三）面试准备

1. 着装

(1) 女生着装

在职场上，裙装是正装，裤装是便装。作为女生，衣服的样式不必拘泥于职业装，但穿着要端庄、大方、得体。有一些衣服是不适合出现在面试中的，比如露背装、迷你裙、吊带裙、凉拖等，这样的穿着会给人轻佻、浮躁的感觉。

对于女生来讲，面试是否需要化妆也是一个容易引起争议的话题，化与不化都没有特别明确的规定，但如果选择化妆，那么一定要远离"烟熏妆""巧克力妆"等前卫、夸张的化法，淡妆才是面试永远的主旋律。

(2) 男生着装

对于男生而言，招聘时的衣着大多以西服为主，同样需要注意的是对颜色的搭配。不管是配白色衬衣还是深色高领衫或是领带，都需要注意身上的颜色数目不可超过 3 种，否则就会给人零乱的感觉。

当然依据前往应聘工作单位的性质不同，实际的着装也会有所不同，对于一些需要展示个人创造性才华的工作单位，穿牛仔裤、T 恤也并非不可；而如果面试的单位是政府机关，那么就应当选择稳重路线。

西装的穿着一定要注意一些细节，如单排扣的西装的最下面的扣子不要系，双排扣的西装与中山装所有的扣子都要扣齐；裤缝要整齐；袜子的颜色必须是深色等。

除此之外，男生还应注意保持整体形象的整洁、干净，及时理发、不留胡须、指甲修剪整齐。

2. 掌握应聘单位信息

参加面试前，大学生要做好充分的信息收集工作。需要收集的信息包括：应聘单位的情况，如企业历史、规模、主营业务、企业文化等；所应聘的部门情况，如部门主要业务，在企业中的作用等；应聘职位的情况，如岗位职责、责任、任职资格等。收集这些信息有助于大学生面试中的应答，也有助于日后进行工作比较和抉择。

3. 做好面试的心理准备

面试中的临场发挥是很重要的，而心理因素在面试中起了很大的作用。如果在面试中过于紧张，那么很容易出现发挥失常的情况。因此，面试之前要做好一定的心理准备，接到面试通知后应该以一种平静的心态面对，冷静地审视自己，考虑如何能充分发挥自己的优势，并且要提醒自己，做到胜不骄，败不馁。

4. 资料准备齐全

面试时需要经常随身携带的资料包括：简历、照片、应聘单位信息、笔和笔记本等。如用人单位有要求，一些证书或奖励的复印件也需携带。大学生可以准备一个文件袋，用来装面试需要的各种资料。

三、签订就业协议

毕业生与用人单位经过双向选择达成一致意愿后，就需要以协议的形式将这种关系确定下来。签订就业协议需要注意以下事项。

（一）认真了解和掌握国家和省、市就业政策和学校的就业规定

政策和规定是指引毕业生择业的方向，可以规范毕业生择业的行为，毕业生可从中了解可以做什么、不可以做什么。

（二）慎重签订就业协议书

毕业生在与用人单位签订就业协议书前，要认真阅读协议书中的全部条款，特别是要清楚用人单位的附加条款，并了解清楚条款的内容和含义。因为就业协议一旦签订，毕业生就要履行相关条款，因此，如果由于没有看清协议内容而导致违约行为，毕业生将承担相应的违约责任。

（三）只能与一个用人单位签订就业协议

毕业生不能同时与两个或两个以上的用人单位签订就业协议，一旦与一个用人单位签订协议，就应当履行相应的协议内容。

（四）注意就业协议与劳动合同的衔接

就业协议只限定用人单位与毕业生的录用协定，而不能进一步调整双方的劳动关系。因此，不能将就业协议等同于劳动合同。毕业生在正式上岗后应立即与用人单位签订劳动合同。

思 考 题

1. 简述大学学习的特点。
2. 提升大学生职业能力的途径有哪些？
3. 试述大学生的就业能力构成。
4. 试述大学生在就业前要做好哪些准备。

本章实训

求职过程中，对行业、职业、岗位的探索是非常重要的，请通过各种途径，填写行业探

索分析表、职业探索分析表、企业探索分析表，如表 6-2～表 6-4 所示。

表 6-2　行业探索分析表

行业	所处地位	发展前景	任职资格	基本素质要求	著名企业	我的优势	我的劣势
行业 1							
行业 2							
行业 3							
行业 4							
行业 5							

表 6-3　职业探索分析表

职业	发展前景	工作内容	任职资格	基本素质要求	供求状况	我的优势	我的劣势
职业 1							
职业 2							
职业 3							
职业 4							
职业 5							

表 6-4　企业探索分析表

企业	发展历史	行业地位	产品服务	企业文化	招聘情况	我的优势	我的劣势
企业 1							
企业 2							
企业 3							
企业 4							
企业 5							

拓展案例分享

李宁是通用中国公司软件研发工程师、著名求职培训师。他说，他的大学生活是在北京一所不起眼的二类本科学校度过的。从进入大学起他就意识到在这样的学校里，如果不抓紧时间充实自己，毕业后要想找份好工作几乎是不可能的。在大一时，他利用业余时间刻苦学习，逐渐成为各种基础办公软件的内行。

大二时，李宁开始在华尔街英语培训机构实习，熟练的计算机操作能力使其成为同事中的佼佼者。他的沟通能力、英语交际能力及培训技巧在那里都得到了很大的提高。

大三时他获得了在一家小公司做软件测试的实习机会。正是这些经验最终帮他在毕业后顺利地进入了通用。从软件测试的实习生开始，到现在的软件研发工程师，李宁超越了身边很多名校的毕业生。现在，李宁还同时担任一家国际教育咨询机构的培训师。他强调每个人的成功路径都有一定的不可复制性，但有些经验可以借鉴，如果从 20 岁开始懂得规划自己的人生，肯定比到 30 岁时再去总结失败的教训更有意义。

【拓展案例点评】

制订合理的奋斗目标，科学规划自己的职业生涯，是开创辉煌人生的序曲，尤其是对即将步入社会的大学生来说，职业规划更是人生旅程中不可或缺的一步。要想科学地规划自己的职业生涯，首先要做好学业规划，将自己的学业规划同职业规划承接起来，在充分认识自我的基础上，制订出切合实际的职业生涯规划。这样你离成功就更近了一步。

第七章　职业适应与发展

【引言】

只要开始，永远不晚；只要进步，总有空间。

——程社明

【教学目标】

1. 理解学生角色与职业角色的区别；
2. 职业角色适应中存在的问题；
3. 掌握大学生职业适应能力的培养和方法；
4. 了解职业倦怠及其应对策略；
5. 了解职业道德规范的内容。

【核心概念】

职业适应、职业发展、职业意识、职业道德。

引导案例

英特尔 CSR 高管讲述其职业生涯故事

苏萨尼-富伦德(Suzanne Fallender)是英特尔公司全球企业责任办公室通信与战略负责人，负责管理这家员工超过 8 万人的巨型企业的可持续性业务。

现在，富伦德不仅是英特尔年度企业社会责任(CSR)报告负责人，也是英特尔 CSR 博客上的“代言人”。作为一个承担大量企业内部和外部责任的重要人物，富伦德成了 CSR 领域的一个成功典范。

富伦德大学期间取得了政治科学和音乐双学位，她是如何取得今日成就的？如何才能成为一位 CSR 高管？

“有些人对我毕业时拥有文科学历感到惊讶：政治科学和音乐双学历！”

“我所知道的是，我希望能够从事国际方面的工作。我的第一份工作是在一家国际股东服务公司。当时安然公司(Enron)和世通公司(Worldcom)都还没有倒闭，我从事的是企业管理研究。”

“很快，我转到社会责任投资(SRI)部门，并在后来担任该公司 SRI 服务领导职位三年。这是我首次接触从事 CSR 工作的人。”

“随后我回到学校进修MBA课程。”

“我的目标：通过学习MBA课程提高我的SRI经验，进而将同样的准则运用到企业方面。因此，在商学院学习期间，我专注于寻找CSR方面的职位。尽管我在该领域拥有大约10年的经验，但是仍然很难找到这样的工作。”

“我最后在英特尔的CSR集团获得了实习的机会，我喜爱这个职位，并希望毕业后能够回到那里继续从事这个工作。对于我来说，英特尔是一家完美的公司，在CSR方面有很长的历史，公司的员工也非常聪明，创造着顶尖的技术，能在这里工作令我感到非常自豪。”

（中国人力资源开发网，2015-03-20）

【案例点评】

苏萨尼-富伦德作为一位企业高级管理者，她的职业生涯道路也经历了一系列变化，她也是在不断探索中寻找自己的职业生涯方向，明确自己的目标之后通过学习MBA课程提升自己的专长，找到了适合自己的CSR工作，并取得了成就。对大学生来说，积极探索职业生涯的方向并不断为目标去努力是事业成功的重要保障。

据调查，刚参加工作时，有超过70%的大学毕业生认为自己“完全适应”或“基本适应”工作需要，只有20%多的人认为“基本不适应”或“完全不适应”。其实，职业与人的生存和发展的物质条件密切相关，与人对社会的贡献密切相关，与自我价值实现密切相关。影响职业适应的因素也随新时期大学生择业价值取向而凸显出来，如何引导大学生正确认识职业适应，以帮助其尽快进入职业角色对大学生未来职业生涯的发展影响深远。

第一节　角色转换与适应

在社会生活中，不同的场合需要人们扮演不同的角色。所谓社会角色，是指由人们所处的特定地位和身份所决定的一系列规范和行为模式，是人们对具有特定地位的人的行为的一种期望，是社会群体的基础，随社会实践的发展而不断更新其内容。

一、学生角色向职业角色转换

（一）学生角色与职业角色

1. 学生角色

人的一生中，学生（从小学、中学到大学）时代是人生中增长知识、发展智力，成为社会有用人才的必要阶段。这个时期，学生以学习为主，经济上主要依靠家庭，这是学生的主要特征。我们可以这样界定学生角色：在社会教育环境的保证下和家庭经济的资助下，学习知识，培养能力，全面提高自身素质，努力使自己成为社会需要的合格人才。

2. 职业角色

世界上千差万别的职业角色都有共同点：职业角色扮演者具有自己的社会职位和一定职权，相应的职业规范，一定的基础知识和业务能力，履行一定的义务。因此，我们可以这样来定义职业角色：在某一职位上，以特定的身份，依靠自身知识和能力并按照一定的规范，具体地开展工作，在行使职权、履行义务，为社会做出贡献的同时取得相应的报酬。

3. 两种角色的区别

（1）活动方式不同

对于大学生来说，主要任务是学习知识、掌握技能，以便将来为社会做出贡献。因此，大学生的社会责任体现在对自己学业的责任上，其社会责任履行的好坏，主要通过学生主体能否学到知识、提高技能、培养素质来衡量。

作为职业角色的主体，其社会责任是通过自己的劳动，为所在的组织服务，进而为整个社会服务。这种社会责任履行的好坏主要取决于完成工作的程度。

（2）社会权利的区别

大学生所享有的社会权利主要是为了实现生活自主，依法接受教育。而职业角色的主体所享受的社会权利主要表现为通过履行工作岗位的义务，从而获取相应的经济报酬。

（3）社会责任不同

大学生的主要活动是学习，其行为主要受到学校规章制度的约束。学生的个人时间相对比较充裕，对时间的支配度比较大。作为职业角色的主体，主要活动是完成自己的本职工作，为社会创造财富，其行为主要受到组织的各项规章制度的约束，个体时间的灵活性比较低。

（二）职业角色适应中存在的问题

大学生毕业后都要经历一个从校园到职场的过渡期，由于校园环境和工作环境有很大的差异，因此，很多学生刚踏入职场时会感觉到明显的不适应，个别人会出现逃避、厌烦、倦态等情绪，影响了职业的发展。

1. 对学生角色的依恋心理

大学毕业生在走上工作岗位后，易出现怀旧心态，常常会自觉或不自觉地将自己置于学生角色来要求自己和对待工作，以学生角色的习惯方式观察事物、分析事物。面对与同事、领导等较为复杂的人际关系及职业责任的压力，不禁会留恋相对单纯的学生时代。

案例分享

小花毕业后找到了一份自己不是非常满意的工作，专业也不是十分对口。但因工作不好找，所以有个单位同意录用她，她就将就了。可是到了工作岗位之后，她发现自己完全不能够适应，一直处于被动状态。她不能很好地安排工作时间。上班时，她总是习惯性地发短信和聊QQ，而且一停下来这两件事，她似乎就六神无主了，这都是在学校里养成的坏毛病，大学四年，她连上课都是如此。

此外就是非常害怕老板和同事，讨论问题时，她总是感到异常紧张和无措。有的时候，她感觉自己的心都快跳出来了，不习惯当众跟人交流。领导在会上要求大家发言，轮到她时，她只是随便说几句。有时候她实在是想放弃这份工作，可是担心如果换一家单位，还会重蹈覆辙。

【案例点评】

大学生在学习、工作、情感方面都会面临各种挑战，应了解自己的现实情况和社会环境，实事求是地面对自己的现在和未来。摆正位置、客观冷静地进行自我评价，是化被动为主动的必要手段。只有这样才能认识社会，全面地了解社会，积极主动地适应社会。只有立足于社会，才不会被社会的车轮远远甩在后面。

（申健强，王爱华，陈华聪. 大学生职业规划、就业指导与创业教育[M]. 北京：人民邮电出版社，2014）

2. 心高气傲，急于求成

有些毕业生认为自己接受了系统正规的高等教育，已经是高层次的人才了，往往看不起基层工作和基层工作人员，轻视实践，眼高手低。还有一些毕业生对工作缺乏耐心，总想一下子得到自己所期望的职位，而想要跳过基层工作阶段，直接得到晋升。

这两种想法都是不正确的，因为对于刚毕业的学生来说，既没有工作基础也没有工作经验，必须要经过较长时间的积累和努力才能取得一定的工作成绩，因此要戒骄戒躁，踏实工作。

3. 畏惧困难，缺乏独立性

大部分毕业生的成长经历相对比较简单，在成长过程中经历的困难和挫折不多，又一直受到来自家庭和学校的照顾和保护，因此，不少学生的抗挫折能力比较差，也缺乏自主性、独立性。具体表现为当工作中遇到困难时不知如何解决，遇到挫折时一蹶不振，无法一个人承担工作等。

4. 人际关系处理不当

大学生刚刚毕业步入社会，普遍希望多结交一些有经验的同事、朋友。但自身表现却各不相同，甚至存在着两种截然不同的现象。有的交友愿望过强，他们为了表现得亲切友好，整天忙于交往，以使自己能够尽快融入工作单位。而更多的毕业生面对新的环境、生疏的人群，却产生了社交恐惧心理，不知道如何与年龄不同、学历不同、性格各异的人相处。

目前，不少大学生普遍反映人际关系难处，但又碍于面子不愿和周围的朋友或家人诉说，从而造成内心的压力、痛苦得不到正常排解，出现人际关系失调造成的焦虑不安、心慌意乱、孤单失落、寂寞失眠、注意力分散甚至社交恐惧等症状。人际关系处理不好，导致更加难以适应并很好地投入到工作当中，由此产生的用人单位与毕业新生之间的矛盾更加严重，聘用没有工作经验的应届生的意愿渐渐减少，就业矛盾进一步加大。

小贴士

菲利普和史蒂芬公布了一项针对2000名已工作的大学毕业生的调查结果。他们指出，假如学生能意识到今后的工作情境中将要面对的困难，那么在实际的工作中，当他们遇到这些困难时，解决起来就会顺利许多。以下是他们的一些发现。

(1) 在接受工作之前，学生们仅仅使用了很小一部分的信息资源来帮助他们发掘工作机会。结果就是他们接受了第一份向他们提供聘用的一项工作，然后经历了一些意想不到的艰难调整。

(2) 学生可以正确地预期他们的初始工资待遇，但却低估了他们在工作的最初6个月中将花费在工作上的时间，这个时间应为大约每周45小时。

(3) 学生普遍会高估他们从上司那里所获反馈的数量，以及绩效评估的频率。

(4) 大多数学生都期待与自己的第一个老板共同工作3年时间，但其实只有不到50%的人会在第一份工作岗位上工作超过两年的时间。因为即使工作表现良好，被解雇或下岗仍在所难免。

(5) 学生在适应工作组织的政策和文化、正确领会同事和上司关于工作标准和工作表现的间接信息方面存在困难。

(6) 超过30%的被调查者反映在工作场所中经历过骚扰或歧视。

二、职业适应能力的培养

在竞争激烈的当代社会，每个人都希望找到适合自己的职业并做出成就。然而，在现实职业生涯中却往往不是一帆风顺，常常会遇到一些障碍，如职业方向迷茫、工作压力过大、人际关系不良等种种问题，如果这些问题得不到很好地解决，将严重影响职业发展。所以，要在激烈的竞争中立于不败之地，必须提高自己的职业适应能力。

所谓职业适应，是指人在职业活动中，面对工作中遇到的各种问题时的一系列心理过程，包括个体对工作环境、工作任务、工作活动的适应，以及对自身行为和新的工作需要的适应。换句话说，就是人在工作生活环境中根据职业工作的性质和外在要求，对自身的身心系统进行评价，对职业行为进行自我调适，学习工作必备的知识和技能并应用于实际，努力达到自我与社会相互一致的心理过程。

（一）主动把握职业适应规律

角色转换过程中存在问题是正常现象。认识、掌握和主动适应职业规律是大学生就职中的必然要求，对于其成才和发展也有十分重要的意义。大学毕业生从告别学生时代，走进职业生涯到适应职业生活开始，要经过对职业规范、职业环境、职业文化等的认同、内化等一系列的学习和实践的过程，才能达到对职业的适应。

当然，职业适应是循序渐进的，是一个不断进行的过程，即调整、适应、再调整、再适应，不断发展的过程。

（二）正视现实，重新认识自己

自走上工作岗位，就开始了职业生涯。面对新的环境和工作方式，如果不能正视现实并重新正确认识自我，那么就很难适应新环境，融入新群体。作为大学毕业生，一定要认识到自己在新的工作环境下，工作能力、工作经验及人际交往能力等许多方面都存在着差距。

只有正视差距，善于请教，把原来学到的理论知识和工作实践结合起来，才能积极地消除差距。同时把自己的学习心得和别人的经验融合起来，扎扎实实工作，最终一定会赢得领导和同事的信任。

（三）培养团体意识和归属感

大学生就职后，一定要积极主动地去了解自己的单位，增加自己对单位的亲切感。作为单位的一员，单位的发展与个人的前途有直接联系。单位的同事和自己有着共同的利益诉求，是自己事业上的工作伙伴，因此，应积极融入集体，融入环境，摆脱孤独和寂寞。

此外，为了从根本上融入集体，要主动去了解企业文化，因为企业文化是企业的灵魂，是凝聚企业员工的最深层的力量，只有深入了解和认同企业文化，才能真正地融入企业，融入集体。

（四）树立职业意识，培养责任感

职业意识是指人们对于自己从事的某种职业的性质、特点、作用及其社会意义的综合认识，表现为一种积极、稳定的心理倾向。对于新从业的毕业生来说，应该充分认识每种职业的社会意义，把职业看作实现自己人生价值的手段和途径。

年轻人只有具备了这种职业意识，才能对自己所从事的职业产生高尚的职业情感，才能激发献身事业的进取精神，才能逐步形成坚强的职业意志。

三、重塑自我，积极主动地适应社会

大学生经过十余载的寒窗苦读，最终的目的是奉献社会。摆在大学生面前的，只能是积极了解社会，适应社会，尽快地为社会所接受，从而顺利地完成从大学生活向社会职业生活的转换。

（一）正视社会现实

相对于校园生活，社会现实是很复杂的。

一方面，我国正处在一个从计划经济向市场经济过渡的时期，新、旧观念在激烈地碰撞，多种经济成分和多种分配方式并存，这必然会导致思想倾向、价值观念呈多元化发展的趋势，同时社会上也存在着一些消极的东西。

另一方面，单位员工之间年龄的差距、不平等的待遇，工作成绩不尽人意，日常生活不适应，人际关系难处等这样或那样的挫折，都是初入社会的大学生可能遇到的问题。大学生只有正视这些社会现实，具备迎接各种挑战的心理准备，积极主动地去适应社会。

（二）培养自信心

作为年轻的大学毕业生，在步入社会之后，面对崭新的社会生活，一定不要因环境陌生而孤独，不要因条件艰苦而失落，更不要因单位人才济济而畏惧，在任何时候都不要惧怕任何困难，因为命运最终掌握在自己手中。

要充分相信自己，树立起竞争意识，竞争的背后往往是实力的较量，是每个人才学、能力、品质等素质方面的较量。要想在竞争中立于不败之地，就必须努力向社会学习，不断积累知识，提高自身能力和素质，发挥自身的主观能动性，摒弃与世无争、随波逐流等消极观念。要敢于竞争，在竞争中求适应、求发展。

（三）外塑良好形象

大学毕业生走上工作岗位，留给别人良好的第一印象非常重要。第一印象是指某种客观事物首次作用于人的感官，在人的头脑中产生的对事物整体的反映，包括事物的外观形状、行为特点、价值评判等。

虽然第一印象具有暂时性、表面性等特征，但是良好的第一印象的作用还是非常必要的。它有助于大学生初到工作单位站稳脚跟，有助于与单位同事融为一体，有助于工作的进步与发展。影响第一印象的因素是多方面的，主要包括衣着整洁、举止得体，谦虚谨慎、诚实守信、积极主动等。

当然，建立了良好的第一印象，也不能就此为止，这只是第一步，还需要长期坚持，不懈努力，以自己良好的品质、正直的为人、出色的工作去建立更深层次的长期印象。

（四）建立和谐的人际关系

由于职业活动是群体参与的社会活动，从心理学的角度看，良好的人际关系可以形成良好的氛围，有利于事业的发展和成功。大学毕业生要想在自己从事的职业活动中做出一番成就，首先就要处理好与所在群体的人际关系。因为在工作中要取得单位领导的理解和支持，必然少不了同事们的协作和帮助。要建立和谐的人际关系必须做到以下几点。

1. 真诚与守信

真诚就是以真实坦诚的态度待人接物，与人相处。交往中不掩饰自己，不无端怀疑对方，不虚情假意，实事求是，胸怀坦荡。守信则是在交往中信守诺言，言必信、行必果，表里如一，言行一致，使人有信任感。真诚与守信是建立、发展人际关系的基础。

2. 尊重与平等

尊重是在心理上的接纳、认同和承认交往对象的人格、情绪、愿望、习惯和爱好等，是指尊敬他人，重视他人的存在。平等待人则表现在既尊重他人的人格、习惯与价值观，也承认交往双方的平等地位，平等相待，一视同仁、不损害他人利益。

尊重平等是建立和发展人际关系的基本前提。由于主客观因素的影响，人们在性格、气质、能力、知识等方面存在差异，但人格上是平等的，每个人都有被尊敬、被肯定、被重视的心理需求，尊重与平等是支持、维护良好人际关系的首要原则。

3. 宽容与理解

宽容是指在与人交往时豁达大度，心胸宽广，克己谦让，不求全责备，容纳性强。不仅在交往中对非原则问题不斤斤计较，即使受到委屈和误解也能克制自己，而且能够理解、容忍他人在个性、才学、经历、修养等方面存在的差异。

人们之间难免会有矛盾误会，要学会设身处地地换位思考，理解、体谅别人的需要和感情，只要不是原则问题，就应求同存异，得理让人，宽容他人。这种宽容和理解，是一个人心理成熟的标志，更是人际关系良好发展的重要保证。

4. 互助与友爱

互助就是在人际交往中要考虑双方的共同价值、利益和心理需要，使双方都得到满足，这是处理人际关系的基本动机。以互助为开端的交往，不仅良好的第一印象更易确立，而且人际间的心理距离也可迅速缩短，容易随之产生友情，建立良好的人际关系。

友爱是交往双方在相互尊重、爱护、关心，相互帮助、支持基础上建立的感情关系，所谓“爱人者，人恒爱之，敬人者，人恒敬之”。互助包括精神和物质两方面，主要是精神上的互酬，而不是物质上的绝对对等。

5. 沟通与交流

石油大王洛克菲勒曾经说过：“假如人际沟通能力也是同糖或咖啡一样的商品，我愿意付出比太阳底下任何东西都珍贵的价格购买这种能力。”由此可见交流与沟通的重要性。可以说，无论我们在做什么，或者想做什么，要想获得成功，必须学会善于与人沟通。

一个人能够与他人准确、及时地沟通，才能建立起牢固的、长久的人际关系。沟通是人际交往的最重要形式，人际关系是通过人们相互沟通、交流建立发展的。沟通有语言方式和非语言方式（如目光、表情、体态、空间距离）两种。

在交往中，语言沟通是最直接有效、运用最广的沟通方式，因此，要正确地掌握、运用语言艺术，包括谈话和倾听的艺术。精炼准确的语言表达，不仅能使信息准确传递，而且能增强对方的信任感。善于倾听也是交流中肯定对方的重要方式，也是个人良好修养的体现。

在人际交往中，非语言沟通有语言沟通不能替代的作用，有时它甚至能传递更多、更深、更广的信息，起到“此时无声胜有声”的作用。这就需要正确理解对方的非语言信息行为，学习运用非语言传息符号，并在人际沟通中注意语言沟通与非语言沟通的一致性。

沟通也是一个人职业素养、专业知识、经验阅历等综合的体现，我们每个人都很难说自己已经能很好地掌握沟通这门艺术了，都需要在今后的工作和生活中不断总结，不断思考，不断提高来完善它。

四、职业倦怠及其应对

（一）职业倦怠概述

1. 职业倦怠的含义

职业倦怠是美国学者费登伯格于 1974 年在研究职业压力时正式提出的一个概念。由英语 Burnout——“枯竭”一词翻译而来，原意为“燃烧竭尽”。用以描述那些服务行业的人们因工作时间过长、工作量过大、工作强度过高所产生的一种疲惫不堪的状态。

职业倦怠是现实社会多种职业人群中较为普遍发生的现象，如从事教育、管理、社会服务、警察、医生和护士等职业人群，都是出现这一现象的高发群体。

费登伯格倾向于以个体心理学的理论来解释倦怠现象，认为职业倦怠是个体工作强度过高且无视自己的个人需要所引起的疲惫不堪的状态，是“过分努力去达到一些个人或社会的不切实际的期望”的结果。

马勒诗和佩斯从社会心理学角度出发，认为职业倦怠是人在职业环境中，对长期的情绪紧张源和人际关系源的反应而表现出的一系列心理、生理综合征，认为倦怠有三种主要特征。

一是情绪耗竭，即感到耗尽、用完。

二是去个性化，即性格解体，表现为冷漠地对待服务对象。

三是成就感降低，缺乏个人成就感，缺乏适应性。

派尼斯及卡夫利认为职业倦怠是个人在生理上、情绪上体验到精疲力竭的状态，在体验过程中具有超过负荷的焦虑、紧张与疲倦等特色。

综上所述，我们认为职业倦怠是一种情绪衰竭的状态，是指从业者在职业环境中，因长期处于工作压力与情绪紧张下，个体因不能有效解决工作压力或妥善地应付工作中的挫折，对所做工作缺乏动机和兴趣，不得已为之而感到厌烦，在情绪、情感、态度、行为等方面表现出精疲力竭、麻木不仁的高度精神疲劳，最终导致工作能力和工作绩效降低的现象。

2. 职业倦怠的表现

职业倦怠表现为以下三方面。

一是情感衰竭，指没有活力，没有了热情，感到自己的感情处于极度疲劳的状态。它被发现为职业倦怠的核心纬度，并具有最明显的症状表现。

二是去个性化，指刻意在自身和工作对象间保持距离，对工作对象和环境采取冷漠、忽视的态度，对工作敷衍了事，个人发展停滞，行为怪癖等。

三是无力感或低个人成就感，指倾向于消极地评价自己，并伴有工作能力体验和成就体验的下降，认为工作不但不能发挥自身才能，而且是枯燥无味的烦琐事物。

3. 职业倦怠的发展

职业倦怠的产生是一个长期的过程，大致可分为以下几个阶段。

(1) 蜜月阶段

这一阶段是精力充沛、令人满意的时期。工作会充满热情和激情；可以长时间地工作并耗去大量的精力，却不会感到疲惫；任何情况都能使自己保持良好地干劲而不是感到厌烦。

(2) 调试阶段

这是开始透支精力的阶段。这一阶段会有一种莫名的失落感，感觉理想破灭，热情在消失。虽然这种失落和压抑不会持续很长时间，但却严重影响效率，需要尽快调整。就像汽车效率低，需要进一步调试一样。

(3) 早期预告阶段

这一阶段不仅仅是缺乏热情，而且有许多肉体和精神上的征兆，如头痛、消化不良、失眠、精神紧张、毫无理由地哭泣、焦虑、厌烦、愤怒等。这是对压力做出消极反应的开始，发出需要帮助的信号，就像汽车的油量灯和温度警示灯在偶尔闪烁示警的阶段。

(4) 慢性症状阶段

这是职业倦怠的早期阶段，这时的疲劳已经成为慢性疲劳。肉体的症状变得更加明显，间歇头晕、气短。心跳加速、血压变化可能最常见。在情绪上感到疲惫和心力交瘁。以前只会引起轻微恼怒的事情现在会勃然大怒，就像汽车油量警示灯和温度警示灯一直亮着的阶段。

(5) 严重症状阶段

处于这个阶段的人会深感苦恼，症状变得很严重。整天被慢性的挫折感和不满缠绕，会被各种各样的问题所困扰，并且会一直伴随担忧和抑郁等肉体上和心理上的症状增强，而且越来越多，就像汽车仪表盘上的警示灯全部闪亮的阶段。

(6) 危机阶段

这个阶段悲观和愤世嫉俗有所发展，麻木不仁地无视其他人的存在，自我怀疑和绝望充满了思想。该阶段可以消极或沮丧到这种程度：如果电视上有人在微笑和欢乐，会恨不得向他们扔石头。一种逃跑的心态在发展：不得不离开这个城市、这个工作岗位和这种婚姻，就像汽车的发动机开始"咯咯"作响的阶段。

(7) 精力耗尽阶段

这是发动机爆炸的阶段，是不能控制生活的阶段。这时会变得机能完全失调，彻底崩溃。对某些人来说，这会使他们的职业生涯永远终止。有个别人甚至想通过自杀来结束自己的生命。

（二）职业倦怠的测试

如果想要了解自己是否已经患上了职业倦怠症，可以接受以下测试。

生涯职业规划专家专门设计了一套职业倦怠测试题，能帮助你了解自己的"倦怠状况"，现在测试开始，请不要犹豫，看懂题意后马上作答，然后计分。

1. 是否感觉工作负担过重，常常感觉难以承受，或有喘不过气来的感觉？
   A. 经常　　B. 有时候会　　C. 从来不会
2. 是否感觉缺乏工作自主性，往往老板让做什么就做什么？
   A. 经常　　B. 有时候会　　C. 从来不会
3. 是否认为自己待遇微薄，付出没有得到应有的回报？
   A. 经常　　B. 有时候会　　C. 从来不会
4. 有没有觉得组织待遇不公，常常有受委屈的感觉？
   A. 经常　　B. 有时候会　　C. 从来不会
5. 是否会觉得工作上常常发生与上层不和的情况？
   A. 经常　　B. 有时候会　　C. 从来不会
6. 是否觉得自己和同事相处不好，有各种各样的隔阂存在？
   A. 经常　　B. 有时候会　　C. 从来不会
7. 是否经常在工作时感到困倦疲乏，想睡觉，做什么事都无精打采？
   A. 经常　　B. 有时候会　　C. 从来不会
8. 是否以前都很上进，而现在却一心梦想着去度假？
   A. 经常　　B. 有时候会　　C. 从来不会
9. 是否在工作上碰到一些麻烦事时急躁、易怒，甚至情绪失控？
   A. 经常　　B. 有时候会　　C. 从来不会
10. 是否在工作餐时感觉没食欲，嘴巴发苦，对美食也失去兴趣？

A. 经常　　　　B. 有时候会　　　　C. 从来不会

11. 是否对别人的指责无能为力,无动于衷或者消极抵抗?

A. 经常　　　　B. 有时候会　　　　C. 从来不会

12. 是否觉得自己的工作不断重复而又单调乏味?

A. 经常　　　　B. 有时候会　　　　C. 从来不会

把各题得分相加一下,选 A 得 5 分,选 B 得 3 分,选 C 得 1 分。查看测试的结果。

12～20 分,很幸运,还没有患上职业倦怠症,你的工作状态不错,继续努力。

21～40 分,已经开始出现职业倦怠症的前期症状,要警惕,请尽快调整,需要对自己的职业状况进行反思和规划,以提升的职业竞争力。

41～60 分,很危险,对现在的工作几乎已经失去兴趣和信心,工作状态很不佳,长此以往极不利于个人的职业发展,最好尽快向职业规划方面的专家求助。

(三) 职业倦怠产生的原因

职业倦怠的产生不是偶然的,既有客观方面的原因,也有主观方面的原因。

1. 客观原因

(1) 严厉的上司

上司的严厉,如一位官僚主义者,将自己的注意力主要集中在建立控制力上面,把员工搞得唯唯诺诺,不敢发表意见。或者总是让他的下属很忙,却总是抱怨他们没有效率,还严格要求他们死心塌地地忠心,导致下属哑巴吃黄连,有苦不能说。

不管是何种"严厉",一旦超出了度,就会起到副作用——影响企业内部的凝聚力,使个人能力不能得到充分发挥,挫伤员工的积极性,涣散人心,导致职业倦怠。

(2) 职场潜规则

职场是残酷的,某些时候甚至是黑暗的,要在其中生存发展,就必须了解它的游戏规则。然而有人过分关注潜规则,终日思考与同事和上司的关系,思考怎样博上位,勾心斗角,却是顾此失彼,把本职工作放在一边,最终身心疲倦,一事无成,从而产生职业倦怠。

(3) 个人与工作不匹配

从人力资源管理的角度来说,分配公平的主要特点就是做到人与工作匹配。人与工作的匹配,一是量的匹配,二是质的匹配。量的不匹配和质的不匹配都会导致职业倦怠。量的不匹配指工作量不足或者超负荷,工作量的不足容易使人无所事事,消磨意志;质的不匹配指个人能力、经验、人力资本的积累,与工作要求的不匹配。

个人能力、经验、人力资本的积累达不到工作要求,使员工觉得工作超过自己能够驾驭的范围,无所适从,产生职业倦怠。

2. 主观原因

从人力资源管理角度来说,人是最重要的资本,因此,职业倦怠的根本来源还是人。著名作家龙应台说:"当你的工作在你心目中有意义,你就有成就感;当你的工作给你时间,不剥夺你的生活,你就有尊严。成就感和尊严,给你快乐。"个人因素对于职业的影响不可小觑。

(1) 糊里糊涂地入行

人的行为背后都隐藏着一定的动机。动机具有激发、调节、维持行为的功能,它的产生和人的需要、兴趣有密切的联系。当动机消失时,被它所推动的行为就会终止。因此,如果人对所从事的工作没有兴趣或缺乏动机,糊里糊涂的入行,或是无意的、无奈的选择,就会产生厌倦情绪。

若是不能及时主动地找到工作动机,总是被工作拖着走,身心将日益疲惫,工作绩效将会降低。长此以往,人将面临职业倦怠的危机。

(2) 完美主义的过度支配

通常来说,容易处于职业倦怠的人,比较倾向于理想和完美主义,而且也具有高成就动机。经常为自己制定过高的目标,然后通过狂热地工作,以求达成目标。但往往由于目标过高,非自己能力所及,或自我要求过高,不容易得到自我满足,所以,常会给自己带来许多挫折,久而久之,产生职业倦怠。

(3) 个人职业发展

个人职业发展包括加薪、提升、调换。在员工提升过慢时(没有按照期望的正常进度),会产生自己前途无望的想法,从而对工作失去信心和兴趣,得过且过;在员工提升过快时(超过个人能力的工作岗位),因难以胜任工作而遭到领导、同事的负面评价,从而在内心产生心理负担,对工作失去信心,进而产生恐惧与厌恶。

(四) 职业倦怠的应对

虽然职业倦怠的产生既有客观方面的原因,也有主观方面的原因,但是,由于人的意识具有主观能动性,在一定程度上可以调节人的生理和心理,因此,提高自身对心理健康的认识能力和运用心理策略的最基本的能力,是告别倦怠的根本。

1. 认识自我

认识自我就是要认清自我价值,掌握自己的优势与不足,预测自己职业倦怠的征兆,了解自己的主观情绪是否影响了自己的生理和心理变化,有无做好应激的积极准备。有了积极的自我认识,才能正视客观因素的存在,才能勇于面对各种现象,准确地对待周围环境中的一切人和事,有针对性地对自己进行心理控制并尽量与周围环境保持积极的平衡,成为自身行动的主人,从而避免遭受应激给自己带来的生理和心理上的损伤。

有了积极的自我认识,才能对突发事件自我调整,主动设置缓冲区,提高自己的心理应付水平。因此,只有从自我的阴影中摆脱出来,正确地认识自己及周围环境,才能把变化视为正常的事,不断接受变化的刺激,积极、愉快、主动地迎接生活的挑战,走出倦怠。

2. 寻求积极的应付(Coping)方式

应付(Coping)是指成功地对付环境挑战或处理问题的能力。通常,积极的应付方式可以使自己有效地面对心理应激、重新恢复生理与心理的平衡水平状态;消极的应付则往往会使人继续停留在充满压力的应激状态,继续消耗自身潜在的能量,产生倦怠,甚至导致心理疾病。

（1）运用心理暗示的策略

暗示，指的是在无对抗态度的条件下，用含蓄间接的方法对人的心理和行为施加影响，这种心理影响表现为使人按一定的方式行动，或接受一定的意见、信念。暗示对人的心理和行为产生着很大的影响。积极的暗示可帮助被暗示者稳定情绪、树立信心及增强战胜困难和挫折的勇气。每个人可把自我暗示作为提高自己应付应激能力的策略。

当千头万绪、不知所措时，绝不要抱怨、退缩、自怨自艾，否则，很容易陷入倦怠，不可自拔。这时可以用言语反复提醒自己："一次一件事，我一定能做完所有的事""工作着就是快乐的""与其痛苦地做，不如快乐地做""有人帮你是你的幸运，无人帮你是公正的命运，没有人会为你做些什么，你只有靠自己""因为我觉得快乐，所以我快乐"……

学会随时对自己说："太阳每天都是新的，即使是阴天也是别样的美好""积极的生活态度比生活本身更重要"。当面对孤独、寂寞、缺乏成就感的工作环境时，要学会奖励自己、为自己喝彩，哪怕是一点点进步，都不要忘记对自己说一声："哦，我做得真不错，明天继续努力哦！"

经常使用这样的言语自我暗示，个体就会由急躁、泄气、灰心变为情绪稳定、有条不紊、信心十足，自信有能力控制各种应激。心理状态得到调节，心理活动水平得到提高，从而无论在顺境还是在逆境中，都能始终保持乐观向上的心态，不断在苦难中寻找新的乐趣，成为一个热爱生活、善待生命、对生活充满激情的人。

（2）学会适应的策略

管子《心术》下篇中记载："心术者，无为而制窍者也。"运用心理策略影响心理状态，可以不断提高自己的心理水平，告别倦怠。所以，在各种应激事件和压力面前，一定不要一味地抱怨，要及时调整心态、学会适应，换一种角度看压力。学会对曾经让我们头疼不已的压力心存感激，因为没有压力，我们的生活也许会是另外一个模样。

应激研究泰斗塞里曾说："很多人停滞在一个阶段感到失败，很大一个原因就是不愿改变现状。"随着应激而改变，这是适应最关键的问题，只有自己才能帮助自己。要改变，那就行动吧！如果面对生活中的各种变化和挑战带来的应激，能积极应付、迅捷灵活地做出反应，必然会在迷宫中找到属于自己的路，也许它会让你付出很多的艰辛和代价，但它会帮助你在变化的时代获得成功。

第二节　职业发展

大学毕业生在逐步适应了新的工作环境之后，意味着个人职业生涯经过了职业生涯早期阶段，完成了员工与组织的相互接纳后，必然步入职业生涯的中期阶段，即职业发展时期。一般来说，职业发展阶段是一个周期较长、更富于变化，既有可能获得职业生涯成功，又有可能出现职业危机的一个很宽阔的职业生涯阶段。

此时，如果职场顺利，可能会得到晋升，进入更高一层的领导或技术职位，或者薪资福利增加，在选定的职业岗位上成为稳定的贡献者。在这个职业生涯阶段，要不断取得成就，实现自己的职业理想，既要不断提升自我，又要善于把握机遇，积极进取。

一、不断学习，提升素质

（一）树立终身学习的观念

随着新技术革命的发生，知识经济时代已经到来。今天，知识更新和科技进步之快让人惊讶，新知识与新技能几乎每天都会产生，我们已经掌握的知识与技能，很可能在一夜之间就会老化或者落后。各种新科技、新事物、新经验层出不穷，只有做好终身学习的准备，才能跟上时代前进的步伐，才能不被时代所抛弃。

《大学》里说："苟日新，日日新，又日新。"作为 21 世纪的年轻人，必须时刻保持危机意识，不断学习，不断吸收新知识与新技能，才能在激烈的社会竞争中立于不败之地。

（二）积极拓展知识，不断提升专业技能

作为职场中的我们，不仅要树立终身学习的理念，而且要学会积极创造条件以不断拓展自己的学习领域，开拓自己的知识视野。为了适应不断变化的新形势，只有学习和掌握一定的科学文化知识，构建合理的知识结构，才能成为全面发展的适应社会的新人，才能适应职业要求。

首先，大学生要培养自觉学习的习惯，明确学习目的，端正学习态度，把学习知识与祖国的未来和建设结合在一起，提高学习的自觉性。不仅要不断学习理论知识，还要格外重视实践技能，不仅要学好传统知识，还应不断吸收新知识。

其次，要掌握科学的学习方法，把握学习的主动权，逐步提高自己科学文化和专业知识素质。

最后，应注意培养自学能力，由于知识更新不断加快，在实践中要不断学习专业知识，拓宽知识面，提高自己的专业文化素质。只有如此，才能满足自己职业发展的需要，才能适应飞速发展的社会的需要。

二、善于把握机遇

人的成功是个人勤奋与机遇的结合。所谓机遇，是指有利的机会、条件和环境。机遇虽然是一种客观的事物，但它是被那些积极主动认识世界、改造世界的人创造出来的，它是人的主观能动性与外界环境变化的客观必然性相结合的产物。

机遇作为一种特殊的有利条件，对人的成功常常起着关键的作用。每个人一生中都会遇到许多机遇，能力强、综合素质高的人善于抓住机遇并且充分利用它们。具有高度智慧的人更善于创造机遇。机遇特别垂青有准备的人，所谓有准备就是要有坚实的基础，创造好必要条件。具体来说，要做到以下几点。

（一）不断充实自己

增强自己的实力，是一种迎接机遇的积极姿态，也是最有效的准备。充实自己的最好办法就是不断充电，要根据职业生涯目标的要求，有计划、有步骤地学习，既要不断充实自己的理论知识，又要不断提高自己的实践能力。

（二）不断提高人际交往能力，努力编织人际关系网

良好的人际关系可以使你信息灵敏，遇事有人帮助，机遇就可能频繁出现。人际间的交往、合作、帮助往往会成为一些人难得的机遇，这无疑是事业成功的重要准备。

（三）不断发展优势，培养强项

一个人不可能事事精通，样样出众，但如果能在某一方面十分突出、超出他人就是人才，就可能在这个方面获得成功。因此，为了创造机遇，必须要有超前意识，要有目的地发展优势、培养强项，以便为自己创造机遇，把握成功。

三、着力培养职业意识

职业意识是职业活动的基础和前提，对个人职业的发展具有导向和调节作用。树立良好的职业意识，是个人职业发展的动力。

（一）职业意识的内涵

意识是人所特有的精神活动及其成果的总和，是人脑的机能，是人脑对客观世界的主观映像。意识虽然依赖于物质，但也具有主观能动性。它不仅能够主动地、有选择和创造性地反映客观世界，而且能够指导实践，改造客观世界。

所谓职业意识，是从业者在一定的社会条件和职业环境影响下，在职业岗位任职实践中形成的某种与所从事的职业相关的思想和观念。反映个人对职业的认识、理解、情感和态度，是职业认知与职业行为的统合，主要包括职业认识、职业情感、职业意志和职业行为等。

职业意识是人在职业问题上的心理活动，是人的自我主体意识在职业活动过程中的体现，是人们对职业劳动的认识、评价、情感和态度等心理成分的综合反映，培养良好的职业意识是形成健全职业人格的核心。

（二）职业意识的构成

1. 职业认知

随着科学技术的迅猛发展，社会职业的变迁也出现了前所未有的动荡、分化、重组的格局，不但已有的职业在不断变化，新的职业种类也层出不穷。与此同时，职业向更加专业化、智能化、综合化的方向发展，社会对职业的专业技术水平要求越来越高，对从业人员的知识、经验、技能与能力的要求也越来越全面。

职业不同于事业，职业最重要的作用是获取生活来源，它强调的是一种谋生手段和经济上的合理回报。而事业需要个体不计报酬地全身心投入，以最大限度地实现人生的价值，体现人生的奋斗目标和理想。但同时，职业和事业也具有同一性，任何一种事业都是以某种职业为前提和基础的。

人是通过职业生活立足社会、服务社会，实现自我价值的。因此，每个人都应该珍惜自己在职业中的工作机会，不管是一帆风顺还是身处逆境，都要珍惜来之不易的工作，这

是一种崇高的境界和情操。只有这样，才能对职业产生一种爱的情怀，才能表现出对工作的积极性，才能最大程度地挖掘自己的潜力。

2. 职业情感

情感是指人的内心需要能否得到满足的一种内心体验。情感具有较大的稳定性、持久性和深刻性。职业情感就是个体对职业表现出的稳定而持续的感情，是人们对自己所从事职业的一种态度体验。一个人要实现职业发展，必须对自己的职业怀有积极的职业情感。积极的职业情感包括以下几方面。

(1) 热爱自己的职业

不管从事什么职业，要使事业成功，必须热爱自己所从事的职业，对工作要全身心地投入和倾注。必须要有满腔热情，并对所从事的工作充满浓厚兴趣，在工作中不论遇到什么困难和挫折，都能积极应对，顽强克服，最终一定能够取得成功，实现自己的职业目标。

(2) 具有较强的自信心

在当今竞争激烈的社会，自信心是工作与学习的关键因素。一个自信的人不仅会以积极的眼光看待事物，而且还会主动去改造环境，强烈的自信心促使人们自强不息直到成才。相反，如果缺乏自信心，在工作中总是怀疑自己的能力，精神上自我打击，则会严重阻碍个人内在潜能的充分发挥，最终只能导致失败。

(3) 体验工作的快乐

工作中的磨练、训练不仅带给我们充实和快乐，而且会使人不断成长，变得成熟。工作不仅促使个人能力的提高，也会产生被社会认可的成就感，极大地增强个人的自信。生活的愉悦来自人类创造天性的展现和发挥，而我们的工作正是参与创造的表现，个人的创造越丰富，生命中得到的欢乐就越多。因此，要学会乐观地对待工作，这样才能体验工作的乐趣，才会在工作中感受轻松与喜悦。

3. 职业意志

意志是指为达到某种目的而产生的心理状态，往往是由语言和行动表现出来的，是人的意识能动作用的表现。所谓职业意志，就是在职业生涯中，为了达到某种目标坚持不懈、百折不挠的心理状态。职业意志主要表现为以下三个方面。

(1) 专注与坚持

这是指把自己的精力全部集中在某一具体目标上，调动所有能调动的资源，努力工作，永不放弃，直到取得最后的成功。专注与坚持是成功者最重要的特质之一，善于专注于自己的目标和自身的优势是成功的关键。

专注于实现目标，不仅需要一个人有很强的意志力，能够拒绝与目标无关的诱惑，而对自己设定的目标充满执著，并坚持不懈地努力，千方百计达成目标，而且需要专注于自身的长处和优点，把更多的时间用于自己所擅长的领域，直至取得成功。

(2) 勇敢面对挫折

在工作中人们会经常遭遇挫折，有的人会忧虑、恐惧，选择各种理由逃避，最后只能以失败告终，而有的人则会以积极乐观的心境勇敢地面对挫折，化压力为动力，最终创造出属于自己的成功。美国前总统林肯有一句名言：成功就是屡遭挫折而不气馁。在逆境中成长的能力决定一个人成就的大小。勇于面对挫折就是要有坚定的信心和勇气，有积极乐观的生活态度。只有敢于面对挫折，勇往直前，积极应对，才能取得最终的成功。

(3) 勇于承担责任

无论从事什么职业，无论处于什么岗位，责任心和责任感是最重要的工作动力。高度的责任感是职业道德的前提，也是社会认可人才价值的第一要素。勇于承担责任，就是不以个人为中心，而是把他人的、集体的、国家的利益放在首位，做到在官位上对人民负责任，在民位上对国家负责任，在岗位上对所属的工作负责任。

（三）良好职业意识的表现

1. 爱岗敬业

爱岗敬业是指人热爱并尊重自己的职业，用一种恭敬严肃的态度对待自己的职业，执著而勤奋，有恒心、不怕吃苦，不见异思迁，不虎头蛇尾。只有真正热爱自己的工作，才能最大程度地投入自己的热情和精力，也才能做出成就。

只要有付出，必然有回报。一个人如果有不畏艰苦，锲而不舍，勇于拼搏的职业精神，必然会在自己的岗位上做出成绩，必然在激烈的竞争中立于不败之地。

2. 团结协作

团结协作是人的一种生存方式。对于任何个人来说，无论从事什么样的职业，处于什么样的岗位，都离不开与他人的团结协作。团结协作需要每个人都具有团队精神。

团队精神是团队成员为了团队利益和目标而表现出来的相互协作、尽心尽力的意愿和作风，是将个体利益与整体利益相统一，从而实现组织高效率运作的动力，是高绩效团队的灵魂，是成功团队最重要的特质。团队精神需要团队成员之间不但要有强烈的归属感和一体性，而且要相互帮助、相互关怀、团结互助、同舟共济，保证团队的生机和活力。优秀团队的形成靠全体团队成员的共同努力。

3. 乐于奉献

人生存的最终目的是实现自己的人生价值，只有最大程度地服务社会，服务人民，才能更好地体现一个人的生存价值。每个人无论在什么工作岗位，都能够通过不同的形式为祖国和人民做奉献。奉献是一种只付出不求任何回报、不计较个人得失的一种精神和理念。敬业是奉献的基础，乐业是奉献的前提，勤业是奉献的根本。奉献精神是鼓舞和激励人们奋发向上的巨大力量。

4. 诚实守信

诚实守信是一种优秀的品质，它意味着言出必行，说到做到。诚实守信是为人处世的基本准则，是中华民族的传统美德，也是从业人员对社会、人民所承担的义务和责任，是人们在职业活动中处理人际关系的道德准则。这个世界上并不缺乏有能力的人，那种既有能力又很诚信的人却是每一个企业所企求的最理想的人才。一个人在其职业生涯中，如果拥有诚信的口碑，就会为其事业的成功赢得更多的机会。

5. 竞争创新

现代社会是一个充满竞争、鼓励竞争的社会，生活、工作中时时处处都充满了竞争。只有具备强烈的竞争意识，才能在竞争中不断地激发自身的潜力和创造性。竞争是推动社会进步的动力。同时，要想在竞争中求发展，还必须不断进行创新。

创新能力在很大程度上决定着一个企业、一个人的前途。创新是一个民族进步的灵魂，是一个国家兴旺发达的不竭动力。没有创新，就没有人类的进步，就没有高素质人才。创新对于从业人员更好地适应竞争具有积极的导向作用。

四、严格遵守职业道德

（一）职业道德的含义

道德是调整人与人之间、个人与集体之间、个人与社会之间相互关系的思想和行为的规范。道德既是一种善恶标准，又是一种行为标准；它既表现为道德心理和道德现象，又表现为道德行为和道德活动，同时也表现为一定的道德原则和道德规范。道德通过调节个人利益和他人利益、社会整体利益的关系，来约束人们的行为，达到干预社会经济关系和其他社会关系、维持社会秩序的目的。

人类的社会生活包括职业生活、家庭生活和公共生活等领域。与之相适应的道德规范也就分为职业道德、家庭美德和社会公德三部分，其中，人的职业生活是最基本的实践活动。因此，在整个社会的道德体系中，职业道德占有更为重要的地位，它是整个社会道德体系的重要组成部分，是一定社会的道德原则和规范在职业生活和职业关系中的具体表现，也是一定的社会道德在特殊社会关系领域的运用和发展。

所谓职业道德，是人们在职业活动中所遵守的行为规范的总和。职业道德不仅在人的职业活动中起着广泛的调节作用，也对整个社会生活产生重大的影响。人们一旦进入社会，总是要从事某种职业活动的，也只有通过职业活动，人们才能与整个社会发生广泛的、深刻的联系。

职业道德是职业生活中特有的一种现象，它集中表现为同人们的职业活动紧密相关的，体现特定职业要求和特点的道德准则和规范。职业道德还包括从业人员在职业生活中形成的劳动态度、道德意识、道德观念和道德情感等。

（二）职业道德的作用

1. 调节职业交往中从业人员内部以及从业人员与服务对象间的关系

职业道德的基本职能是调节职能。它一方面可以调节从业人员内部的关系，即运用职业道德规范约束职业内部人员的行为，促进职业内部人员的团结与合作。如职业道德规范要求各行各业的从业人员，都要团结、互助、爱岗、敬业、齐心协力地为发展本行业、本职业服务。另一方面，职业道德又可以调节从业人员和服务对象之间的关系。

如职业道德规定了制造产品的工人要怎样对用户负责；营销人员怎样对顾客负责；医生怎样对病人负责；教师怎样对学生负责，等等。

2. 有助于维护和提高本行业的信誉，促进本行业的发展

一个行业的信誉，也就是它们的形象、信用和声誉，是指行业及其产品与服务在社会公众中的信任程度，提高行业的信誉主要靠产品的质量和服务质量，而从业人员职业道德水平，是产品质量和服务质量的有效保证。若从业人员职业道德水平不高，很难生产出优质的产品和提供优质的服务。

一个行业、一个企业的发展有赖于高的经济效益，而高的经济效益源于高的员工素质。员工素质主要包含知识、能力、责任心三个方面，其中责任心是最重要的。而职业道德水平高的从业人员责任心是极强的，因此，职业道德能促进本行业的发展。

3. 有助于提高全社会的道德水平

职业道德是整个社会道德的主要内容。职业道德一方面涉及每个从业者如何对待职业，如何对待工作，同时也是一个从业人员的生活态度、价值观念的表现；是一个人的道德意识，道德行为发展的成熟阶段，具有较强的稳定性和连续性。

另一方面，职业道德也是一个职业集体，甚至一个行业全体人员的行为表现，如果每个行业、每个职业集体都具备优良的道德，对整个社会道德水平的提高肯定会发挥重要作用。

（三）职业道德规范的内容

职业道德规范是从业者在职业活动中应遵循的基本职业行为准则，是职业道德基本原则的具体展开和集中体现。《公民道德建设实施纲要》中明确指出：要大力倡导以爱岗敬业、诚实守信、办事公道、服务群众、奉献社会为主要内容的职业道德规范，鼓励人们在社会主义建设中做一个合格的建设者。

1. 爱岗敬业

爱岗敬业就是从业者要充分认识自己从事职业的社会价值，认识职业没有高低贵贱之分，都是为人民服务。职业的分工本质上是人民有组织地自己做自己的事，人们热爱自己的岗位，敬重自己的职业，做到干一行、爱一行、专一行。

2. 诚实守信

诚实守信是做人的基本准则，也是职业道德的一个基本规范。它既是职业生活中从业人员对社会、对人民所承担的职责，也是人们在职业活动中处理人与国家关系的道德准则。诚实就是老少无欺，表里如一，说老实话，办老实事，做老实人；守信就是信守诺言，讲信誉，重信用，忠实履行自己承担的义务。

3. 办事公道

办事公道是职业道德的基本准则之一。要求从业人员在办事情和处理问题时，要坚持实事求是、客观公正的立场和态度，对当事双方公平合理、不偏不倚。做到办事公正、公开、公平、合法、合理、合情。办事公道是从业者树立个人威信和调动他人积极性的前提，在社会主义市场经济条件下，每个市场主体都应相互尊重，平等互惠。从业人员在职业活动中，应本着坚持原则和不徇私情的原则才能做到办事公道。

4. 服务群众

服务群众是社会主义职业道德的目标指向，是职业行为的基本要求，主要包括如下两方面的内容。

一是尊重他人利益，每位职业劳动者都具有双重角色，既是服务者又是被服务者，尊重他人就是尊重自己，维护他人合法利益，也是维护包括自己在内每位劳动者的利益。

二是方便他人，为他人提供优质服务，在服务过程中尽力为他人排忧解难。

总之，在职业活动中，把方便留给他人，把困难留给自己。

5. 奉献社会

奉献社会作为职业道德规范，一方面，要求从业者要时刻意识到自身的社会责任和历史使命，在自己的工作岗位上，勤奋工作，努力创造，以自己的职业活动为社会的发展和进步做出应有的贡献；另一方面，当一个人的个人利益与集体利益、国家利益发生矛盾时，毫不犹豫地牺牲个人利益，服从集体利益和国家利益，必要时甚至献出自己的生命。

思考题

1. 从大学到职场的过渡需要注意哪些问题？
2. 怎样做才有利于促进自己的职业发展？
3. 如果你在从业过程中出现职业倦怠的特征，应该怎么办？

本章实训

1. 请询问身边的一位亲人或者朋友，了解一下哪些因素影响了他的职业选择，他对自己的职业选择是否满意，如果让他重新选择他会如何选择。

2. 将你的行动分解成具体的步骤可以使决策的过程更加可靠，请填写个人行动计划表，如表 7-1 所示。

表 7-1　个人行动计划表

目　　标	采取的行动	可求助的人或信息	时间进度	完成情况（画“√”）

拓展案例分享

殊途同归

张明、马力和欧阳春是大学时代的同窗好友，他们三个学习的都是信息工程，8 年后，三个人聚首上海时，他们发现各自的职业生涯虽然不同，但又显示了殊途同归的职业前进轨迹。

张明毕业后应聘到一家大型汽车制造企业信息系统部工作，先是从事企业信息系统运行的检测与维护工作，后来公司与国外 IT 厂商合作，对企业的整体信息系统进行了一次大规模的整合改造，张明有幸参与了该项目的全过程。由于张明谦虚好学，勤奋实干，又对公司的情况十分了解，成为项目实施过程中的工作骨干，张明本人也在系统改造的实践中快速进步。不到五年张明已经从一个见习技术员晋升到了主任工程师。

后来，系统部经理找他谈话，问他愿不愿意接受系统部副经理的职位，张明权衡再三，还是婉言谢绝了主管的好意。他觉得自己最头疼的就是一些复杂的人际关系，他担心处理日常琐事会耽误了自己痴迷的技术进步。就这样，张明在自己喜欢的技术领域勤学苦练，现在的张明已经是这家企业的副总工程师了。

马力毕业后来到了一家软件公司，这家公司专门承揽冶金生产企业系统集成的设计外包业务，一开始马力在一个项目部打杂了一年多，慢慢地开始进入角色。在项目谈判、处理客户投诉、团队协作等工作实践中，马力展现出了自己的管理潜质，从见习技术员、助理工程师、工程师、项目助理、项目主管，8年下来，马力现在已经成为一名出色的项目经理，他还透露说，自己已经被列入了公司高层管理后备人才库。

欧阳春则不同，尽管自己学的是信息技术，可是天生爱动的他就是在办公室坐不住。欧阳春毕业后应聘到一家大型机床制造企业技术部工作，主要从事数控机床的软件程序设计，不到半年他就找领导说，自己不适合干技术设计，想干销售。领导很是诧异，对他说："公司最缺的就是信息技术方面的人才，你干销售太大材小用了，再说销售是没有工资保障的，还是干自己的老本行吧。"欧阳春无奈地又干了一年多。

后来，领导看他实在是坐不住，就答应他到销售岗位试一试。就这样，欧阳春从一个基层的销售员做起，在发挥自己技术优势的同时，自费学习MBA课程，充实营销理论与实战经验，特别是连续三年开发了三个空白市场，引起了高层的重视。8年的"抗战"使"半路出家"的欧阳春成为一个业绩出色的大区经理。

【拓展案例点评】

上述故事给正在求职的大学生们一些启示。

首份工作做好选择最重要

正确地做好最初的职业选择很重要！越到后面，要想摆脱原已熟悉的职业路径就越困难，成本越高，风险越大。建议从选择自己感兴趣的，同时也是较为符合自己个性、能力的专业学习做起，为自己量身定制一个既具挑战性，又不失客观、实际的职业生涯发展规划，按照规划一步步走下去，这样有利于职业发展的良性循环。

了解自我，做好路径规划

对于大学生来说，如果能够较早地认识自己真正的兴趣和能力所在，并明确了适合自己的职业路径之后，再进行一系列有效的求职，这是较为理智和值得提倡的做法。如果求职中，能够顺利得到自己喜爱的工作，这是最好的结果，但如果暂时没办法一步到位，那么不妨立足于当下的职业机会，可以优先考虑生存的问题，但心中必须始终清楚你的选择是什么，寻找工作契机，积累知识和能量，为今后的顺利就业铺路垫石。

在充分熟悉了这个行业，并进一步明确自己与新行业的匹配度之后，再考虑是否决定转行。

选择后坚决执行，义无反顾

选择就意味着从两个或两个以上的答案中选出一个。任何选择都有代价，有得有失。一旦做好了自己认为合适的选择的决定，就坚决地执行下去。当不能确定自己的选择是否正确时，不妨听听身边朋友的意见，或是找专业的职业规划咨询机构寻求帮助。犹豫不前只会耽误时间。职业规划，让你的职场之路走得更顺。

第八章 大学生创业

【引言】

财富是猫的尾巴，只要勇往直前，财富就会悄悄跟在后面。

——王志东

【教学目标】

1. 理解创业的概念和类型；
2. 了解大学生创业的有利环境；
3. 了解大学生创业素质的培养途径。

【核心概念】

创业、创业类型、创业环境、创业素质。

小王创业记

2013年某校机械专业毕业的小王，毕业后盲目创业，学着别人倒菜、倒水果，几经波折，没有一件事干成功。正当小王垂头丧气时，恰好社区组织个体经营者进行自我创业资源分析。经过分析，小王发现自己最大的长处还是所学的专业。

之后，小王开了一家汽车、摩托车修理店，他感到一下子有了创业的空间，两年后业务迅速扩大，第三家分店已隆重开业。

（王金山，张景良，程哲．大学生职业生涯规划 成功从这里开始[M]．吉林：吉林人民出版社，2014）

【案例点评】

创业并不是一件容易的事，除了付出艰辛和努力外，还需要对自己的优势和不足有一个正确的评价，只有这样才能走向成功。小王的专业是机械，修理汽车是他的专长，在认识到自己的长处后，小王及时调整方向，最终获得了成功。

随着世界经济总体增长速度的减缓和高等教育大众化不断推进，大学毕业生的就业形势将越来越严峻，大学生就业难已成为社会关注的焦点之一。面对严峻的就业形势，大学生一方面要刻苦学习，认真掌握从业的知识和技能，不断提高综合素质，提高职业竞争能力，另一方面更要转变就业观念，树立自主创业意识，积极学习并掌握创业的基本知识和能力，做好创业准备，培养走向社会、自我发展的信心与能力。

第一节 创业概述

一、创业的内涵

（一）创业的概念

尽管目前“创业”一词在社会上被人们广泛使用，并赋予各种各样的含义，但究竟什么是创业？目前还尚未形成广泛认可的统一定义。一般认为，创业有广义和狭义之分。狭义的创业就是新企业的创建或新产品、新工艺、新组织和新市场的组合；广义的创业还包括各种企业和其他非营利组织或公共部门内部的创业过程。

通过借鉴国内外学者对“创业”一词的解释和定义，我们认为，创业是承担风险的创业者通过寻找和把握商业机会，投入已有的技能知识，配置相关资源，创建新企业，为消费者提供产品和服务，为个人和社会创造价值和财富的过程。

（二）创业的特征

从定义不难看出，创业本身应包含以下一些特征。

1. 创业必须以创新为动力

创新是企业生存的法宝。锐意创新、独一无二是企业竞争力的体现，从创业构想到组织创建、经营管理，处处都要用创新的视角思考问题，不断寻求满足顾客需求的新途径和新方法。只有具备了创新能力，创造出某种有价值的新颖产品或新型服务，才能在激烈的竞争中抢占市场的制高点，立于不败之地。

2. 创业必须承担风险

创业的过程是一个曲折坎坷、充满风险的过程，创业风险包括市场风险、技术风险、财务风险、管理风险、社会风险等。从某种意义上讲，创业就是风险投资。创业者不仅受获取更大人生满足的欲望驱动，而且要承受创业可能带来的各种风险，对此要有足够的心理准备，鼓足战胜一切困难的勇气。

3. 创业必须以价值为取向

企业追求的目标是创造新的价值。创业的成功与否取决于创业者是否为自身和社会创造了价值。事实上，创业者在实现经济价值和社会价值的同时，自我价值也得到了提高和升华。

实践证明创业者只有把自我价值和社会价值统一起来，才能获得创业的机遇，才能获得成功。企业不断发展壮大，各种资源通过创业活动转换成产品或服务时，新的价值就诞生了，企业凭借价值的积累，实现发展目标。

4. 创业必须把握机遇

把握机遇是迈向创业成功的起点，也是创业成功的前提。为什么有的人能抓住机遇，一举成功；有的人却总是与机遇擦肩而过，望洋兴叹呢？机遇只结有心人。这个心就是对事业的信念、追求与渴望。发现和识别商机是企业成功的关键。很多企业的成功都源于能够发现被别人忽视的商机，然后通过各种努力最终把握住这难得的机遇。

二、创业的类型

（一）复制型创业

复制型创业是指复制原有公司的经营模式，延续创业者在原公司的运作流程。这种类型的创业，创新的成分很低，难度较小，所以在社会中出现的概率较高。由于它的科技创新贡献太低，所以缺乏创业精神的内涵。

例如，一个人原来在一家美发屋担任美发师，一段时间后，离职自行开办了一家与原来工作的美发屋相似的美发屋。这种创业就是复制型创业，在整个创业的过程中，基本上没有什么创新。

（二）模仿型创业

虽然这种类型的创业，创新的成分也不高，但是相对于复制型创业而言，由于它是一种模仿方式，所以它也是一个学习的过程，不确定的因素也就相对较高。由于是学习的过程，所以它的创办过程就会长，犯错误的机会相对也比较高，这样就会增加创业成本和创业风险。

例如，一家餐厅的经理辞职开设了一家美容美体中心，这就是一个学习的过程，风险相对也就比较大。不过，如果创业者具有适合创业的人格特性，经过系统的创业管理培训，掌握了正确的市场进入时机，还是有很大机会可以获得成功的。

（三）安定型创业

安定型创业强调的是创业精神的实现，也就是创新的活动，而不是新组织的创新。所以，它虽然为市场创造了新的价值，但是对创业者而言，本身并没有太大的改变，做的也是比较熟悉的工作。企业内部创新就属于这一类型，例如，研发单位的某小组在开发完成一项新产品后，继续在该企业部门开发另一项新产品。

（四）冒险型创业

冒险型创业是一种难度很高的创业类型，所以创业之路会面临很高的失败风险，但是高风险也预示着高回报，一旦成功，所得的回报也很惊人。这种创业，不仅对社会有很高的科技创新贡献，对于个人本身来说也会带来很大的改变，但是同时个人的前途命运也充满了不确定性。

要想使这种类型的创业获得成功，在各方面都必须有高标准的要求，那就是在创业能力、创业时机、创业精神、创业管理、创业模式和策略等方面都要具备很好的素质和潜质。

（五）草根型创业

不同于政府推动型创业是通过高新技术变革或整合大量社会资源，草根型创业则是指由普通群众针对已经把握的商业机会建立新的小型组织，或通过简单创新，使已经成熟的商业模式持续焕发新的活力。

由于草根阶层在创业知识、能力和资源上的不足，使得草根创业通常比较困难，而且也面临着失败的风险。在市场经济发展的今天，草根创业广泛存在于我国国民经济的各个行业，特别是普通的服务行业里。

三、创业的意义

创业是个伟大艰辛的历程，通过创业，可以更好地体现人生价值，具体表现在以下几个方面。

（一）充分发挥自己的才能

许多上班族之所以感到厌倦，积极性不高，原因之一就是个人的创意得不到肯定，个人的才能无法充分发挥，工作缺乏成就感。而创业则可以完全摆脱原有的种种羁绊，充分施展自己的才华，发挥个人最大潜能。

（二）不断积累财富

“工薪阶层”工资再高，也是有限的，想改变一下自己的居住生活条件往往存在困难，而摆脱这些烦恼的最佳途径就是开创一份完全属于自己的事业，它提供给创业者的利润是没有极限的。

根据统计资料，在美国福布斯富人榜前400名富人中，有75%是第一代创业者。

（三）满足“权力”意愿

创业者可以自己主宰自己，把未来捏在自己的手中，可以摆脱上班的约束，摆脱受人管理、指挥与行动受控的局面，使自己的人生价值得到更完美的体现，创业还能够使个人有足够的机会和潜力回报社会，造福一方，具有极高的成就感。

（四）享受过程，激励人生

创业能够做自己喜欢的事业并从中获得乐趣，是一个令人兴奋的过程。在这个过程中，创业者可以不断积累经验，感受到无穷的挑战和机遇，激励人生。即使在创业过程中走了弯路，也能磨练你的意志，教会你今后应该如何去探索，为以后的成功奠定基础。总之，创业是实现人生理想和价值，获得自身全面发展的有效途径。

第二节　大学生创业

一、大学生创业是时代的呼唤

（一）严峻的就业形势给大学生提出了挑战

青年就业面临的挑战越来越严峻。就大学生就业来说，随着我国高等教育大众化推进，以及世界主要经济体经济增长速度的减缓，大学生就业难已成为社会关注的焦点。根据教育部近年来公布的数据，高校毕业生从 2005 年的 114 万，到 2008 年的 280 万，再到 2012 年的 559 万，2015 年达 727 万，而就业率基本维持在 70%～80%之间。

随着今后高等教育进一步向普及化迈进，大学毕业生的就业形势将越来越严峻。面对如此严峻的就业形势，大学生一方面要刻苦学习，不断提高综合素质，提高职业竞争能力；另一方面更要转变就业观念，树立自主创业意识，做好创业准备，培养走向社会、自我发展的信心与能力。

（二）科学技术的发展给大学生带来了机遇

21 世纪是高科技时代，也是世界经济一体化的时代，是一个不断发展、不断变革的时代，其主要特点是开放、竞争、自主和个性化。这是一个充满诱惑和挑战的全新时代，要适应这个时代，使自己从容地生活在不断进步的社会中，每个人都必须适应时代的变迁和需要，不断调整自己。

21 世纪也是知识经济时代，知识的生产、交换已成为财富积累的主要方式，伴随而来的是社会转型和结构调整日益加快，经济成分日趋多样化，新的产业部门将取代传统的产业部门，一方面，现有行业能吸纳的就业人口无法满足就业需求，更多的毕业生需要自行创业，自谋职业；另一方面，随着职业转换频率不断加快，个人主动或被动转换职业的情况将越来越普遍，很多人在一生中将面临不止一次职业选择。

这就意味着，时代对创业素质和能力的要求并不限于自主创业者，而是对未来劳动者的共同要求。因此，21 世纪是创业的世纪，当代大学生必须具有从业和创业的双重能力，具备多方位的职业转换能力和自主创业能力，这既是社会进步对人的要求，也是人自身发展的必然趋势。

（三）社会经济环境的优化给大学生创业提供了广阔的发展空间

1. 法律、政策和社会环境持续改善

(1) 私营经济发展的法律环境逐渐具备

新修改后的宪法为私营经济的存在和发展提供了明确保障，随着法制建设的推进，其他有关非公有经济发展的法律也逐渐制定并实施，私营经济发展的法律条件也正在改善。

(2) 创业门槛不断降低

国家颁布的行政许可法实施以来，对私营经济在市场进入方面的大多数限制将逐渐取消，更多的行业领域许可民营经济进入。一些经营手续办理程序得到简化，企业自主经营范围更为宽泛和自由。新的公司法对有限责任公司注册资本的最低限额下调至 3 万元，且股东既可以用货币出资，也可以用实物、知识产权、土地使用权等非货币财产作价出资。此外，公司的注册资本还可以在两年内分期缴足。

(3) 资本市场日趋健全

在融资方面，银行贷款、金融支持、融资担保、保险投资、产权交易等更多的业务不断推陈出新。为解决创业过程中融资难的问题，有关机构启动了创业贷款担保和贴息的业务。

(4) 创业载体发展加快

各类企业孵化器、创业园区、创业社区、创业指导服务中心等不断增加，风险投资机构、担保服务机构、信用评级机构、顾问咨询等服务机构不断发展，这将对创业的启动与发展起到积极的促进作用。

(5) 社会观念日趋进步

经过 30 多年的改革开放，人们对私营经济的看法和态度已有根本的改变，创业光荣、致富光荣已成为共识，一种鼓励、宽容创业的社会观念正在形成。

2. 国家创业扶持政策不断增加

为了促进创业，国家和地方各级政府(如人力资源和社会保障、财政、金融、工商、税务等)纷纷出台了相关政策，给创业者提供各方面的政策支持。例如，人力资源和社会保障部已经在全国百家创业试点城市搭建创业平台，通过开展免费创业培训、强化创业指导、优化创业环境、培育创业文化、进行创业激励等途径扶持创业活动。

为了缓解大学生就业压力，鼓励和支持大学生自主创业，国家还专门出台了一系列针对普通高校毕业生创业的优惠政策。

小贴士

国务院：放宽准入条件 鼓励高校毕业生自主创业

据中国政府网消息，国务院办公厅昨日公布关于做好 2013 年全国普通高等学校毕业生就业工作的通知，通知要求，各地区要对自主创业高校毕业生进一步放宽准入条件，降低注册门槛。

通知称，各地区、各有关部门要积极完善创业政策，加强创业教育、创业培训和创业服务，大力扶持高校毕业生自主创业，尤其要鼓励高校毕业生创办国家和地方优先发展的科技型、资源综合利用型、智力密集型企业，支持通过网络创业带动就业。

通知要求，各高校要将创新创业教育融入专业教学和人才培养全过程，并将创业教育课程纳入学分管理，鼓励在校生积极参加创业教育和创业实践活动。鼓励高校与公共就业人才服务机构合作开展创业培训和实训，从 2013 年起，将创业培训补贴政策期限从目前的毕业年度调整为毕业学年(即从毕业前一年 7 月 1 日起的 12 个月)。

通知要求，各地区要对自主创业高校毕业生进一步放宽准入条件，降低注册门槛，创业地应按规定给予小额担保贷款及贴息、税费减免等政策扶持。加大政策倾斜力度，积极推进大学生创业孵化基地建设，为自主创业高校毕业生提供项目开发、开业指导、融资、跟踪扶持等"一条龙"创业服务。

(http://cy.ncss.org.cn/cydt/274512.shtml)

3. 21 世纪为大学生提供了广阔的创业舞台

21 世纪是迅速发展的时代，不仅需要人们创业，也为创业提供了前所未有的机遇和优越条件，为创业者建立了一个前所未有的大舞台。

(1) 知识经济为大学生提供了广阔的创业舞台

知识经济时代最根本的特征就是资金让位于知识，知识成为最宝贵的资源、最重要的资本，这为一切有知识与智慧的人提供了机遇。例如，随着高科技的发展，大量的新兴行业不断涌现，使得受过良好教育并具有专业知识的人才可以施展才华，当代许多创业明星就是在网络技术和服务领域创业成功的。

随着知识更新速度加快，“继续教育”成为人们的终身行为，文化教育、信息传播也成为一个大有前途的创业领域。

(2) 第三产业的兴旺发达为大学生创业开辟了广阔领域

从总体上看，我国第三产业仍比较落后，特别是一些新兴的第三产业还不能跟上时代的步伐。随着我国加入 WTO 和市场经济的进一步发展，第三产业成为我国一个极具魅力的投资领域，将为创业者提供许多大显身手的舞台，而且，第三产业投资少、见效快，十分适合普通大众尤其大学生创业。

二、适合大学生的创业领域

大学生创业既有优势，也有局限。一方面，他们通过学校的学习具备了一定的专业知识，同时也处于思维活跃、容易接受新事物的时期，这有利于创业的展开；另一方面，由于他们没有进入社会，商业意识、社会经验、企业管理经验、财务管理经验及营销经验等方面都比较缺乏，这为大学生的创业增加了风险。

因此，大学生在创业方向和领域的选择上应该扬长避短，寻找适合自己发展的道路。目前，以下几个领域比较适合大学生创业。

（一）高科技领域

大学是科技人才和科研成果比较聚集的地方。大学生在这一领域除了可以利用自己的技术优势创业以外，还应该充分利用学校内其他人的科技成果、技术，以及校内有效设备、教师和同学等学校资源。由于缺少应用方面的开发，大学许多科技成果都被束之高阁。大学生可以利用自身的知识及学校资源，进行科技成果的应用开发。

例如，把食品科技的成果应用于休闲食品领域；把种植、养殖方面的科技成果应用于家庭种植和养殖方面等。在该领域创业，大学生不但要关注自主创新技术的开发和利用，还应把科技服务作为创业基础而积极开发和参与。

一些企业在发展过程中有很多科技难题需要解决，大学生可以通过学校、教师加强与企业的联系，运用自己的专业知识和技能为企业解决科技难题，为企业提供科技服务，通过这种科技服务，为将来的创业奠定基础。

（二）信息技术

IT 产业一直被誉为创业“金矿”。电子信息以其便捷、高效的传递方式为人们的工作和生活提供了便利，网络的普及使计算机和电子信息成了人们生活的一部分。目前，信息技术领域的创业热点主要有建立专业网站、开发网络游戏，以及各类电子商务。它们具有成本低、不受时空限制等特点。

大学生在计算机使用方面具有优势，因此，可以用自己的知识技能进行网上创业。大学生在网上除了可以进行传统商品的买卖服务外，还可以结合自己的知识技能提供一些网上智力服务或开发一些有创意的电子商业服务。例如，学习国际贸易的学生可以通过网络寻求国际订单，为要走出去的中小企业提供外部信息等。

（三）智力服务

随着社会经济的发展，服务业在社会经济生活中越来越占有重要的地位。智力是大学生的资本。大学生应该发挥自己的智力和知识优势，选择一些需要知识和专业的智力服务行业，为他人提供智力服务，为自己开创事业之路。智力服务创业项目一般来说具有成本较低、见效较快的特点，如咨询、家教、中介、翻译、计算机维修维护、设计工作室等。

（四）创意小店

社会的进步和人们生活水平的提高使人们的生活理念、思想等发生了很大转变，越来越多的世界各地文化思想的渗入，为许多有个性、有创意的事物带来了商机。大学生思维活跃，喜欢接受新鲜变化的时尚事物，可以发挥自己的长处开办一些有创意的小店。

例如，陶艺、绣艺 DIY 店、幼儿绘画坊、玩具吧、个性礼品店、个性饰品店、美发屋、文具店、咖啡屋等。而规模不大的小店由于经营相对简单，对社会经验、管理、营销、财务要求也都不高，因此比较适合初次创业者。另外，大学生开店应将主要服务对象定位在同龄人身上，因为对同龄人的心理及消费习惯比较熟悉，入门比较容易。当然，走“学生路线”要注意以物美价廉吸引顾客。

（五）连锁加盟

连锁加盟是一种成功的商业模式，发达国家的连锁加盟在商业经营中占有很高的比例。我国连锁加盟的比例还不高，还有很多市场空间。统计数据显示，在相同的经营领域，个人创业的成功率低于 20%，而加盟创业的成功率则高达 80%。

对创业资源十分有限的大学生来说，通过连锁加盟形式创业，可以弥补自身的不足，快速掌握经营所需要的知识和经验，从而降低风险，提高创业成功率。但连锁加盟也并非没有风险，因此，大学生在选择加盟项目时要寻找一个连锁加盟体系相对完善、适合自己的项目，以便进一步降低创业风险。

一般来说，大学生创业者由于资金较少，适合选择启动资金少、人员配备要求不高的小本经营加盟项目。此外，大学生创业最好选择运营时间在 5 年以上、拥有 10 家加盟店的成熟品牌加盟。

三、大学生创业动机类型

（一）创业动机的含义

动机是推动个体从事某种活动，并朝着一个方向前进的内部动力，而行为是这种内在过程的表现。引起动机的内在条件是需要，引起动机的外在条件是诱因。创业动机是推动个体或群体从事创业实践活动的内部动因，是使主体处于积极心理状态的一种内驱力，具有较强的选择性、倾向性和主观能动性。

有人通过实证研究，提出了创业动机的四因素结构模型。外部激励因素主要是指金钱和股份；内部激励因素主要是指内部控制需要和成就需要；独立与自我控制因素和家庭保障，主要是创业者通过创业为自己和家庭提供生活保障。

（二）大学生创业动机类型

大学生创业的动因有很多种，也很复杂，即使在企业创办、成长、成熟的不同阶段，创业动机也会呈现变动性。总地来说，大学生创业的动机可以分为如下四种类型。

1. 兴趣驱动型

兴趣是创业起步的动力源泉。兴趣是最好的教师，是大学生创业的重要动因之一。如果创业者对一件事物产生了兴趣，就会调动自身的潜能、时间和精力去了解、去体验，不管遇到什么困难险阻，都会一如既往地坚持下去。这种精神状态就是创业者必须具备的创业素质。当兴趣出现时，就无形中拥有了创业者必备的重要素质。

周成建因为对服装设计有浓厚的兴趣而成就了美特斯邦威集团，成为中国休闲服饰业的领军人物；比尔·盖茨因为对计算机操作系统产生浓厚的兴趣而成就了微软公司，成为个人计算机操作系统市场的霸主。因此可以说，兴趣是个体事业发展至关重要的因素，也是创业的原动力之一。

2. 价值实现型

大学生是创新、创造最为活跃的群体，他们思维活跃、创新意识强烈，同时受思维定式的约束和束缚较少，往往更容易接触一些新的发明和学术上的新成果，或者他们中的一部分人本身拥有具有自主知识产权的科研成果。同时，大学生也是自我意识较强的群体，他们都希望自己有一番自己的事业，而不是一辈子给别人打工。选择自主创业是为了通过这一途径证明自己的能力，挑战自我，实现自我价值，得到社会的认可。

3. 就业驱动型

据统计，2014 年全国普通高校毕业生达 699 万人，2015 年高校毕业生规模达到 827 万人，比 2014 年增加 28 万人。高校毕业生成为新的就业困难户。此外，随着就业压力的增大，各种鼓励大学毕业生创业的政策也纷纷出台，毕业生创业已成为社会关注的热点问题。各级政府通过各种途径为大学生创业提供便利条件成为缓解大学生就业压力的一条有效途径。在这种情况下，有一部分大学生开始了创业之路，以期取得更好的经济收入。

4. 职业需求型

美国学者克雷顿·奥尔德弗认为，个体存在三种需要，即生存的需要、相互关系的需要和成长发展的需要。相互关系的需要指人们对于保持重要的人际关系的要求。成长发展的需要指个体谋求发展的内在愿望。当代大学生随着年龄的增长，对于相互关系和成长的需要会逐渐强烈。

大学生为了增加自己的实践经验，丰富自己的社会阅历，增强择业能力，或者为了自己以后的发展或为实现自己的某个目标做好经济上、经验上的准备，在条件成熟的情况下也会积极利用课余时间走上创业的道路。这个类型的创业者往往以锻炼为目的，承受失败的能力较强。

四、大学生在选择创业目标应注意的问题

青年人确定创业目标时要注意四戒。

一戒草率决定。或急于求成，或盲目跟风，不认真考虑就草率决策，最后很可能虎头蛇尾，陷入泥潭而难以自拔。

二戒好高骛远。利益与风险总是成正比的，不吸收他人与长辈的经验而仓促上马，或好大喜功、急于发财，可能事与愿违、欲速则不达，甚至弄巧成拙。

三戒投入成本过高。年轻大学生一般没有储蓄或储蓄不多，最好先从小的干起，稳步滚动发展；或者先到职场上磨炼一段时间，学到正确的管理方法再动手，比较稳妥。

四戒完全抛弃自己的专业。“隔行如隔山”，人在完全陌生的环境或行业中总是难以发展的，所以，最好选择自己所熟悉或相关专业的行业为好。这样，即使赚不到大钱，至少还有希望，至少不会跌得太惨。

第三节　大学生创业素质的培养

人人都可以创业，但未必人人都可以成功创业。与岗位就业相比，创业面临的压力和挑战更大，对创业者的能力和素质要求更高，创业一旦失败就可能导致倾家荡产，血本无归。因此，在决定创业之前，我们不仅要对创业可能面临的挫折有足够的心理准备，对自己是否适合自主创业做出准确的判断和分析，而且要充分了解创业者需要具备什么样的素质，这些素质如何培养。

一、大学生成功创业的条件

（一）具备良好的心理素养

1. 具有强烈的创业意识

创业意识首先表现为创业的欲望。欲望是一个人追求理想的内在驱动力。当一个人有了创建一番事业的强烈欲望时，他才会拥有为实现心中的梦想努力奋斗的动力。强烈的成功欲望是创业的最大推动力，强烈的创业意识能够帮助创业者克服创业道路上的各种艰难险阻。创业面临很多不确定因素，随时有失败的可能，必须有意识地克服对失败的恐惧，激发我们的冒险精神，积极投身创业实践。

可以说，强烈的创业欲望是创业成功的前提，要想取得创业的成功，创业者必须具备自我实现、追求成功的强烈的创业意识。其次，创业意识还表现为处处留心商机，创业欲望一旦点燃，就要在生活中有意识地观察和体会各种创业行为，培养对商机的敏锐观察力。创业的成功是思想上长期准备的结果，事业的成功总是属于有思想准备的人，也属于有创业意识的人。

2. 具有自信自强、自主自立的创业精神

创业是向未知领域的探险，只有相信自己有能力、有条件去开创未来的事业，相信自己能够主宰自己的命运，才能成为创业的成功者。创业者不仅相信自己，而且相信其正在追求的事业，并以此来感染和说服他人，取得信任和支持。

自强就是在自信的基础上，不贪图眼前的利益，不依恋平淡的生活，敢于实践，不断增长自己各方面的能力与才干，勇于使自己成为生活与事业的强者。自主就是具有独立的人格，具有独立性思维能力，不受传统和世俗偏见的束缚，不受舆论和环境的影响，能自己选择自己的道路，善于设计和规划自己的未来，并采取相应的行动。

自主还要求有远见、有敢为人先的胆略和实事求是的科学态度，能把握住自己的航向，直至达到成功的彼岸。自立就是凭借自己的头脑和双手，凭借自己的智慧和才能，凭借自己的努力和奋斗，建立起自己生活和事业的基础。

3. 具有积极、沉稳的创业心理

创业之路是充满艰险与曲折的，这需要创业者具有非常强的心理调控能力，能够持续保持一种积极、沉稳的心态，即有良好的创业心理品质。正因为创业之路不会一帆风顺，所以，如果不具备良好的心理素质、坚强的意志，遇到挫折就会垂头丧气、一蹶不振。

4. 具有强烈的竞争意识

竞争是市场经济最重要的特点，是企业赖以生存和发展的基础，也是个人立足社会不可或缺的一种精神。竞争本身就是提高，就是发展，只有敢于竞争，善于竞争，才能取得成功。在创业的过程中，尤其在创业之初，处处时时面临着激烈的竞争，如果创业者缺乏竞争的心理准备，甚至害怕竞争，逃避竞争，最终只能是一事无成。

（二）具有优秀的人格品质

创业者的人格品质是创业行为的原动力和精神内核。创业是开创性的事业，尤其在困难和不利的情况下，人格品质魅力往往具有决定性的作用。

1. 具有强烈的使命感和责任心

使命感和责任心是驱动创业者勇往直前的力量之源。创业活动是社会性活动，是各种利益相关者协同运作的系统。只有对自己、对家庭、对员工、对投资人、对顾客、对供应商，以及对社会拥有高度的使命感和负责精神，才可能赢得人们的信任、尊重和支持。

2. 富有创新冒险精神

创新是创业精神的核心要素，创新意识和冒险精神是创业的内在要求。创业机会的发现和创意的形成需要进行创造性思维，发挥创造力。同样，机会的开发、资源的整合及商业模式的设计更是创新能力的集中体现。创业的开创性需要冒险精神，需要胆略和胆识。同时，在创业实践中也要有风险意识，要注意冒险精神和风险意识的平衡，保持理性思维，降低风险损失。

3. 目的明确，积极主动

创业者对于不确定的环境和全新的事业充满激情和梦想，并为此不断挑战自我，实现超越。他们做事目的性强，目标明确，讲效率，重实效。为了完成既定目标，他们往往长时间地、超常艰辛地工作，在创业初期常表现为工作狂倾向。

4. 坚韧执着

创业是对人的意志力的挑战。面对险境、身处逆境能否坚持信念、承受压力、坚持到底常常决定创业的成败。最后的成功往往就在再坚持一下的努力之中。

5. 正直诚信

正直诚信是创业者必备的品质，它体现了成功创业者的人格魅力，讲信誉，守诺言，言行一致，身体力行，胸襟广阔，厚人薄己，敢于承担责任，勇于自我否定。具有良好口碑的人格魅力可以帮助创业者凝聚人心，鼓舞士气，赢得更多合作者的信任和支持。

6. 懂得分享

成功的创业者都懂得分享的道理，即算大账的人做大生意，干大事业；算小账的人永远只能做小生意，干小事情。

（三）具备创业的基本知识

创业知识是进行创业的基本要素。大学生初次走进市场的浪潮，能否创业成功，关键还在于大学生自己是否具备相关的知识和能力。

实践证明，良好的知识结构对于成功创业起着决定性作用，创业者不仅要具备必要的专业知识，更要掌握必备的现代科学、文学、艺术、哲学、伦理学、经济学、社会学、心理学、法学等综合性知识和管理科学知识。有志向创业的大学生应该着重提高相关的管理知识、法律知识、营销知识以及资本和财务知识，不断培养和提升自己的创业能力。

1. 管理知识和能力

管理包括战略管理和经营管理。战略是对企业的长期目标、行动计划和资源配置所做出的统筹安排，它是企业的生命线，是企业腾飞的起跳板。一个及时、果敢且英明的战略决策是企业由蛹化蝶、由小到大及由平凡到伟大的最初推动力，而错误的战略会葬送一个企业。

战略管理能力包括战略思维、战略规划和设计等，是一个创业者的核心领导能力。正确决策是保证创业活动顺利进行的前提，尤其是有关创业机会的识别和选择，创业团队的组建，创业资金的融通，企业发展战略以及商业模式的设计等重大决策，直接关系对创业全局的驾驭和创业的成败。

经营管理能力是指对人员、资金及企业的内部运营的能力。它涉及人员的选择、使用、组合和优化，也涉及资金聚集、核算、分配、使用及流动。经营管理能力是一种较高层次的综合能力，它包括团队组建与管理能力，市场定位与开拓能力，企业文化设计与培育、应付突发事件能力等。可以说，经营管理能力是解决企业生存问题的第一要素。

2. 法律知识

创业者没有必要的法律知识，就会像不懂得交通法规的驾驶员一样，即使侥幸没有发生伤人事故，也难免会被交通管理部门罚款或吊销执照。同时，作为一个合法经营者，当权益受到侵犯时，还要善于运用法律的武器，保护自身的权益。

3. 营销知识

营销管理是指为了实现企业或组织目标，建立和保持与目标市场之间的互利交换关系，而对设计项目的分析、规划、实施和控制。例如，潜在客户在哪里、竞争对手是谁、对方的切入角度或竞争手法是什么、如何提供成本最低却又能符合需求的产品与服务、如何降低呆账率以化解风险等。

创业者可以通过观察同业者常用的销售方式及各种可供选择和借鉴的行销方式，然后再根据自己企业的实际，建立有效的运作模式。

4. 资本和财务管理知识

创业阶段是一个非常时期，很多企业的失败除了有外部环境的原因外，创业者缺乏资本和财务管理知识也是一个重要的原因。财务管理的主要内容就是资金及其运作。财务管理简单来说就是如何理财，如何合理、有效地运用和调配资金来获取更多的利润。在现代企业，财务管理贯穿于经济活动的全过程，它不仅反映经济活动成果，起到预测和参与决策的作用，同时也发挥着控制和考核的功能。

大学生创业必须具备一定的资本常识和起码的财务管理知识，对于资金的分配、使用、流动、增值等环节知识都要有所了解，并养成良好的财务管理习惯，翔实记录收入支出、进货销货及成本核算等，这对于降低生产成本、报税、调整经营方向等会起到很有价值的参考作用。

二、大学生创业素质的培养

大学生能否创业成功与其个人各方面素质是密切相关的。创业意识、创业精神、创业品质、心理素质、创业能力等方面的创业素质都会左右他们在创业过程中的各种决策。立志创业的大学生应重点从以下几方面做好准备。

（一）创业意识的培养

创业意识是指一个人根据社会和个体发展的需要所引发的创业动机、创业意向或创业愿望。创业意识是人们从事创业活动的出发点与内驱力，是创业思维和创业行为的前提和必要准备。创业意识是创业的先导，它构成创业者的创业动力，由创业需要、动机、意志、志愿、抱负、信念、价值观、世界观等组成，是人进行创业活动的能动性源泉，正是它激励着人们以某种方式进行活动，向自己提出的目标前进，并力图达到和实现它。

创业意识是以提高物质和精神生活的需要为出发点的。这种需要在很大程度上取决于具体的社会历史条件，当今社会，随着科学技术的进步和劳动生产效率的提高，经济增长对就业的吸纳能力将会不断下降，就业缺口也会不断扩大。鼓励大学生自主创业，既能解决自身就业难的问题，还能为社会拓展就业渠道，更重要的是能满足大学生自我实现的需要。因此，现代大学生应强化创业意识，主动适应社会与时代发展的现实需要。

强化创业意识，可以通过自主创业成功人士的专题报告、具有创业理论与实践经验人士的专题讲座、组织大学生进行创业设计竞赛、举办校内创业实践市场、组织创业沙龙等多种形式鼓励和培养大学生的创业精神，传承创业技能，提升创业信心。

（二）创业精神的培养

创业精神是某个人或者某个群体通过有组织的努力，以创新的和独特的方式追求机会、创造价值和谋求增长的思想观念和精神状态，对个人的进步和社会的发展具有十分重要的推动作用。创业精神作为一种理念应贯穿于当代大学生的思想意识之中，使大学生毕业后能够大胆走向社会、自主就业、积极创业。

当然，大学生创业精神还应体现在对生存环境的主动适应上。具有独立精神的现代大学生，应该具有较强的环境适应能力，及时调整自己的人生目标和行动方案；必须有更加宽阔的文化视野和思维空间，坚持正确的思想方向和科学的世界观、人生观、价值观，把握好生存与发展的最关键问题；应将自己的奋斗目标与脚踏实地的作风结合起来，不断提高实践能力。具体来说，应该做到以下几点。

1. 更新就业观念，坚定创业信念

大学毕业生创业需要坚持冷静审慎的态度，需要有一定的知识、能力、经验积累，对社会也要有一定的了解，同时还要有艰苦奋斗、自强不息和勇于冒险的精神。

2. 努力培育自己的创业素养

创业素养是一种综合性的、较高层次的素质，是表现创业精神的内核；是创业教育与自我教育的重要内容，是知识、能力、人格的辩证统一。创业知识是学生进行创业的基本要素，它包括专业技术知识、经营管理知识和综合性知识；创业能力是直接影响创业实践活动效率的因素，它主要包括社会能力、认知能力和操作能力；创业人格是创业基本素质中的调节系统，它是信念、敬业精神和诚信等因素的结合。

大学生特别需要从以下五个层面提升自己的创业素养。

一要能够承受挫折。创业充满了风险与艰辛，因此应有充分的思想准备，要学会承受失败，不能视野狭窄、过于自负，应虚心接受别人的意见，敢于直面挫折和失败，并时刻保持创业激情。

二要有商业敏感性。培养自己的商业敏感性很重要，它是发现商机、找到创业项目的前提，是创业的起点。

三要坚持科学与理性。创业需要冒险，需要在科学与理性的基础上进行冒险。要对创业项目进行科学论证，这是创业的首要环节。

四要培养个人的创业信用。随着国家建立创业服务体系，大学生创业资金将更容易得到保证。要求大学生在创业的过程中，牢固树立信用意识，把良好的信用记录当做自己最原始的资本去积累。

五要有敬业奉献、团结协作的团队合作精神。

（三）创业品质的培养

创业品质即创业心理品质，它是对创业者在创业实践过程中的心理和行为起调节作用的个性心理特征，它与人固有的气质、性格有密切的关系，其核心是情感与意志。主要包括：坚定充分的自信心；极强的心理抗压能力；具有强烈的事业心和矢志不渝的恒心；善于调控情绪和积极乐观的心态；具有理解、宽容和充满创业热情的心理品质；遇事保持冷静理性的头脑，不盲目冲动；具有旺盛的斗志、充沛的精力、诚实守信和高度的社会责任感。

1. 坚定的创业信念

自信是创业的前提，也是成功经营一家企业的基础。在企业经营过程中，最大的挑战就是市场的不确定性，很多企业在初创阶段都要经历巨大的挫折，这要求立志创业的大学生在逆境中对自己有信心，对未来有信心，要坚信成败并非命中注定，而是全靠自己努力，更要坚信自己有能力战胜困难。

2. 顽强的创业意志

“艰难困苦，玉汝于成。”这句话能很贴切地说明创业的不易，这就需要大学生具备顽强的创业意志，百折不挠、坚持不懈地把创业行动坚持到底。

3. 敢于冒险的创业勇气

创业本身就是一项冒险活动，这需要创业者具备一定的胆量和较强的心理承受能力，敢赢也敢输。当然，冒险与冒进是不同的概念，敢冒风险是理智基础上的大胆决断，是自信前提下的果敢超越，是新目标面前的不断追求；冒进是一种无知，无知的冒进只会使事情变得更糟，使行为变得毫无意义，并且惹人耻笑。

4. 具备领袖精神

“一只狮子领着一群羊，胜过一只羊领着一群狮子。”这一古老的西方谚语说明了创业者领袖精神的重要性。企业成功离不开团队力量，但更多层面上取决于领导者本人。创业者是企业的一面精神旗帜，其一言一行都将影响企业的荣辱兴衰。

企业文化被称为企业灵魂和精神支柱，而企业文化精髓就是创业者的领袖精神，这是凝聚员工的一笔“不可复制”的财富，更是初创企业生存和发展的关键。对创业者来说，注重塑造领袖精神，远比积累财富更重要，因为财富可在瞬间赢得或者失去，但是领袖精神永远是赢得未来的无形资本。

（四）创业知识的积累

在信息时代的今天，信息和知识无处不在，作为大学生，在平时的学习和生活中就可以学到所需的创业知识。一般来说，大学生可以通过以下途径获得创业知识。

1. 媒体资讯

创业是目前许多媒体报道的重要内容之一，无论是报纸、广播、电视还是网络媒体、每天都会提供大量的创业知识和信息。

在众多报纸中，《21世纪人才报》《21世纪经济报道》《第一财经》等人才类、经济类报纸是首要选择。对于网络媒体，比较出名的“中华创业网”“中华英才网”“中国营销传播网”等管理类、人才类、专业创业类网站是大学生获取针对性较强的创业知识必不可少的选择。

另外，从各地创业中心、创新服务中心、大学生科技园、留学生创业园、科技信息中心、知名的民营企业等机构的网站，也蕴藏着丰富的创业知识，都是获取创业知识的重要渠道。

2. 大学校园

在就业形势日益严峻的今天，不少大学都开设了创业指导，创业心理、创业管理等课程，大学生可以通过创业课堂学习拥有一定的创业知识，这些创业知识在创业过程中将起到重要作用。大学社团活动也为大学生锻炼各种能力、积累创业经验、获取创业实践知识提供了大量的机会，这种途径无疑是最经济、最方便的知识获取途径。

大学图书馆通常也提供创业指导方面的报刊和图书，大学生可通过广泛阅读这类书籍增加对创业的认识。

3. 大学生创业大赛

大学生创业计划大赛的宗旨就是要通过大学生创业计划书的评比来挖掘有价值的创业构想，从而激发大学生的创业激情和潜能。在创业计划大赛中获奖的作品可以得到一定奖金，还可能吸引到风险投资。这被看做大学生获得资助，实现创业梦想的捷径。

通过创业小组的组建、创业计划书的撰写，参与者在纸上进行一次模拟创业，从中要思考很多问题，学习很多相关知识，无疑也是大学生创业练兵的好战场。

4. 社会实践

职业见习、兼职打工、举办创意项目活动、创建电子商务网站、试申请专利、试办著作权登记、试办商标申请、谋划书刊出版事宜等各类直接创业实践活动是大学生学习创业知识、积累创业经验的最好途径。此外，大学生还可通过积极参加校内外举办的各类大学生创业大赛、工业设计大赛等间接的创业实践活动来接触社会，了解市场，并磨练自己的心志，提高自己的综合素质。

通过参加各种社会活动，一方面可以在实践中积累市场调查、销售、组织、人力资源管理、财务管理、物流管理等方面的知识和经验，锻炼综合能力；另一方面有利于积累社会实践经验，学会与人交往，培养社会参与精神，使自己的综合能力得到进一步提高。

5. 与商界人士广泛交流

商业活动无处不在，大学生平时可以与生活周围有创业经验的亲朋好友、同学、教师多交流，甚至还可以通过电子邮件和电话拜访自己崇拜的商界人士，或向一些与创业项目有密切联系的专业机构咨询，认真倾听这些人士的经验往往会得到比学习书本更直接、更丰富的创业技巧与经验，使自己在创业过程中受益无穷。

总之，创业是一门大学问，不是几千几万字就可以讲透讲全的，许多创业知识需要大学生到书本之外的实践活动中深入学习。只要善于学习，总能找到施展才华的途径。

（五）创业能力的培养

创业能力是保证创业者能够顺利实现创业目标的所有知识和技能的总称，它是在创业实践中体现出来的影响创业实践活动效率，促使创业实践活动顺利进行的主体心理条件。它包括学习能力、关系能力、创新能力三个方面。

1. 学习能力

学习能力是大学生创业能力的基础能力之一，包括两个方面的含义。一方面，学习能力是指通过学习而掌握大学生创业过程中所需要的与创业相关的各个学科的知识和技术的能力。创业是十分复杂的过程，因此，创业者必须拥有足够的知识储备。此外，大学生由于尚未真正涉足社会而缺乏社会经验，对社会也没有过多的感受，因此要学习一些涉及社会、家庭等内容的生活知识以提高对社会的适应力。大学生进行创业也需要学习涉及经营管理方面的知识，包括经济、管理、法律、财务会计和心理学等基础学科知识。

第二个方面，学习能力是指积极地从自己和别人的成败经验中学习。通过对经验的学习，不仅可以把过去的经验置于新的环境之中，也可以从经验的学习中不断提高自我效能或避免重复性的错误。

2. 关系能力

关系能力，即人与人之间通过互动建立关系的能力，包括沟通能力、合作能力、领导能力，以及激励能力和人际技巧。大学生在创业过程中需要与不同的人建立相互关系，其中包括创业伙伴、员工、政府部门人员、竞争者等。在与创业伙伴互动的过程中，大学生需要与之建立相互信任、团结合作的关系，因此，不仅要具备良好的沟通能力，也需要具备合作能力。而在与员工打交道的过程中，大学生又必须具备一种重要的关系能力——领导能力。

同样，为了激励员工达到更高的绩效，大学生也要懂得如何激励、引导和鼓舞员工的热情和信心，因此，便需要具备激励能力和沟通能力。在与政府部门人员等其他组织外部人员进行交往中，大学生要凭借沟通能力和人际交往技巧建设良好的政府、社会关系网络和信任合作的周边环境。

3. 创新能力

创新能力是一种综合能力，包括两方面的含义，一是大脑活动的能力，即创造性思维、创造性想象、独立性思维和捕捉灵感的能力；二是创新实践的能力，即在创新活动中完成创新任务的具体工作的能力。创新能力取决于创新意识、智力、创造性思维和创造性想象等。创新是企业的灵魂，没有创新企业就没有发展。

创业成功的因素是复杂的，不能说具备了上述能力就一定能成功，或者说不具备这些能力就不能创业。但是，具备这些必要的素质和能力或有意识地培养这些素质和能力，无疑会大大增加创业成功的概率。

三、创业过程中的风险与防范

（一）匹夫之勇，盲目冒险

创业如同其他经济活动一样，其本质是以最小的费用取得最大的效用。创业问题不仅涉及技术，还牵涉天时、地利、人和等诸多因素。在日趋激烈的商战中，没有智谋难以取胜。创业不等于赌博，不是仅凭匹夫之勇就可以成功的，它更需要精明的头脑、可靠的方案、长远的眼光和可行的方法。如果没有这些，创业只是一个玩笑和冒险。

当今社会，体制趋于成熟，消费趋于理智。那种凭借自己的一技之长，加上胆大妄为就能成为百万富商的年代已经成为过去，仅有一点经济实力和一个好的项目就能在业界独占鳌头的时代也已经成为历史。

许多优秀企业不能长时间优秀下去，其原因之一就在于战略上的盲目冒进、冒险。企业在战略上的盲目冒进，最主要的表现是企业在复杂多变的竞争中没能把握好前进的方向及速度，未能考虑在出现风险时企业如何防范。

在当今这个复杂多变的竞争社会，如果企业不能审时度势，不能制定和及时调整自己的战略，不能抓住战略转折点，而是心浮气躁，那么这个企业就会发生巨大的危险，最终会因资金实力、内部管理等因素，把企业弄得千疮百孔。所以，企业家要想使企业在竞争中永远立于不败之地，就必须防范战略的冒进，要脚踏实地一步一步地向前发展。

（二）朝三暮四，见异思迁

进行创业，一定要坚持不懈，绝不可朝三暮四、见异思迁。比如，做大还是做强，这是每一个创业者都会遇到的两难问题。当你刚开始经商或者创业的时候，并不一定要做大，但是一定要做强，而做强就需要专心做一件事情，不要盲目地做一些看起来似乎有发展的项目，从而分散精力，废弃主业，这样做的结果往往是主业无法做强，做大也只是一个空壳。每个行业都有强劲的对手，都面临着严峻的竞争。

如果不抓住自己的主业，盲目涉足一个自己不熟悉的领域，势必会分散精力、资金，不但新的行业难有建树，恐怕连自己的老本也都要赔光。创业的人在开始时就应该耐得住寂寞，守得住目标。企业发展最重要的问题是企业自我定位。在创业的道路上，往往有很多诱惑。当你遇到一项新的投资时，安心做自己的事情，才会把这件事情做好；如果放弃自己的事情，去做新项目的投资，搞不好就是失败。

（三）单打独斗，固执己见

俗话说："一个好汉三个帮。"在现代社会，人与人之间的联系是非常紧密的，一个创业者需要和客户打交道，和政府部门打交道，和合作伙伴打交道。孤家寡人是不可能取得创业上的成功的。此外，创业的时候最好有良好的合作伙伴，一个人创业实在太难了。就算你无所不能，你也需要同伴们来集思广益，避免愚蠢的举动，以及在遇到挫折时互相鼓励。当你有多个创始伙伴时，彼此信念上的支撑就好比捆成了一捆的箭，这是一个人最强大的动力之一。而单一的创业人则缺少了这一动力。

虽然创业者要有自己的主见，但这并非意味着固执己见。世事变化无穷，人的智力有限，不可能所有的事做得都正确。创业更像是从事科学研究，你更应该遵循自然规律而不是主观臆断。作为一个创业者，一旦发现别人是对的、自己是错的，就应该主动认错。

（四）骄傲自满，缺乏创新

有的创业者在创业成功以后，失去了创业初期的进取心和创新精神，骄傲自满，没有进一步巩固成果、开拓新领域，而是故步自封，不愿学习、接受新的东西，只顾追求市场和产量，不主动要求创新，管理工作流于形式，最终导致技术创新能力慢慢衰竭，核心竞争力无法形成，最终被市场、社会遗弃。

（五）自暴自弃，不思进取

自暴自弃、不思进取是创业成功的头号大敌。其实，大部分创业者在创业过程中都难免遇到大大小小的挫折，真正一帆风顺的创业者微乎其微。

在失败和挫折面前，态度积极还是消极直接决定了创业者未来的命运。向挫折和失败投降的人，永远失去了成功的可能性，而以乐观的态度面对挫折对于一个创业者和企业来说是至关重要的，跌倒了，可以重新站起来。

（六）计划不明，管理混乱

计划不明，意味着行动是盲目的。如果一个盲目的人成功了，只能说他是歪打正着，是一种偶然的幸运，而绝不能作为成功的经验遵奉。计划是创业过程中指导性、方向性的东西，如果计划是错误的，或者是不明确的，尤其是关键的地方、关键的步骤不明确，那么失败几乎是不可避免的。

机遇从来都是垂青有明确目标的人，同样，失败之神也很少放过那些没有明确目标的人。创业的道路上充满着荆棘和艰辛，不能仅凭满腔热情和雄心壮志，还需要明确的目标和实现这些目标的周详计划。

创业成功后，企业面临的主要管理问题是管理危机，具体表现为：创业者疲于奔命，顾此失彼；决策得不到有效执行，管理开始失控；企业利润状况徘徊不前；老员工缺乏继续创新的动力，新老员工出现矛盾冲突；创业者的家庭压力开始增大。如果说创业过程中企业是根据危机进行管理，那么创业成功后是管理造成了危机。创业者应该认真避免和解决创业成功后企业的管理危机问题。

思 考 题

1. 什么是创业？创业具有哪些特征？
2. 大学生创业的意义有哪些？
3. 大学生成功创业的条件有哪些？
4. 大学生创业素质包括哪些方面？

本章实训

测测你的创业能力

测评说明：

无论是即将走上就业岗位的大学生，还是刚从学校毕业进入就业市场的年轻人或在社会经历了多年的上班族，许多人都希望拥有一份自己的事业。当老板不是一件容易的事，是否适合创业？有无创业潜力？做下列测试可帮助了解自己。

请保持一个平和的心态，根据自己的实际情况，选择最适合自己的答案。不要做过多地思考，请用“是”或“不是”来回答。

1. 是否曾经为了实现某个理想制定两年以上的计划，并顺利完成？

2. 在学校和家庭生活中，是否能在没有父母及师长的督促下自动地完成分派的工作？

3. 是否喜欢独自完成自己的工作，并且做得很好？

4. 当与朋友在一起时，你的朋友是否常寻求指导和建议？

5. 求学时期，有没有赚钱的经验或经历？喜欢储蓄吗？

6. 是否能够专注地投入个人兴趣连续10个小时以上？

7. 是否有习惯保存重要资料，并且井井有条地整理，以备需要时可以随时提取查阅？

8. 在平时生活中，是否热衷于社会服务工作？你关心别人的需要吗？

9. 是否喜欢音乐、是否热衷于社会服务工作？你关心别人的艺术、体育及各种活动课程吗？

10. 在上学期间，是否曾经带动同学完成活动，比如运动会、歌唱比赛等？

11. 喜欢在竞争中生存吗？

12. 当为别人工作时，发现其管理方式不当是否会想出适当的管理方式并建议改进？

13. 当需要别人帮助时，是否能充满自信地请求，并且能说服别人来帮助你？
14. 在募捐或义卖时，是不是充满自信而不害羞？
15. 当要完成一项重要工作时，总是给自己足够的时间仔细完成，而绝不会让时间虚度，在匆忙中草率完成？
16. 参加重要聚会时，是否准时赴约？
17. 是否有能力安排一个恰当的环境，使在工作时能不受干扰，有效地专心工作？
18. 交往的朋友中，是否有许多有成就、有智慧、有眼光、有远见、老成稳重型的人物？
19. 在工作或学习团体中，被认为是受欢迎的人物吗？
20. 自认是一个理财高手吗？
21. 是否可以为了赚钱而牺牲个人娱乐？
22. 是否总是独自挑起责任的担子，彻底了解工作目标并认真完成工作？
23. 在工作时，是否有足够的耐心与耐力？
24. 是否能在很短时间内，结交许多朋友？

测评标准：

答："是"记1分，答"否"记0分。

统计分数，提供建议。

0～5分：目前不适合自己创业，应当提高自己的工作技能和专业知识，寻找为他人工作的机会。

6～10分：需要在旁人指导下创业，才能有创业成功的机会。

11～15分：非常适合自己创业，但是在回答为"否"的答案中必须分析出自己的问题加以纠正。

16～20分：个性中的特质，从小事业慢慢开始，并从妥善处理中获得经验，成为成功的创业者。

21～24分：有无限的潜能，只要懂得把握时机和运气，将是未来商业巨子。

拓展案例分享

思路决定成败

两个青年一同开山，一个把石块儿砸成石子运到路边，卖给建房人；一个直接扛石块运到码头，卖给杭州的花鸟商人。因为这里的石头总是奇形怪状，他认为卖重量不如卖造型。三年后，卖怪石的青年成为村里第一个盖起砖瓦房的人。

后来，不许开山，只许种树，于是这里成了果园。每到秋天，漫山遍野的鸭梨招来八方商客，因为这里的梨汁浓肉脆，香甜无比。他们把堆积如山的梨成筐地运往北京、上海，然后再发往韩国和日本。正在全村的人为鸭梨带来的小康日子欢呼雀跃时，曾卖过怪石的青年卖掉果树，开始种柳。因为他发现，来这儿的客商不愁挑不上好梨，只愁买不到盛梨的筐。五年后，他成为第一个在城里买房的人。

再后来，一条铁路从这儿贯穿南北，这儿的人上车后，可以北到北京，南抵九龙。小村对外开放，果农也由单一的卖采开始发展果品加工及市场开发。就在一些人开始集资办厂的时候，那个人又在他的地头砌了一道3米高、百米长的墙。这道墙面向铁路，背依翠柳，两旁是一望无际的万亩梨园。坐火车经过这里的人，在欣赏盛开的梨花时，会醒目地看到四个大字：可口可乐。据说这是500里山川中唯一的广告，那道路的主人仅凭这座墙，每年又有4万元的额外收入。

20世纪90年代末，日本一家著名公司的人士来华考察，当他坐火车经过这个小山村时，听到这个故事，马上被此人惊人的商业化头脑所震惊，当即决定下车找此人。当日本人找到这个人时，他正在自己的店门口与对门的店主吵架。原来，他店里的西装标价800元一套，对门就把同样的西装标价750元；他标750元，对门就标700元。一个月下来，他仅批发出8套，而对门的客户件越来越多，一下子批发出800套。日本人一看这情形，对此人失望不已，但当他弄清真相后，又惊喜万分，当即决定以百万年薪聘请他。原来，对面那家店也是他的。

（王金山，张景良，程哲. 大学生职业生涯规划　成功从这里开始[M]. 吉林：吉林人民出版社，2014）

【拓展案例点评】

青年创业者要想成功，必须具有良好的品质和人格，成功的创业者各有特性，但本质上都存在着共同点，即他们总是拥有坚定的信念，具备长远的策略、眼光和敢于付出行动的精神。

思路即是突破。凡是自己熟悉的、能够把握的、可以尝试的、有一定发展空间的，都是好思路、好角度，都值得探索和开发。决策时应谨慎果断，充分吸纳别人的意见；行动则应该迅速，认准了的事就大胆去干。战胜风险本身就是一种乐趣、一种磨炼、一种刺激，也是一种独特的风景。

附录A 教育部办公厅关于做好2015年离校未就业高校毕业生就业服务工作的通知

各省、自治区、直辖市教育厅(教委),有关省、自治区人力资源社会保障厅,部属各高等学校:

2015年高校毕业生离校在即,在各地各高校共同努力下,高校毕业生就业工作进展总体平稳,但仍有部分毕业生未落实就业岗位。为深入贯彻落实《国务院关于进一步做好新形势下就业创业工作的意见》(国办〔2015〕23号)精神,进一步实施离校未就业高校毕业生就业促进计划,切实做好未就业毕业生就业服务工作,帮助未就业毕业生尽快实现就业创业,现就有关事项通知如下。

一、大力拓展高校毕业生就业渠道

教育部全国大学生就业公共服务立体化平台将推出网上"2015届离校未就业大学生就业服务"专题,并组织多场网络招聘会,请各地各高校及时通知未就业毕业生积极参与。各地要紧密围绕国家重大战略部署,动员各方力量,有针对性地组织开展分区域、分行业、分专业的网上和网下招聘活动。各地教育部门要积极会同人力资源社会保障部门举办好"高校毕业生就业服务月""就业服务周"等活动,努力帮助离校未就业毕业生尽快落实就业岗位。

二、积极推进未就业毕业生自主创业

各地教育部门要积极协调有关部门,积极落实鼓励大学生创业的财政、金融、工商、基地等政策措施,加大创业政策扶持力度,帮助解决创业过程中遇到的难题。要把国家支持、鼓励高校毕业生自主创业的创业培训、注册登记、税费减免、创业担保贷款等优惠政策及时推送到每一名未就业毕业生,发挥政策效应,促进自主创业;积极动员专业教师与有创业意愿的未就业毕业生结对子,为他们提供技术支持和项目咨询,并主动邀请企业家、投资人和工商部门、金融部门工作人员等担任创业导师;进一步加大创业典型宣传力度,扩大优秀创业毕业生事迹宣传的广度和深度,营造"大众创业,万众创新"的浓厚氛围;切实做好教育部举办的首届中国"互联网+"大学生创新创业大赛相关宣传与组织工作。

三、进一步做好新形势下大学生征兵工作

当前是征集大学生入伍工作的关键阶段,各高校要进一步加强组织领导,设立大学生

征兵工作领导小组，明确牵头职能部门，保障大学生征兵工作人员、经费、场地投入，形成武装、就业、学生等部门分工协作的工作机制。各高校要与兵役机关密切配合，开展形式多样的宣传教育活动，公布征兵联系人和联系方式，抓紧落实各项工作，力争在暑假前完成体检、政审和预定兵员工作。确保完成 2015 年大学生应征入伍目标任务。

四、持续做好就业指导服务工作

各高校要把促进离校未就业毕业生就业创业作为下一阶段工作重要内容，结合本校实际制定具体工作方案，建立任务分解和责任制，把任务层层分解到院系，责任到人。要通过多种方式广泛征集用人单位需求信息，通过网络、电话、微博、微信等有效方式持续向毕业生推送用人信息和相关政策。进一步做好家庭经济困难和就业困难毕业生重点帮扶工作，积极为他们提供合适的岗位信息和求职技巧的指导。

五、认真做好信息衔接和服务接续工作

各地各高校要认真做好未就业毕业生的信息收集汇总工作，在征得毕业生本人同意的前提下，及时将有就业意愿的未就业毕业生信息提供给人力资源社会保障部门，使就业服务能够无缝接续。要积极配合人社部门组织实施好“离校未就业毕业生就业促进计划”，为毕业生提供就业信息、就业培训、就业援助等服务，及时将未就业毕业生纳入就业见习计划，力争使每一名有就业意愿的离校未就业毕业生在毕业半年内实现就业或参加到就业准备活动中。

教育部办公厅

2015 年 6 月 25 日

附录B 职业锚测评

下列各个题目分别对8个职业锚的各方面的作用进行了描述。请对其叙述仔细阅读并根据自己的判断对每句描述做出评价(1. 不符;2. 较不符;3. 一般;4. 较符合;5. 符合)。

1. 在工作中不必担心会因为所做的事情领导不满意,而受到训斥或经济惩罚。

2. 我梦想着创建自己的事业。

3. 由于我的工作,经常有许多人来感谢我,让我感到满足。

4. 我追求需要计划和组织别人的工作。

5. 如果工作中能经常用到我特别的技巧和才能,我会感到特别满意。

6. 我一直在寻找一份个人发展和维持家庭之间矛盾最小的工作机会。

7. 去解决那些几乎无法解决的难题比获得一个高的管理职位更重要。

8. 在工作中,我能试行一些自己的新想法。

9. 只要干上这份工作,我不想再去寻找其他工作了。

10. 如果我能成功地创造或实现完全属于自己的产品(点子),我会感到非常成功。

11. 我希望从事对人类和社会真正有贡献的工作。

12. 在工作中,我宁可做一个负责人,尽管只领导很少几个人,我信奉"宁做兵头,不做将尾"的俗语。

13. 我希望在工作中常常需要我提出许多新的想法。

14. 能够很好地平衡个人生活与工作,比达到一个高的管理职位更重要。

15. 我希望工作中有很多的机会能不断地挑战我解决问题的能力(或竞争力)。

16. 在我的工作中,不会有人常来打扰我。

17. 我愿意在能给我安全感和稳定感的公司中工作。

18. 当通过自己的努力或想法完成工作,我工作的成就感最强。

19. 在工作中,我为他人服务,使他人感到很满意,我自己也很高兴。

20. 我希望我的工作赋予我高于别人的权力。

21. 对我而言,做一个专业领域的部门经理比做总经理更具有吸引力。

22. 我认为只有很好地平衡个人、家庭、职业三者关系的生活才是成功的。

23. 当我解决了看上去不可能解决的问题,或者在必输的竞争中胜出,我会感到非常有成就感。

24. 我能在我的工作范围内自由发挥。

25. 在工作中我不会因为身体或能力等因素,被人瞧不起。

26. 对我而言,创办自己的公司比在其他的公司中争取一个高的管理位置更重要。

27. 我的工作使我能常常帮助别人。

28. 我希望能够管理一个大的公司(组织),我的决策将会影响许多人。

29. 将我的技术和专业水平发展到一个更具有竞争力的层次是成功职业的必要条件。

30. 我希望我的职业允许兼顾到个人、家庭和工作的需要。

31. 我认为职业的成功来自于克服自己面临的非常困难的挑战。

32. 如果职业允许自由地决定自己的工作内容、计划和过程,我会非常满意。

33. 不论我怎么干,我总能和大多数人一样晋级和长工资。

34. 我一直在寻找可以让我创立自己事业(公司)的创意(点子)。

35. 我的工作能为社会福利带来看得见的效果。

36. 在工作中,当我整合并管理其他人的努力时,我非常有成就感。

37. 我希望能做我擅长的工作,这样我的内行建议可以不断被采纳。

38. 我宁愿离开公司,也不愿从事需要个人和家庭做出一定牺牲的工作。

39. 在工作中,我希望去解决那些有挑战性的问题,并且胜出。

40. 在工作中我是不受别人差遣的。

附录 C　面试中的常见提问及应对

下面是面试中常见的问题，毕业生可以结合自己的情况练习回答。

1. 我们为什么要雇请你呢？
2. 你认为自己最大的弱点是什么？
3. 你最喜欢的大学课程是什么？为什么？
4. 你为什么来应聘这份工作？
5. 你对加班有什么看法？
6. 你对我们公司有什么认识？
7. 谈谈你最近阅读的一本书或杂志。
8. 你觉得学生时代所接受的各项培训足以令你胜任这份工作吗？
9. 你对于“创业”有什么样的看法？
10. 如果你接到一通客户的抱怨电话，你确知无法立即解决他的问题时，你会如何处理？
11. 你在学校时曾参与哪些课外活动？
12. 求学时，曾经利用课余打工吗？
13. 你如何规划未来，你认为 5 年后能达到什么样的成就？
14. 你最近找工作时曾面谈过哪些工作？应征什么职位？结果如何？
15. 如果我雇用你，你觉得可以为部门带来什么样的贡献？
16. 请你说说在以前的工作上成功与失败的地方？
17. 你在自我调节方面做何种努力？
18. 你的任务完成了，而同伴未完成，你怎么办？
19. 你完全可以到大公司任职，你怎么想到我们小企业？
20. 你在以前实习的公司从事什么样的工作？
21. 请介绍一下你在校期间做过的最得意的事情。
22. 你和其他人相处，协调能力如何？请举两个具体的例子加以说明。
23. 你对大学生就业市场的评价如何？
24. 谈一谈你在过去生活中遇到的问题，是如何解决的？
25. 学校学的课程对所应聘的工作有什么帮助？
26. 有时需要做些倒茶端水的杂务，你反对吗？
27. 我们不限定固定职位，你认为自己最适合做什么？
28. 空闲时喜欢什么消遣？
29. 如果另外一家公司同时录用你，你将如何选择？
30. 你喜欢你们学校吗？你的老师怎么样？

附录D 教育部关于做好2015年全国普通高等学校毕业生就业创业工作的通知

教学〔2014〕15号

各省、自治区、直辖市教育厅（教委），有关省、自治区人力资源社会保障厅，部属各高等学校：

高校毕业生就业创业工作是教育领域重要的民生工程，党中央、国务院高度重视，明确要求强化就业创业服务体系建设，提升大学生就业创业比例。2015年宏观就业形势面临多重压力，高校毕业生规模进一步加大，就业创业工作任务十分艰巨。为贯彻落实党的十八大和十八届三中、四中全会精神，全力做好2015年高校毕业生就业创业工作，现就有关事项通知如下。

一、全面推进创新创业教育和自主创业工作

各地各高校要把创新创业教育作为推进高等教育综合改革的重要抓手，将创新创业教育贯穿人才培养全过程，面向全体大学生开发开设创新创业教育专门课程，纳入学分管理，改进教学方法，增强实际效果。坚持理论与实践相结合，组织学生参加各类创新创业竞赛、创业模拟等实践活动，着力培养学生创新精神、创业意识和创新创业能力。高校要建立弹性学制，允许在校学生休学创业。高校要聘请创业成功者、企业家、投资人、专家学者等担任兼职导师，对创新创业学生进行一对一指导。

要加大对大学生自主创业资金支持力度，多渠道筹集资金，广泛吸引金融机构、社会组织、行业协会和企事业单位为大学生自主创业提供资金支持。建设一批大学生创业示范基地，继续推动大学科技园、创业园、创业孵化基地和实习实践基地建设，高校应开辟专门场地用于学生创新创业实践活动，教育部工程研究中心、各类实验室、教学仪器设备等原则上都要向学生开放。实施好新一轮大学生创业引领计划，落实创业培训、工商登记、融资服务、税收减免等各项优惠政策，鼓励扶持开设网店等多种创业形态。完善大学生创业服务网功能，提供项目对接、政策解读和在线咨询等服务。

二、大力引导高校毕业生到基层就业

各地各高校要进一步健全鼓励毕业生到基层就业的服务保障机制，落实和完善学费补偿和助学贷款代偿、后续升学和就业服务等政策。要会同有关部门继续组织实施好“农

村教师特岗计划”“西部计划”“大学生村干部”“三支一扶”等各类基层服务项目，通过定期走访、跟踪培养等方式关心毕业生的工作、成长和发展。主动配合政法部门，研究制定健全从政法专业毕业生中招录人才的规范便捷机制的具体办法，促进政法专业毕业生就业。

积极会同有关部门加大政府购买力度，开发更多基层公共管理和社会服务岗位吸纳毕业生就业。推进高校与二、三线城市战略性合作，持续开展二、三线城市面向毕业生的专场招聘活动，努力为区域经济社会发展提供人才和智力支持。进一步创造条件，引导毕业生到城乡基层、中西部地区、艰苦边远地区和中小微企业就业，会同有关部门抓好吸纳毕业生就业的社保补贴、培训补贴、税费减免、毕业生落户、人事档案管理等政策的落实，支持更多毕业生到基层建功立业。

要继续做好大学生征兵工作，巩固近年来大学生征兵工作成果，完善大学生入伍政策体系和长效机制。与兵役部门密切配合，建立定期会商机制，提早部署 2015 年大学生征兵工作。创新宣传发动方式，办好“入伍政策网上咨询周”“征兵宣传月”等活动，形成良好舆论氛围。开设大学生入伍绿色通道，在暑假前完成体检、政审和预定兵员工作。进一步完善和落实学费补偿贷款代偿学费减免、退役后复学升学、就业创业等政策，鼓励更多大学生投身军营、报效国家。

三、强化就业指导服务

各地各高校要建立健全职业发展和就业指导服务体系。加强就业指导课程和学科建设，要结合当前经济发展新业态和新常态，及时将学科专业动态和行业发展成果融入课堂教学，提高课堂教学的参与度和吸引力。深入开展个性化辅导与咨询，帮助毕业生合理确立职业目标，及时疏导毕业生求职过程中的焦虑、依赖等心理问题，增强其应对竞争及挫折的抗压能力。积极组织职业规划大赛、职业体验项目等课外活动，充分发挥就业实践活动的带动作用，进一步提高就业指导的覆盖面和实效性。

要充分发挥校园就业市场的主渠道和基础性作用，深入挖掘岗位，积极组织多种形式的校园招聘活动，确保招聘活动场次、岗位数量进一步增加，信息质量进一步提高。深入推进就业信息网建设，充分运用“全国大学生就业信息服务一体化系统”，实现招聘活动联合联动、招聘信息有效共享。结合国家新推出的“一带一路”“互联互通”和亚太自由贸易区等重大战略，探索毕业生就业创业的新渠道、新形态。进一步加强对招聘活动的规范管理和招聘信息审核，教育行政部门和高校组织的招聘活动要严格执行“三严禁”，切实营造公平就业环境。充分利用“全国高校毕业生就业管理与监测系统”，及时更新、按时报送高校毕业生就业信息，严禁任何形式的就业率造假。

要进一步加大对就业困难毕业生的帮扶力度，准确掌握家庭困难毕业生、少数民族毕业生、女性毕业生、残疾毕业生等各类困难群体的具体情况，指定专人负责，实行“一生一策”动态管理、精准帮扶。认真做好低保家庭毕业生的求职补贴发放工作，有条件的地方应将享受国家助学贷款毕业生纳入求职补贴对象范围。要针对困难毕业生的不同特点和需求，通过举办专场招聘活动、技能培训、岗位推荐等多种方式，帮助他们实现就业。对离校未就业毕业生持续提供就业信息和服务，会同有关部门实施好“离校未就业促进计划”，切实做到“离校不离心、服务不断线”。

四、进一步加强思想教育和政策宣传

各地各高校要把思想教育作为促进就业创业的先导性工作，积极组织毕业生深入学习领会习近平总书记系列重要讲话，着力培育和践行社会主义核心价值观，引导毕业生把个人梦想融入中国梦的伟大实践，主动到国家需要的地方建功立业。要结合青年学生特点，组织引导毕业生深入城乡基层和生产一线实习实践，促进他们知国情、接地气、转观念、长才干。要通过优秀校友讲体会、专家学者讲形势、创业典型讲经验等多种形式，帮助毕业生调整就业预期，规划职业生涯，积极主动就业创业。

要高度重视高校毕业生就业创业政策宣传，建立教育部门、高校、院系、班级四级联动的政策宣传网络，努力让每一位毕业生都知晓、用好政策。要充分利用微博、微信、手机报等新媒体，使用海报、图表等毕业生喜闻乐见的方式，及时宣传解读国家出台的促进就业创业的政策措施。要根据毕业生的就业意向和求职需求，分时段、分类别推送基层就业、自主创业、参军入伍、困难帮扶等政策措施，提高政策宣传的针对性和有效性。

五、推动高等教育更好地适应经济社会发展需要

各地各高校要以提高质量为核心，结构调整为突破，加快推进高等教育综合改革，进一步优化区域布局结构、培养层次结构和学科专业结构。引导一批普通本科高校向应用技术型高校转型发展，继续扩大专业学位研究生类型和规模。完善专业预警、退出和动态调整机制，及时调减就业率持续较低的专业招生计划，使学科专业结构与经济社会发展需要相适应、与就业对接。探索建立高校毕业生就业和重点产业人才供需协调机制，推进校地合作、校产联合、校企对接，构建高校与有关部门、科研院所、行业企业协同育人机制。推动大学生参加形式多样的实习实训、社会实践和志愿活动，增强就业创业能力。

要进一步健全高校毕业生就业质量年度报告制度，完善报告内容和发布方式，9 月份发布高校毕业生就业状况，12 月底面向社会发布高校毕业生就业质量年度报告。加强毕业生就业创业与职业发展状况跟踪调查，完善就业质量评价指标体系，把大学生创新创业能力、就业创业状况作为高校评估的重要内容。建立和完善就业与招生计划、人才培养、经费拨款、院校设置、专业调整的联动机制，建立健全激励和约束机制，推动高校不断优化人才培养结构，提高培养质量，实现特色发展。

六、加强就业创业工作组织领导

各地各高校要继续把高校毕业生就业创业工作摆在突出重要位置，加强组织领导，健全责任制度，明确任务分工，统筹推进工作。要创新服务方式和手段，加强督促检查和分类指导，及时研究解决工作中出现的新情况、新问题。要结合本地本校实际，切实加大就业创业资金投入力度，制定出台更加有力的政策措施，确保完成就业工作目标任务。

各高校要深入实施就业创业工作“一把手”工程，主要负责同志亲自抓，分管负责同志具体抓，形成就业、招生、教学、学生工作等部门联动工作机制。要进一步加强就业创业工

作保障，切实做到“机构、人员、场地、经费”四到位，重点建设一批示范性就业指导机构。要把就业指导教师专业技术职务评聘工作落到实处，进一步推进就业创业指导教师专业化、专家化。进一步优化就业服务流程，简化相关环节和手续，为毕业生就业创业提供高效便捷的服务，确保毕业生文明有序离校。

教育部

2014 年 11 月 28 日

附录E　2014年国家鼓励高校毕业生就业创业新政策

一、鼓励高校毕业生到城乡基层就业的政策

1. 各地区要结合城镇化进程和公共服务均等化要求，充分挖掘教育、劳动就业、社会保障、医疗卫生、住房保障、社会工作、文化体育及残疾人服务、农技推广等基层公共管理和服务领域的就业潜力，吸纳高校毕业生就业。

2. 各地区要结合推进农业科技创新、健全农业社会化服务体系等，引导更多高校毕业生投身现代农业。

3. 继续统筹实施好大学生村官、"三支一扶"等各类基层服务项目，健全鼓励高校毕业生到基层工作的服务保障机制。高校毕业生到中西部地区和艰苦边远地区县以下基层单位就业的，实行学费补偿和助学贷款代偿政策。

4. 高校毕业生在中西部地区和艰苦边远地区县以下基层单位从事专业技术工作，申报相应职称时，可不参加职称外语考试或放宽外语成绩要求。

5. 充分挖掘社会组织吸纳高校毕业生就业潜力，对到省会及省会以下城市的社会团体、基金会、民办非企业单位就业的高校毕业生，所在地的公共就业人才服务机构要协助办理落户手续，在专业技术职称评定方面享受与国有企事业单位同类人员同等待遇。

二、鼓励小型微型企业吸纳高校毕业生就业的政策

1. 各地区、各有关部门要认真落实《国务院关于进一步支持小型微型企业健康发展的意见》(国发〔2012〕14号)，为小型微型企业发展创造良好环境，推动小型微型企业在转型升级过程中创造更多岗位吸纳高校毕业生就业。

2. 对小型微型企业新招用毕业年度高校毕业生，签订1年以上劳动合同并按时足额缴纳社会保险费的，给予1年的社会保险补贴，政策执行期限截至2015年年底。

3. 科技型小型微型企业招收毕业年度高校毕业生达到一定比例的，可申请最高不超过200万元的小额担保贷款，并享受财政贴息。

4. 对小型微型企业新招用高校毕业生按规定开展岗前培训的，要求各地根据当地物价水平，适当提高培训费补贴标准。

三、激励高校毕业生自主创业的政策

1. 2014年至2017年，在全国范围内实施大学生创业引领计划。通过提供创业服务，

落实创业扶持政策，提升创业能力，帮助和扶持更多高校毕业生自主创业，逐步提高高校毕业生创业比例。

2. 各地要采取措施，确保符合条件的高校毕业生都能得到创业指导、创业培训、工商登记、融资服务、税收优惠、场地扶持等各项服务和政策优惠。

3. 各高校要广泛开展创新创业教育，将创业教育课程纳入学分管理，有关部门要研发适合高校毕业生特点的创业培训课程，根据需求开展创业培训，提升高校毕业生创业意识和创业能力。

4. 各地公共就业人才服务机构要为自主创业的高校毕业生做好人事代理、档案保管、社会保险办理和接续、职称评定、权益保障等服务。

5. 各地区、各有关部门要进一步落实和完善工商登记、场地支持、税费减免等各项创业扶持政策。拓宽高校毕业生创办企业出资方式，简化工商注册登记手续。

6. 鼓励各地充分利用现有资源建设大学生创业园、创业孵化基地和小企业创业基地，为高校毕业生提供创业经营场所支持。

7. 对高校毕业生创办的小型微型企业，按规定落实好减半征收企业所得税、月销售额不超过 2 万元的暂免征收增值税和营业税等税收优惠政策。

8. 对从事个体经营的高校毕业生和毕业年度内的高校毕业生，按规定享受相关税收优惠政策。

9. 留学回国的高校毕业生自主创业，符合条件的，可享受现行高校毕业生创业扶持政策。

10. 各银行业金融机构要积极探索和创新符合高校毕业生创业实际需求特点的金融产品和服务方式，本着风险可控和方便高校毕业生享受政策的原则，降低贷款门槛，优化贷款审批流程，提升贷款审批效率。通过进一步完善抵押、质押、联保、保证和信用贷款等多种方式，多途径为高校毕业生解决反担保难问题，切实落实银行贷款和财政贴息。

11. 在电子商务网络平台开办“网店”的高校毕业生，可享受小额担保贷款和贴息政策。

12. 充分发挥中小企业发展专项资金的积极作用，推动改善创业环境。鼓励企业、行业协会、群团组织、天使投资人等以多种方式向自主创业大学生提供资金支持，设立重点面向扶持高校毕业生创业的天使投资和创业投资基金。对支持创业早期企业的投资，符合条件的，可享受创业投资企业相关企业所得税优惠政策。

四、促进离校未就业高校毕业生就业的政策

1. 各地区要将离校未就业高校毕业生全部纳入公共就业人才服务范围，采取有效措施，力争使每一名有就业意愿的未就业高校毕业生在毕业半年内都能实现就业或参加到就业准备活动中。

2. 有关部门、各高校要密切协作，做好未就业高校毕业生离校前后信息衔接和服务接续，切实保证服务不断线。教育部门要将有就业意愿的离校未就业高校毕业生的实名信息及时提供给人力资源社会保障部门。人力资源社会保障部门要建立离校未就业高校毕业生实名信息数据库，全面实行实名制就业服务。

3. 各级公共就业人才服务机构和基层就业服务平台要及时主动与实名登记的未就业高校毕业生联系，摸清就业需求，提供有针对性的就业服务。教育部门和高校要加强对离校未就业高校毕业生的跟踪服务，为有就业意愿的高校毕业生持续提供岗位信息和求职指导。

4. 各地区要结合本地产业发展需要和高校毕业生就业见习意愿及需求，扩大就业见习规模，提升就业见习质量，确保凡有见习需求的高校毕业生都能得到见习机会。要根据当地物价水平，适当提高见习人员见习期间基本生活补助标准。高校毕业生见习期间参加职业培训的，按现行政策享受职业培训补贴。

5. 各地区要继续推动离校未就业高校毕业生技能就业专项行动，结合当地产业发展和高校毕业生需求，创新职业培训课程，提高职业培训的针对性和实效性。在高校毕业生集中的城市，要提升改造一批适应高校毕业生特点的职业技能公共实训基地。国家级重点技工院校和培训实力雄厚的职业培训机构，要选择一批适合高校毕业生的培训项目，及时向社会公布。

五、加强就业指导和服务的政策

1. 各地区、各有关部门、各高校要根据高校毕业生特点和求职需求，创新服务方式，改进服务措施，提高服务质量，促进更多的高校毕业生通过市场实现就业。

2. 加强网络信息服务，建立健全全国公共就业信息服务平台，加快招聘信息全国联网，更多开展网络招聘，为用人单位招聘和高校毕业生求职提供高效便捷的就业信息服务。

3. 积极开展公共就业人才服务进校园活动，为高校毕业生送政策、送指导、送信息，特别是要让高校毕业生知晓获取就业政策和岗位信息的渠道。

4. 精心组织民营企业招聘周、高校毕业生就业服务月、就业服务周、部分大中城市联合招聘高校毕业生专场活动和每季度的全国高校毕业生网络招聘月等专项服务活动，搭建供需信息平台，积极促进对接。

5. 高校要加强就业指导课程和学科建设，积极聘请专家学者、企业人力资源经理、优秀校友担任就业导师。

6. 各地区、各高校要将零就业家庭、优抚对象家庭、农村贫困户、城乡低保家庭以及残疾等就业困难的高校毕业生列为重点对象实施重点帮扶。

7. 要在高校毕业生离校前，将享受城乡居民最低生活保障家庭的毕业年度内高校毕业生的求职补贴全部发放到位，求职补贴标准较低的要适当调高标准。

8. 鼓励各地结合本地实际将残疾高校毕业生纳入享受求职补贴对象范围。党政机关、事业单位、国有企业要带头招录残疾高校毕业生。

9. 离校未就业高校毕业生实现灵活就业的，在公共就业人才服务机构办理实名登记并按规定缴纳社会保险费的，给予一定数额的社会保险补贴，补贴数额原则上不超过其实际缴费的 2/3，最长不超过 2 年，所需资金从就业专项资金中列支。

六、创造公平就业环境的政策

1. 各地区、各有关部门要积极采取措施，促进就业公平。用人单位招聘不得设置民族、种族、性别、宗教信仰等歧视性条件，不得将院校作为限制性条件。省会及以下城市用人单位招聘应届毕业生不得将户籍作为限制性条件。

2. 国有企业招聘应届高校毕业生，除涉密等特殊岗位外，要实行公开招聘，招聘应届高校毕业生信息要在政府网站公开发布，报名时间不少于 7 天；对拟聘人员应进行公示，明确监督渠道，公示期不少于 7 天。

3. 各地区、各有关部门要严厉打击非法中介和虚假招聘，依法纠正性别、民族等就业歧视现象。加大对企业用工行为的监督检查力度，对企业招用高校毕业生不签订劳动合同、不按时足额缴纳社会保险费、不按时支付工资等违法行为，及时予以查处，切实维护高校毕业生的合法权益。

4. 各地区、各有关部门要消除高校毕业生在不同地区、不同类型单位之间流动就业的制度性障碍。省会及以下城市要放开对吸收高校毕业生落户的限制，简化有关手续，应届毕业生凭《普通高等学校毕业证书》《全国普通高等学校毕业生就业报到证》、与用人单位签订的《就业协议书》或劳动（聘用）合同办理落户手续；非应届毕业生凭与用人单位签订的劳动（聘用）合同和《普通高等学校毕业证书》办理落户手续。

5. 高校毕业生到小型微型企业就业、自主创业的，其档案可由当地市、县一级的公共就业人才服务机构免费保管。办理高校毕业生档案转递手续，转正定级表、调整改派手续不再作为接收审核档案的必备材料。

（教育部网站，2014-06-11）

参考文献

[1] 易定宏.面试实战模块宝典[M].北京：京华出版社,2009.
[2] 于长湖.大学生就业创业与职业生涯规划[M].北京：中国经济出版社,2010.
[3] 史梅.找对出路——大学生就业与创业指导[M].北京：高等教育出版社,2010.
[4] 刘翠英.职业生涯设计与就业创业指导[M].北京：机械工业出版社,2010.
[5] 吕一枚.就业指导与创业教育[M].北京：北京理工大学出版社,2010.
[6] 王金山.大学生职业生涯规划:成功从这里开始[M].长春：吉林人民出版社,2010.
[7] 吕春明.职业生涯发展与规划[M].济南：山东人民出版社,2010.
[8] 阳毅.大学生职业生涯规划[M].北京：气象出版社,2010.
[9] 周荣.就业你训练自己了吗[M].北京：人民邮电出版社,2010.
[10] 李晓波,李洪波.大学生职业生涯规划与发展[M].北京：化学工业大学出版社,2010.
[11] 李增秀.职业生涯规划[M].成都：电子科技大学出版社,2010.
[12] 梁伟.大学生职业生涯规划与职业适应的教学探讨[J].华章,2011(27).
[13] 刘天祥.培养学生关键能力,提升职业适应能力[J].就业与创业,2011(9).
[14] 王岚.职业生涯规划与就业指导[M].北京：水利水电出版社,2011.
[15] 陶德胜.大学生职业规划与就业指导教程[M].上海：上海交通大学出版社,2011.
[16] 沙伦·K.费里特.卓越表现,从大学到社会[M].张丽华,译.北京：机械工业出版社,2011.
[17] 柯美录.大学生职业生涯规划与就业指导[M].武汉：华中科技大学出版社,2011.
[18] 孙旭原,符晶.职业规划与就业指导[M].北京：中国铁道出版社,2013.
[19] 钟召平.大学生职业规划与就业创业指导[M].济南：山东人民出版社,2013.
[20] 张颜梅.影响大学生职业规划的因素及分析[J].辽宁广播电视大学学报,2014(4).
[21] 王金顺.新编大学生职业规划与学业管理指南[M].天津：天津大学出版社,2014.
[22] 杨静.大学生职业规划的现状和改善措施探索[J].产业与科技论坛,2014(23).
[23] 郭冬娥.安身健.大学生职业规划与就业指导[M].武汉：武汉理工大学出版社,2014.
[24] 吴晓.健康与丰盛人生 人生规划与职业规划[M].广州：华南理工大学出版社,2015.
[25] 李德建.大学生职业规划与设计探讨[J].中小企业管理与科技,2015(1).

相关网站：

[1] 北京高校毕业生就业信息网,http://www.bjbys.net.cn.
[2] 优士网,http://www.ushi.com.
[3] 新职业,http://www.ncss.org.cn.
[4] 中国就业,http://www.lm.gov.cn/index.htm.
[5] 中国研究生招生信息网,http://yz.chsi.com.cn.
[6] 中国考研网,http://www.chinakaoyan.com.
[7] 中国人力资源开发网,http://www.hrd china.org.
[8] 中国留学网,http://www.cscse.edu.cn.
[9] 大学生村干部网,http://www.89cg.com.
[10] 军人论坛网,http://bbs.junren.net.
[11] 百度网,http://wenku.baidu.com.
[12] 凤凰网,http://news.ifeng.com.
[13] 豆瓣网,http://www.douban.com.